# Ich war
# Freimaurer

.

Burkhardt Gorissen

# Ich war Freimaurer

Weltbild

Allen, die für mich gebetet haben

Genehmigte Lizenzausgabe für Verlagsgruppe Weltbild GmbH,
Steinerne Furt, 86167 Augsburg
Copyright © 2009 by Sankt Ulrich Verlag GmbH, Augsburg
Umschlaggestaltung: atelier seidel, teising
Umschlagmotiv: akg-images / Jürgen Sorges
Gesamtherstellung: GGP Media GmbH, Pößneck
Printed in the EU
ISBN 978-3-8289-4494-7

2013   2012   2011
Die letzte Jahreszahl gibt die aktuelle Lizenzausgabe an.

Einkaufen im Internet:
*www.weltbild.de*

# INHALT

Bücher über Freimaurerei sind nichts ungewöhnliches, davon gibt es etliche, die in Bibliotheken verstauben. Entweder handelt es sich um Jubelarien (von Freimaurern selbst), freundliche wissenschaftliche Betrachtungen (von der Freimaurerei unterstützt) oder sogenannte Verräterbücher und Verschwörungstheorien. Letztere sind besonders beliebt, weil sie sich wie Reality-Krimis lesen. Der Autor bewegt sich damit auf sicherem Terrain. Er erreicht einen schon im voraus festgelegten Fankreis und kann im Reich des Spekulativen Luftschlösser bauen. Die Freimaurer halten nur halbherzig dagegen. Seit Jahrhunderten leben sie gut von Geheimniskrämerei und öffentlicher Spekulation. Bücher wie „Illuminati" oder „Sakrileg" sorgen für Publicity, und die wiederum bringt neue Mitglieder. Ihre Hochzeit hat die Freimaurerei längst hinter sich, die Mitgliederzahl ist stark rückläufig, die Logen sind überaltert. Der Altersdurchschnitt liegt im Mittel bei 62 Jahren, die Freimaurer schönen ihrerseits diese Zahl. Inzwischen unternimmt man viel, um die „diskrete Gesellschaft" populärer zu machen. Öffentliche Groß-Veranstaltungen wie der „Kulturpreis der Deutschen Freimaurer" sollen dazu beitragen. An ihrem Status ändert das wenig. Das dunkle Geheimnis dieser Bruderschaft bleibt. Einerseits steht sie da, als geschichtliche Größe, andererseits als Club, über dessen Existenz viele erstaunt sind. Das Urteil über die Freimaurerei fällt entsprechend zweischneidig aus: Weltverschwörer oder Biedermänner? Wer die deutschen Logen und Großlogen von innen kennt, wird zu Recht daran zweifeln, dass ein Verein, in dem wohlmeinendes Kleinbürgertum und die Jagd nach Posten, Anerkennung und Orden vorrangig sind, die Geschicke der Welt lenkt. Wir sprechen hier, um keinen Irrtum aufkommen zu lassen, von der Freimaurerei, die für jedermann zugänglich ist. Diese wäre ja nur dann geheim, wenn sie weder im Telefonbuch zu finden wäre, noch in Internet-Auftritten bunte Bildchen von ihren Tempeln präsentierte oder öffentliche Informationsabende veranstaltete. Wie könnte eine wirklich einflussreiche Persönlichkeit in einer solchen Gesellschaft ohne Wissen der Öffentlichkeit tätig sein?

Freimaurer kokettieren gern mit ihrer obskuren Vergangenheit und bezeichnen sich als „Gesellschaft, die ein Geheimnis hat", oder reden von der „Verschwörung zum Guten". Gern genommen wird auch die Bezeichnung „Kinder der Aufklärung". Gemeint ist damit der hochtrabende Anspruch, den Menschen „von der Last der Vorurteile" zu befreien, wie es in einem Ritualtext heißt. Doch die Misere der Gegenwart bestand nicht immer. Untersucht man die historische Bedeutung dieser Gruppierung, muss von einer einflussreichen Gesellschaft gesprochen werden. Freimaurer wie Washington, Voltaire, Rousseau, Danton, Robespierre, Friedrich der Große, Goethe, Mozart, Rathenau, Stresemann und andere Größen aus Politik, Wissenschaft, Wirtschaft und Kultur gehörten zu den einflussreichsten Figuren ihrer Zeit. Die Liste der Prominenten ist lang und liest sich wie ein „Who's who" der Weltgeschichte. In Freimaurerkreisen ist man in einer Zeit des Mangels stolz auf diese Tradition. Nach wie vor fühlt man sich als Elite, obwohl selbst Promis der B- und C-Kategorie in den eigenen Reihen seltener sind als weiße Raben. Ob und inwieweit früher in Logen große Politik gemacht wurde, lässt sich im nachhinein nicht zweifelsfrei feststellen. Dennoch ist wahrscheinlich, dass beispielsweise die freimaurerischen Väter der amerikanischen Unabhängigkeitserklärung nach ihren Tempelarbeiten kaum über das Wetter oder die Goldlitzen an ihren Ordensbändern gesprochen haben. Ebenso darf man davon ausgehen, dass sich die Mächtigen dieser Welt immer in Einflusszirkeln getroffen haben und treffen, zu denen Normalbürger keinen Zutritt finden. Ein solcher Zirkel ist dann wirklich eine völlig geheime Gesellschaft. Die Verschwörungsakrobaten aller Länder und Zungen könnten sich in alle Himmelsrichtungen verrenken, ohne nur einen Hauch davon mitzubekommen. Nein, es lässt sich nicht von der Hand weisen, die Freimaurerei der früheren Jahrhunderte besaß den Charme und Charakter einer wirklichen Geheimgesellschaft. Beides haben die Logen, die landläufig nahezu alle als eingetragene Vereine fungieren, längst eingebüßt. Sie sind nicht einmal der Soufflierkasten des großen Welttheaters. Natürlich machen sie sich schön und verbreiten ihr Humanitätsvokabular in Zeitungsannoncen oder lassen sich in Wissenschaftsmagazinen als „diskrete Gesellschaft" abfeiern. Geheimniskrämerei macht interessant. Und ist nicht doch ein Körnchen Wahrheit daran? Stimmt es nicht, dass der italienische Freimaurerbund den Papst stürzen wollte? Dass die Freimaurerei Säkularisierung und Laizismus will und relativistische Forderungen durchsetzt? Dass die italienische Geheimloge P2 nicht nur freimaurerische Rituale, sondern auch ihre verbrecherischen Geschäfte – bis hin zum Mord – durchgeführt hat? Es stimmt. Auch wenn jeder Freimaurer bei diesen Fragen ins Schlingern gerät und mit absurden Erklärungen aufwartet wie: Loge und Freimaurer seien keine geschützte Begriffe. Die Freimaurerei hält sich heilig. Interessant bleibt, weshalb diese Bruderschaft heute im Niemandsland der Geschichte vor sich hindümpelt. Ich meine, das ist leicht zu erklären: Der „Geist der Macht" hat sich aus der Freimaurerei zurückgezogen. Übrig blieb eine Larve, jene sichtbare, heute für jedermann zugängliche Maçonnerie. Verschwörungstheoretiker würden sagen: perfekte Tarnung. Vielleicht.

Der Außenstehende besitzt nichts anderes als seine Kenntnisse von niedergeschriebenen Berichten und Zitate von Zitaten von Zitaten. Fassen lässt sich nur, was einem selbst wiederfährt. Nur wer selbst als Suchender mit verbundenen Augen in den Tempel geführt oder aus dem Sarg erhoben worden ist, weiß, wie das ist. Nur wer selbst beim Eintritt in den 30. Grad die Säulen-Pforte umgekippt hat, um, wie es im Ritualtext heißt, symbolisch zu erfahren, dass jede Form der Religion und Philosophie zusammenbrechen wird, weiß, wie das ist. Erst, wer im 32. Grad sieht, wie die Bilder von Zarathustra, Buddha, Sokrates, Mohammed und Jesus beliebig nebeneinandergestellt werden, spürt etwas von der freimaurerischen Diktatur des Relativismus. Sagen lässt sich nur, was man mit eigenen Augen gesehen, am eigenen Leib erfahren und getan hat, als man in dieser Welt war. Das alles lag auf meinem Weg, das alles habe ich beschrieben. Mein Hauptaugenmerk galt meiner Bekehrung zu Jesus Christus. Freimaurerei spielt nur insoweit eine Rolle, als ich als Großredner der größten deutschen Großloge, der „Alten Freien und Angenommenen Maurer von Deutschland", diese Freimaurerei in Reden, Referaten und Artikeln präsentiert und repräsentiert habe und als Hochgradfreimaurer in jene vermeintlich geheimnisumwitterte Welt eingetaucht bin, die sich bei näherer Betrachtung als Banalitätenkabinett und Jahrmarkt der Eitelkeiten entlarvte. Dass die meisten meiner ehemaligen Brüder meinen Schritt zu Gott hin kaum nachvollziehen können, habe ich anhand der Reaktionen gemerkt, die nach meinem Austritt erfolgten. „Willst du jetzt Weihwasser trinken?" „Willst du dich kastrieren lassen?" „Kirche ist Mittelalter." Diese Aussagen gab es. In der Mehrzahl waren sie nicht. Es gab viele Anrufe, E-Mails und Briefe, Rückholaktionen, freundliche Überredungsversuche, ernste Mahnungen. Ein anonymer Anruf hat mich kurzzeitig etwas stutzig gemacht: „Den Verrat liebt man, aber nicht den Verräter. Du weißt, was mit Verrätern passiert?" Wir werden später noch auf den Freimaurerischen Eid zu sprechen kommen, in dem der Aufgenommene gelobt, sich eher die Kehle durchzuschneiden, als Verrat zu üben. Für einige Freimaurer, deren Denken bedauerlicherweise in recht überschaubaren Bahnen verläuft, wird alles zum Verrat, was nicht nach Propagandschaft klingt. Ins Schwanken bringen konnte mich das alles nicht. Dieses Buch ist kein Verräter-, sondern ein Bekenntnisbuch. Insofern hoffe ich, dass nicht nur viele meiner ehemaligen Brüder meinen Weg zu Jesus Christus akzeptieren, sondern ihm folgen. Was für mich galt, gilt auch für andere: Das wahre Licht wird erst sichtbar durch tiefe Gotteserfahrung. Das ist, was ich jedem wünsche, der sich auf einem Irrweg befindet.

Insofern ist dieses Buch eine intensive Auseinandersetzung mit der Freimaurerei, wie sie von seiten der Brüder immer gefordert wird. Eine Auseinandersetzung kann man allerdings nur dann führen, wenn alle Parteien offen sind und nicht unter Maßgabe unsinniger Arkana Geheimnistuerei betreiben. Damit, dass Außenstehende mehr über die Freimaurerei sagen dürften als die Freimaurer selbst, kokettieren verschiedene Großmeister seit Jahren. Warum sagt man es nicht selbst? Vielleicht, weil man von den Verschwörungstheorien profitiert? Dabei wäre es für einen Enthüllungsjournalisten furchtbar einfach, sich Zugang zu einem Freimaurereitempel zu beschaffen. Wie, zeigt das Kapitel „Der Do-it-yourself-Freimaurer".

Ganz sicher ist die Freimaurerei längst nicht so wichtig, wie sie sich selber nimmt. Als Hans Küng 2007 beim Kölner Großlogentreffen den Kulturpreis der Deutschen Freimaurer verliehen bekam, bequemte sich gerade mal die dritte Garde der Lokalpolitik zur Preisverleihung. Landes- oder gar Bundespolitiker hielten sich weit entfernt von der Hinterhofbühne der Freimaurerei. Die Presse war nur spärlich vertreten, das Fernsehen überhaupt nicht. Ähnlich verhält es sich bei allen freimaurerischen Kulturveranstaltungen, Ausstellungen, Rezitations- oder Liederabenden. Jede Vernissage einer Vorstadtsparkasse stößt auf breitere Resonanz. Dennoch hält sie viel von sich: „Als diesseitsorientierte Freundschaftsbünde mit primär ethischer Zielsetzung sind Logen und Großloge keine Religionsgemeinschaften und bieten folglich auch keinen Ersatz für Religion an." Phrasendrusch dieser Art findet man zuhauf auf der offiziellen Website der Großloge der „Alten Freien und Angenommenen Maurer von Deutschland". Er wird von unzähligen Freimaurermündern unhinterfragt wiedergekäut. Nicht unwichtig in diesem Zusammenhang ist, dass die Freimaurerei entgegen ihrer landläufig bekannten Propaganda sehr wohl religiöse Wurzeln hat und durchaus Dogmen kennt.

Abgesehen davon, dass die Freimaurerei sich wie ein Chamäleon ins Schaufenster der Weltgeschichte stellt, wirken ihre Selbstdarsteller mitunter grotesk. So sieht der Großmeister der Vereinten Großlogen auf der Homepage aus wie ein Büßer, dem die Aura verrutscht ist. Seine grinsende Gestalt ist umhüllt von gleißendem Licht. Ein schlecht nachgeahmtes Heiligenbild. Bruder Tucholsky hätte für derartig offen zur Schau getragenen Biedersinn nicht einmal ein Spottgedicht übrig gehabt.

Wenn der Satz stimmt, dass viele Wege nach Rom führen, führte meiner über die Freimaurerei. Damit verbunden etliche Irrwege. Vielleicht kann dieses Buch Entscheidungshilfe zur Selbstfindung sein, nach der viele Menschen heute suchen. Der Mystiker Angelus Silesius drückt das in einem knappen Vers so aus: „Mensch, werde wesentlich, denn wenn die Welt vergeht, so fällt der Zufall weg, das Wesen, das besteht." Diese göttliche Sentenz beschäftigt mich, seit ich sie mit 14 in einem Lesebuch las. Jahrzehnte später hörte ich sie im Meisterritual. Die geheime Bruderschaft, die in all ihren Irrtümern, Nachbildungen und Verballhornungen auch diesen Spruch für sich ausbeutet, führt leider nicht zu höherer Erkenntnis. Der Suchende erlebt nichts außer bitteren Enttäuschungen. Immer wieder betritt er einen leeren Raum – begleitet von geheimen Meistern, die zwar keine Gold-, dafür aber Sprüchemacher sind. Schwer wiegt hingegen Lessings Spruch: „Freimaurerei war immer". Doch den Weg zum persönlichen Heil bietet dieser Club der toten Dichter nicht. Eine Umkehr, die Freimaurer mit Verweis auf

„ihren" Johannes den Täufer gerne anführen, ist undenkbar. *Metanoia* im christlichen Sinn meint auch etwas anderes: den Aufbruch zu einem radikalen und totalen Bewusstseinswandel. Davon möchte ich berichten.

Aus Gründen des Persönlichkeitsschutzes habe ich die Namen abgeändert, bis auf diejenigen, die in der Öffentlichkeit bekannt sind. Verschweigen will ich nicht, dass die Trennung von der Freimaurerei sowie das Schreiben dieses Buches zähes Ringen erforderte und die Kraft des Gebets. Deshalb will ich an dieser Stelle besonders all jenen danken, die für mich gebetet haben.

# TEIL 1

# DIE SUCHE

## OSTERNACHT 2008

Ostersamstag, und es schneit. In diesen Tagen Mitte März lässt die Kälte keine Hoffnung auf Frühling aufkommen. Vierzig Tage und vierzig Nächte im Klammergriff eines nicht nachlassenden Winters, als hätte jemand die Tür zu einem Eisschrank aufgemacht, aus dem die ganze Kälte der Welt hereinströmt. Zum Glück hat sich der Wind gelegt. Der Schnee trudelt in dicken Flocken zu Boden. Innerhalb weniger Stunden sind Straßen und Autos eingeschneit. Weil mir die Osternachtsfeier in meiner Heimatgemeinde St. Cornelius zeitlich nicht auskommt, will ich nach Viersen zu St. Remigius. Ich laufe dem Bus davon und nehme ein Taxi, in der Hoffnung, es mogelt sich schneller durch den stockenden Verkehr. Eine Kette roter Bremslichter zieht sich stadtauswärts, ein leuchtender Bogen in der Dunkelheit. Auf der Gegenseite stehen die Scheinwerfer meilenweit dicht an dicht. Als ich ins Taxi steige, fiepst mein Handy, eine SMS: „Brauchen dich nächste Woche als Redner. Ruf zurück. Dringend!" Ich drücke die Nachricht weg und schalte das Handy aus. In den nächsten Stunden soll es mich nicht mehr stören. Hinter der Kreuzung fließt der Verkehr wieder. Der Taxifahrer beschleunigt. Auf der freien Strecke peitschen Windböen Schnee gegen die Windschutzscheibe. Der Fahrer schimpft auf den städtischen Streudienst. Jeder Wintereinbruch stellt die Logistik einer Stadtverwaltung auf eine harte Probe. Am Niederrhein ganz besonders. Trotz Minusgrade, Schnee in diesen Mengen fällt hier nur selten. Vortrag, nächste Woche, denke ich. Kein Problem, mehr als genug Texte sind abgespeichert: „Die Zukunft der Freimaurerei", „Die Philosophie der Freimaurer", „Esoterik und Ritualistik der Freimaurerei". In fast zwei Jahren als Großredner sammelt sich einiges an. Oft genug bin ich durch Deutschland gereist, um Vorträge zu halten. Freimaurerische Festivitäten, Öffentlichkeitsabende, Tempelweihen. Der Fahrer fragt, ob ich am Vorplatz aussteigen will. Ich zahle ihn aus und lasse mir eine Quittung ausstellen. Das Osterfeuer hinter der Kirche brennt, lässt den Schneeteppich ringsum schmelzen, auf den in immer dichterem Treiben neue Flocken fallen. An meiner Brille tropfen sie ab. Ich schlage den Kragen hoch und gleite über das Kopfsteinpflaster. Drei Messdiener stehen an der Pforte, als warteten sie darauf, die letzten Gottesdienstbesucher einzuweisen. Die Kirche ist dunkel, abgesehen von der elektrischen Notbeleuchtung. Schrein und Kruzifix sind verhüllt. Sitzende Menschen, kaum ein Laut, von draußen nur kurz das Aufheulen eines Motors. Ganz kurz. Ich spüre, dass sich die Stille der Kirche wie ein schützender Mantel um mich legt, und knie mich hin, der Stille zugeneigt, bereit, in ihr zu versinken. Meine Augen tasten den Raum ab. Die Marienfigur mit Jesuskind. Der heilige Antonius. Der Altar in St. Remigius steht ungewöhnlich weit vorn, eine Insel, die Gläubige und Gott verbindet. Hinter den Kirchenfenstern flackert das Osterfeuer auf. Der Heilige Geist kommt mit Feuerzungen, denke ich. In diesem Moment schießen mir verschiedene Gedanken durch den Kopf. Alle drehen sich um das Licht. In schwierigen Situationen habe ich mir immer vorgestellt, von Licht umhüllt zu sein. Als ich in dieser Osternacht die Augen schließe, um der Stille zu folgen, spüre ich ein tiefes Verlangen, das Licht zu sehen, das wirkliche. Blendwerk kenne ich zur Genüge. Vor elf Jahren, bei meiner Aufnahme in eine Loge, sagte der Meister vom Stuhl mit erhobener Stimme: „Gebt dem Suchenden das Licht". Schon seit einiger Zeit spüre ich den Riss in meiner Seele, wenn ich an diesen Augenblick denke. Jeder kennt das, man sucht einen Weg, denkt, das sei der richtige, bis man irgendwann erkennt, er führt in eine Sackgasse. Wer gesteht sich schon gerne einen Irrtum ein? Es gibt nur zwei Möglichkeiten: Verbleib in der Sackgasse oder Neuorientierung. Zwischen der Aufnahme und dieser Osternacht liegen elf Jahre des Entdeckens und Erschreckens. Es ist die Macht des Zweifelns, die ein Hin- und Hergerissensein bewirkt. Klarheit, ich meine die echte, reine Klarheit, leuchtet erst dann aus dem Dunkel hervor, wenn man sich selbst auf sie zubewegt. Als die Glocke ertönt, stehen die Gläubigen auf. Der Priester, der hinter dem Kreuz geht, singt: „Lumen Christi". Wir antworten: „Deo gratias". Ich knie noch immer als einziger. Weshalb? Ich weiß nicht. „Lumen Christi". Aufstehen kann ich nicht, alles in mir spannt sich, wühlt mich innerlich auf. Aber Aufwühlen ist nicht mehr die Kategorie, mit der sich meine Gefühle beschreiben lassen. Das Licht! Ein anderer Priester trägt die leuchtende Osterkerze. „Deo gratias." Was zwischen dieser Osternacht und meinem Austritt aus der Freimaurerei liegt, ist der kommende Frühling. Aufbruch in ein neues Leben.

## ERSTE SCHRITTE

Angefangen hatte alles ganz anders. Es war die Zeit der Neuorientierung. Noch war der Sozialismus nicht ganz gescheitert, doch sein Scheitern abzusehen. Die Neue Weltordnung stand nun auf der Liste der heiklen Vorhaben des Westens. Wer genau hinsah, erkannte schon damals die Zeichen: Der Materialismus würde weder in Form des dialektischen Marxismus noch des Turbo-Kapitalismus überleben. Einen gab es, der es öffentlich aussprach, Papst Johannes Paul II. Diese Stimme ging in meiner alltäglichen Betriebsamkeit unter. Ihr Echo vernahm ich erst anderthalb Jahrzehnte später. Meine ersten Features und Hörspiele wurden gesendet, in Kiel ging mein Stück „Vorabend Wieder" über die Bühne. Die Tatsache, dass ich gegen die Neo-Nazis schrieb, brachte mit sich, dass ich Drohanrufe und -briefe erhielt. Als an meinem Auto eines Morgens alle Reifen zerstochen waren, blieb nichts außer dem Schrecken. Die polizeilichen Ermittlungen verliefen im Sande. So wie mein Gedanke, auszuwandern. Ein Suchender blieb ich. Wollte ich zuvor keinem über 30 trauen, galt es nun, sich in der Welt neu einzurichten. Der Begriff „spirituelle Heimat" beschreibt meine damalige Sehnsucht. Kirche? Mein Gott, ein alter Hut. New-Age? Spökenkiekerei. Weshalb ich das Telefonbuch aufschlug und nach einer Loge in der näheren Umgebung suchte, lässt sich für mich nicht mehr genau bestimmen. Neugierde trieb mich, die Suche nach etwas Besonderem vielleicht. Natürlich hatte ich von der Freimaurerei gehört. Diffuses, Dunkles, wie die meisten. Interesse und Skepsis waren geweckt. Am anderen Ende der Leitung meldete sich ein leiernder Anrufbeantworter, auf dem eine kaum vernehmliche Altherrenstimme krächzte: „Hinterlassen Sie Ihre Telefonnummer. Wir rufen zurück." Ich hinterließ Name und Nummer. Drei Wochen später, ich hatte schon nicht mehr damit gerechnet, meldete sich ein Herr Rusch und stellte sich als Sekretär der Mönchengladbacher Loge „Vorwärts" vor. Er teilte mir das Datum einer öffentlichen Logenveranstaltung mit und fragte nach meiner Adresse, um mir eine schriftliche Einladung zukommen zu lassen. Auch wenn sie ausblieb, am Montag, den 12. Oktober 1992, betrat ich erstmalig das Logenhaus hinter der Fachhochschule. Ein freundlicher Herr, exakt gescheitelt und in elegantem Zweireiher, öffnete. Ich stellte mich vor, er bat mich herein. Acht ältere Herren saßen an Einzeltischen verstreut in rauchgeschwängerter Kaffeehaus-Atmosphäre. Meinem Eindruck nach war ich der einzige Fremde. Um das Gastrecht voll auszuschöpfen, nickte ich zur Begrüßung, ohne eine nennenswerte Reaktion zu registrieren. Acht Augenpaare verfolgten kritisch meinen Weg zum letzten Tisch. An der gegenüberliegenden Wand ein Bildnis Friedrichs des

Großen in Freimaurerbekleidung, dem ich aus sicherer Entfernung ins Auge sah. Die Stimmung wirkte auf mich nicht angsteinflößend, schon gar nicht geheimnisvoll. Nach einer Weile kam Bewegung ins Spiel. Zwei Herren traten vor das Bild des Preußenkönigs. Der Mann im eleganten Zweireiher stellte sich und den Referenten vor, der nun seinerseits, von einer gewissen Nervosität getrieben, ein Manuskript aus seinem Jackett fingerte und ohne Umschweife mit seinem Vortrag begann. Man begriff, es ging, wie angekündigt, um Mozarts „Zauberflöte". Der rote Faden verlor sich ein wenig im Gewusel der vielen Zitate. Hängen blieb die tiefschürfende Erkenntnis, dass Mozart ein großartiger Komponist gewesen sein muss und Freimaurer obendrein. Die erwünschte Diskussion kam nicht zustande, was den Referenten dazu veranlasste, einige Zitate aus seinem Vortrag zu wiederholen, wodurch er wiederholt bestätigte, dass Mozart ein großartiger Komponist und Freimaurer gewesen sein muss. Nachdem der Referent mit lobenden Worten, einer Flasche Wein (ein edles Tröpfchen, wie der Herr im eleganten Zweireiher süffisant versicherte) und einem Rosenbukett für „deine liebe Gattin, unsere Schwester Erika" verabschiedet worden war, gab der Maître de plaisir mit Blick auf mich einem Bruder ein verstohlenes Zeichen. Kurz darauf setzte sich der unauffällig Angesprochene zu mir: ein untersetzter Mann mittleren Alters mit Buchhaltergesicht und taubenblauem Blazer, zu dem die rote Krawatte mit den Freimaureremblemen Winkelmaß und Zirkel nicht recht passen wollte. Er nannte seinen Namen und sagte mit bedeutungsschwerer Stimme, man würde sich jeden Interessenten sehr genau ansehen. Ohne Umschweife kam er auf das Wesentliche und wollte wissen, was meine Frau über die Freimaurerei denkt. Ich sagte, ich sei nicht verheiratet, worauf er unvermittelt ein Statement zum Thema Familie abgab. Wenigstens kam keine peinliche Pause auf. Ein vertiefendes Gespräch aber auch nicht. Nach einer Weile erkundigte sich mein Gesprächspartner nach meiner beruflichen Tätigkeit. Die Antwort „Autor" schien ihn skeptisch zu stimmen, er bezifferte die Höhe des Jahresbeitrags, der Aufnahmegebühr und der Kosten für einen schwarzen Anzug, den man als Freimaurer zur Tempelarbeit zwingend tragen müsse. Zum Abschied versicherten wir uns der gegenseitigen Hochachtung, und ich fand allein den Weg zur Tür. Einladungen bekam ich nun jeden Monat, doch erst vier Jahre später betrat ich wieder ein Logenhaus. Diesmal in einer anderen Stadt – und in der Hoffnung, das Gespräch möge nicht wieder in Höflichkeitsfloskeln enden.

Inzwischen hatte ich einiges gelesen und kannte ein paar Unterschiede: Als „blaue Maurerei" bezeichnet man eine traditionelle Freimaurerloge, deren Mitglieder die bekannten Grade des Lehrlings, Gesellen und Meisters durchlaufen. Die „rote Maurerei", der „Alte und Angenommene Schottische Ritus" ist die weltweit verbreitetste „Hochgradorganisation" der Freimaurerei.

Ich hatte mir bei einem Englandaufenthalt „Morals and Dogma" (erschienen 1872) besorgt. Geschrieben hat es Albert Pike, einer der geistigen Urväter des „Schottischen Ritus". Eine deutsche Ausgabe gibt es bis heute nicht. Pike schrieb deutlich: „Das Freimaurertum, wie all die Religionen, all die Mysterien, wie die Hermetik und wie die Alchemie, verbirgt seine Geheimnisse vor allen außer vor den Eingeweihten und Weisen, den Auserwählten, und benutzt falsche Erklärungen und falsche Interpretationen seiner Symbole, um jene irrezuführen, die es verdient haben, nur irregeführt zu werden; um die Wahrheit zu verbergen, die Licht genannt wird und um (die Unwürdigen) davon wegzuführen." Man kann darin ein klares Bekenntnis zur Elite sehen. Man kann es auch als Statement für einen Geheimorden verstehen. Jedenfalls gefiel mir diese Deutlichkeit besser als die intellektuelle Bettelsuppe, die Autoren à la Charles von Bokor anrührten: „Zwischen der Kirche und der Freimaurerei, diesen beiden Bannerträgern der Nächstenliebe, deren Wege eigentlich hätten parallel verlaufen müssen, bestand mehr als zwei Jahrhunderte lang eine fast unüberbrückbare Kluft".

Das Kölner Logenhaus lag in der Nähe des Stadtgartens. An frühen Sommerabenden sah man viele Jogger dort, auch etliche adrett gekleidete Frauen und Männer, Eiswaffeln in der Hand oder „Financial Times" unterm Arm. Viele Versicherungen und Anwaltspraxen hatten ihre Niederlassungen in dieser Gegend. Wie in allen alten Wohnanlagen auch hier das typische Manko: kein Parkplatz weit und breit. Für mich kein Problem, ich war mit der U-16 vom Bahnhof zur Ulrepforte gefahren. Später stellte ich fest, die Lage der Logenhäuser ist sehr verschieden. Normalerweise liegen sie in Wohngegenden der Mittelschicht und sind meistens für Logenzwecke umgebaut. Man erkennt sie leicht, denn eine Tafel am Eingang, nicht selten mit Winkelmaß und Zirkel verziert, weist unzweideutig darauf hin, dass hier eine Freimaurerloge ihr Quartier hat.

Wir saßen im Keller des Hauses an U-förmig zusammengestellten Tischen. Auch hier war ich einziger Interessent. Die Atmosphäre wirkte ungleich entkrampfter als in Mönchengladbach. Der Referent stellte sich als Redner der Loge vor: Peter Zeugner leitete ein Architekturbüro. Thema seines Vortrags: „Sind die freimaurerischen Symbole zeitgemäß?" Sein Vortrag war kurz und provozierte Fragen. Als Fremder zum erstenmal in dieser Runde, hielt ich mich naturgemäß zurück. Herr Zeugner brach clever das Eis, indem er mich fragte: „Was meinen Sie, lassen sich in Zeiten, in denen wir über Datenautobahnen surfen, noch Symbole wie Winkelmaß und Zirkel verwenden?" Plötzlich fand ich mich mitten im Gespräch. Nach dem offiziellen Ende saßen Herr Zeugner, der Meister vom Stuhl und ich noch lange zusammen. Zwischen Herrn Zeugner und mir entspann sich ein Dialog, dem der Meister vom Stuhl lächelnd folgte, in seiner zurückgenommenen Haltung verharrend, wie ein Supervisor beim Management-Training – oder besser, wie einer jener Buddhas, die vor ostasiatischen Reisebüros oder China-Restaurants stehen.

„Die Freimaurerei stellt humanitäre Verhaltensregeln für eine menschliche Gesellschaft auf. Als Bund mit ethischer Zielsetzung haben wir eine allgemeingültige Grundlage. Die Vereinigte Großloge von England legte 1929 die Grundsätze fest, die als Voraussetzung für die Regularität einer Großloge gelten."

„Dann gibt es also doch so etwas wie einen Vatikan der Freimaurerei, nur dass der nicht Vatikan, sondern Großloge heißt und seinen Sitz in London und nicht in Rom hat", wandte ich ein.

„Es gibt Vereinsregeln, kein Dogma."

Bei soviel Formelhaftigkeit hätte man schon hellhörig werden können, doch ich war viel zu sehr darauf fixiert, in ein Geheimnis einzudringen, und fragte danach, für was die Freimaurerei eigentlich stehe.

„Das entscheiden Sie für sich selbst", entgegnete prompt der Meister vom Stuhl. Für einen Moment verschwand das Lächeln aus seinem Gesicht. „Der freimaurerische Weg fordert vom einzelnen, über den Dingen zu stehen."

„Mit der Zugehörigkeit zu einer Kirche hätten Sie also kein Problem?"

„Früher waren Theologen und Superintendenten Hauptstützen der Freimaurerei und bekleideten hohe Ämter."

Der Meister vom Stuhl stand auf, um ein dickes Buch aus dem Bücherschrank zu holen. (Später lernte ich das „Internationale Freimaurerlexikon" von Lennhoff, Posner und Binder gut kennen.) Er legte es aufgeblättert vor mich hin.

„Wir haben mit der Vorgestrigkeit der Religionen nichts zu tun. Dazu bekennen wir uns offen. Unsere Zehn Gebote sind die ..."

## Alten Pflichten
### Von Gott und der Religion

Der Maurer ist durch seinen Beruf verbunden, dem Sittengesetz zu gehorchen; und wenn er die Kunst recht versteht, wird er weder ein dummer Gottesleugner, noch ein Wüstling ohne Religion sein.

Aber obgleich in alten Zeiten die Maurer verpflichtet waren, in jedem Lande von der jeweiligen Religion des Landes oder der Nation zu sein, so hält man doch jetzt für ratsam, sie bloß zu der Religion zu verpflichten, in welcher alle Menschen übereinstimmen, und jedem seine besondere Meinung zu lassen, das heißt, sie sollen gute und wahrhafte Männer sein, Männer von Ehre und Rechtschaffenheit, durch was für Sekten und Glaubensmeinungen sie auch sonst sich unterscheiden mögen.

Das entsprach meinem Denken. Schließlich hielt ich als Kind meiner Zeit Religion für ein Relikt des Mittelalters. Meine Zugehörigkeit zur katholischen Kirche war eine reine Proforma-Mitgliedschaft. Ich war kein Gottesleugner, nur ein Gleichgültiger. Religion lag für mich jenseits jeder Vernunft. In meiner Optik konnte der postmoderne Intellektuelle nur Sucher im Wespennest der Wahrheiten sein. Die Göttlichkeit Jesu Christi nahm ich nicht ernst. Bestenfalls war meine Christusgestalt durchsetzt von der Monty-Python-Satire „Das Leben des Brian".

Ich fühlte mich durchaus wohl in meiner postmodernen Weltsicht. Erfreut nahm ich Herrn Zeugners Antwort zur Kenntnis: „Sie sind ein Seelenverwandter. Wir sind alle – nun sagen wir – Brüder in einem großen Universum."

Das Gespräch hatte mir zutiefst imponiert. Hier wollte ich eine geistige Heimat finden.

„Woher bekomme ich weitere Informationen?" fragte ich.

Herr Zeugner entnahm seiner Geldbörse eine Visitenkarte. „Rufen Sie mich an."

Doch zunächst einmal fraß ich mich durch alle möglichen Bücher.

Fast jedes Buch zum Thema beginnt mit dieser Frage. Je
nach Einstellung des Verfassers folgen sachliche Informationen, oder düstere Verschwörungswolken umnebeln den
Leser. Für viele sind die Freimaurer ein Geheimbund mit
seltsamen Ritualen, eigenartigen Symbolen und altertüm-
licher Sprache. Freimaurerei ist keine Religion, sagen die
Freimaurer. Sie ist keine Sekte, sagt die zuständige Enquê-
tekommission des Bundestags. Eine Partei ist sie auch nicht.
Was dann? Ein philosophischer Schrebergartenverein für
Kleingeister und Großmeister? Ein Traditionalistenclub, der
mit dem Kopf in der Französischen Revolution steckenge-
blieben ist und hingebungsvoll seine geistigen Potentaten
von Voltaire über Lessing bis Goethe abfeiert? Ein humanistischer Freundschaftsbund, in dem das gemütliche Plau-
dern über die eigene Bedeutsamkeit das höchste Ziel ist?
Ein Mysterienbund, in dem Männer (und mittlerweile auch
Frauen) nach einem obskuren Ritual initiiert werden? Wer
durchs Internet surft, findet mehr als 50.000 Einträge un-
terschiedlichster Couleur. In der Bruderschaft selbst gibt es
denn auch kein unerschöpflicheres Thema als den Lobpreis
des eigenen Bauchnabels. Am Ende bleibt die erste Frage.
Immerhin, ihre Rituale lassen sich im Internet und in Büchern nachlesen.

Bröseln wir das Ganze auf: 1717 schlossen sich vier englische Logen zur Großloge von London zusammen. Die Londoner Großloge gilt bis zum heutigen Tag als die Mutterloge
aller übrigen Logen. 1737 wurde die erste deutsche Loge in
Hamburg gegründet. Weitere Logengründungen erfolgten
in immer kürzeren Zeitabständen. „Ihren Siegeszug um die
Welt verdankt die Freimaurerei einem ritualisierten Men-
schentum, das für Freiheit, Gerechtigkeit, Vernunft und
Liebe eintritt (...) Die humanitäre Freimaurerei ist also ein
geistiges Angebot, um durch die ihr eigene rituelle Arbeit

einen Beitrag zu einer ethisch-moralischen Entwicklung des Menschen zu leisten. Sie beruht auf einer konfessions- und ideologiefreien Esoterik. Diese setzt die Erkenntnis eines ‚Höheren Seins' voraus, was immer der einzelne darunter verstehen mag. Ohne dieses Bewusstsein von einem Höheren Sein wären die von uns praktizierten Rituale inhaltslos", heißt es in der Festschrift zum 75jährigen Bestehen des Alten und Angenommenen Schottischen Ritus. Soll das die Mächtigen der Vergangenheit verlockt haben, scharenweise Logen beizutreten?

Wenn seit dem 17. Jahrhundert oder womöglich weitaus früher zahlreiche Intellektuelle den Tempel der Humanität stürmten, muss es einen geistigen oder spirituellen Magneten gegeben haben. Autoren wie Dieter A. Binder legen gesteigerten Wert darauf, der „blauen" Maurerei einen seriösen Anzug zu verpassen: „Einerseits mögen berufliche Interessen und ökonomische Überlegungen wie auch Sozialprestige eine nicht unerhebliche Rolle gespielt haben (...) die Suche nach alten Mysterien, nach sagenhaften Weisheiten der Druiden (...) aber auch die Suche nach Geselligkeit." Muss es nicht vielmehr einen magischen Anziehungspunkt gegeben haben, einen bestimmten Geist, der diese Anziehung ausübte?

## ALLES TEMPLER ODER WAS?

Über die Entstehung haben sich im Lauf der Jahrhunderte etliche Theorien, Mythen und Legenden gebildet. Der zeitgenössische Freimaurer und Ahnenforscher Helmut Reinalter schreibt: „In diesem Zusammenhang sind vor allem der Kult der Brahmanen, die Osiris-Legende, die Eleusinischen Mysterien, der Bund der Pythagoräer, der Mysterienkult der Essener, der Mithras-Kult, die Kabbala, die Gnosis, die Druiden und Barden zu nennen." Inwiefern die aufgezählten Mysterienkulte tatsächlich Wurzeln der modernen Freimaurerei bilden oder die Suche nach Ursprüngen Phantasie ist, bleibt mit Vorsicht abzuwägen. Einer wissenschaftlichen Prüfung hält diese erlauchte Ahnenreihe jedenfalls nicht stand. Der Vernunftglaube, für die Freimaurerei höchste Stufe der Selbsterkenntnis, wurzelt wohl am ehesten in der Gnosis. Reinalters Autorenkollege und Mitbruder Luigi Ranieri glaubt deshalb auch ganz fest: „Wo auch immer ein Tempel (oder zumindest eine Spur von einem Tempel) entdeckt wurde, können wir sicher sein, dass in fernen Zeiten von ihm etwas ausging, das sich in die Tradition der Freimaurer einfügt." So kommt es nicht von ungefähr, dass manche Freimaurer ihre Wurzeln am Anfang der Menschheitsgeschichte sehen. So ist sicher gewagt, aber aus masonischer Sicht nicht unerfindlich, wenn Bruder Scherpe in seinem Standardwerk „Das Unbekannte im Ritual" kultgeschichtlich eine hypothetische Erbfolge aufstellt: „Die Mandäer sind zur Zeit Christi am Jordan nachzuweisen. Aus ihnen oder aus den Essenern stammt wahrscheinlich auch Johannes der Täufer. Die Form der Taufe haben dann die Katharer und Albigenser abgewandelt übernommen (...) Die Albigenser hatten nach Cumont auch Teile der Mithras-Mysterien übernommen. Aus den Manichäern, Katharern und Waldensern entwickelten sich allmählich die Hugenotten. Sie sind ganz sicherlich nicht nur ‚französische Protestanten' gewesen. Für uns ist es eine interessante Feststellung, dass Bruder James Anderson, der Schöpfer der alten Pflichten, Prediger einer französischen hugenottischen Gemeinde gewesen ist".

Reverend James Anderson, Autor des „Freimaurerischen Konstitutionenbuchs" und erster Geschichtsschreiber der Freimaurerei, führt ihre Entstehung auf Adam zurück. Seine zwar unbewiesene, weil unbeweisbare Hypothese wird unbeschwert von Bruder William Preston aus Edinburgh übertroffen. Er verbindet in seinem im Jahre 1772 erschienenen Buch „Illustrations of Freemasonry" die Anfänge der Freimaurerei mit der Erschaffung der Welt. Den ersten Platz in der Mythen-Comedy gebührt ohne Zweifel einem gewissen Reverend George Oliver. In seinem Buch „The Antiquities of Freemasonry" (erschienen 1823) behauptet er in aller Unschuld, die Freimaurerei sei noch „vor der Erschaffung der Welt auf einem viel älteren Planeten entstanden". Konkrete Hinweise darauf lassen sich allerdings weder in irgendwelchen Star-Trek-Folgen noch auf unscharfen Bildern des Hubble-Teleskops finden. Ernsthafte, wenn auch sehr irdische Hinweise finden sich in den beruflichen Zusammenschlüssen der Handwerker und Ritterorden. Von Freimaurerseite wird gern das Regius-Manuskript herangezogen. Es ist die wahrscheinlich älteste, aus dem Jahr 1390 stammende Niederschrift von Regeln der Steinmetzbruderschaften. Das Cooke-Manuskript aus dem 15. Jahrhundert bezeichnet die „masonry" als ältestes und vornehmstes Handwerk. Dafür hatte man einen starken Schutzpatron eingemeindet, Johannes den Täufer. Einige Autoren führen das auf den Gründungstag der englischen Großloge, den Johannistag (24. Juni) 1717 zurück. Im maurerischen „Konstitutionenbuch" wird erwähnt, dass die Freimaurer *immer* an jenem Tag ihre feierlichen Versammlungen abhielten. Darf man annehmen, die englischen Logengründer hätten bewusst diesen Tag gewählt, um sich einen christlichen Hintergrund zu geben? Besonders beliebt ist die Rückführung auf die Tempelritter („Unter den Tempeln Jerusalems. Pharaonen, Freimaurer und die Entdeckung der geheimen Schriften Jesu" von Christopher Knight und Robert Lomas). Darin darf nach Kräften spekuliert werden, ob Jesus nicht nach Südfrankreich zog – oder ob die Pyramiden nicht Start- und Landebahnen für Yedi-Ritter gewesen seien. Das passt zur spekulativen Freimaurerei, die deshalb spekulativ heißt, weil in ihr alle möglichen Wahrheiten und Mutmaßungen wabern.

Wer waren diese geheimnisumwitterten Templer, bei deren Namensnennung Romantikern und Geheimniskrämern gleichermaßen ein mythischer Schauder über den Rücken läuft? Ihre dramatische und mysteriöse Geschichte führt ins Hochmittelalter. Der Zweck des Ordens bestand darin, Pilgern den Zugang zu den heiligen Stätten zu garantieren und Palästina für die Christenheit zu erobern. Vom Hauptsitz Jerusalem spannte sich ein Netz, das zahlreiche Niederlassungen umfasste. Die Templer betrieben Banken, bei denen sich Staat und Kirche Geld borgten. Mit zunehmendem Erfolg kamen böse Gerüchte auf. Standen die Ritter mit dem achtzackigen roten Kreuz auf weißem Grund mit dem Teufel im Bunde? Historischer Fakt ist, dass sich die Gerüchte mehrten, die Tempelherren beteten zum Götzen „Baphomet". Dieser janusköpfige Satan soll ein sprechender Kopf gewesen sein, der den Rittern ihre Befehle erteilte. Wie auch immer, in ihrer Blütezeit brachten sie neben zahlreichen Schlössern und Ländereien ein Drittel von Paris in ihren Besitz. Angesichts von zweifelhaften Anschuldigungen nahm der französische Regent Philipp der Schöne nach Rücksprache mit Papst Clemens V. den 13. Oktober 1307 zum Anlass, die Templer verhaften zu lassen. In den Staatsgefängnissen begannen Folterungen, dabei sagten die Tempelritter aus, „dass sie Baphomet verehrten und das Kreuz bespien". Als Jacques de Molay, letzter Großmeister der Templer, mit anderen Ordensrittern am 18. März 1314 auf der Pariser Seine-Insel verbrannt wurde, prophezeite er dem Papst und dem König den Tod noch im selben Jahr. Tatsächlich starben Papst Clemens V. sechs Wochen, Philipp der Schöne acht Monate danach. Ein Umstand, den die Freimaurer des Schottischen Ritus bis heute im 30. Grad abfeiern. Man muss nicht allzu viel Phantasie bemühen, um zu dem Schluss zu gelangen, dass die christusfeindliche Freimaurerei sich gern der Templerlegende bedient. Insbesondere italienische und französische Logen glorifizieren in dieser Legende ihre antiklerikale Haltung. Von der Hand weisen lässt sich jedenfalls nicht, dass die freimaurerischen Hochgrade beziehungsweise die Rituale des Grand Orient de France im Lauf der Zeit mit Elementen der Templertradition ausgeschmückt wurden – allerdings erst im 19. Jahrhundert. Über eine tatsächliche Herkunft besagen diese aufgegriffenen Bräuche zunächst einmal nichts. Unstrittig ist, dass wir die ersten Freimaurerlogen in Schottland finden, die Edinburgher Loge von 1475 und die von Dundee seit 1536. Bereits Anfang des 14. Jahrhunderts sollen zahlreiche verfolgte Tempelherren in französische Logen eingetreten sein. Da wir bezüglich des masonischen Ursprungs im Nebel stochern, könnte man annehmen, ernsthafte Beweise für die Templer-These seien nur dank des Verschwiegenheitsgelöbnisses nicht vorhanden. Fakt ist, die Stifter der „modernen" Freimaurerei hatten an der Verdunkelung der eigenen Geschichte einen nicht zu unterschätzenden Anteil. Ahnherr Reverend James Anderson vernichtete nach Gründung der ersten englischen Großloge das komplette Archiv mit allen Aufzeichnungen über freimaurerische Historie. Warum? Auch hier darf fleißig spekuliert werden. Aktenvernichtung, wissen wir aus der jüngeren Geschichte, ist ein beliebter Trick, um Spuren zu verwischen. Ob in den Geheimarchiven der Londoner Großloge oder im Giftschrank des großmächtigen Tempels in Washington D.C. Beweisstücke existieren? Der normalsterbliche Maurer, der sich einbildet, eingeweiht zu sein, weiß davon nichts. So bleibt die Templer-These ein beliebtes Mittel, um Diskussionen anzuheizen und Aufmerksamkeit zu erregen. Hoffnungsvoll schreibt Bokor: „Auch wenn man niemals den unwiderlegbaren Beweis erbringen kann, dass die Freimaurerei aus dem Tempelherrenorden hervorging, so ist doch nicht zu leugnen, dass die Templer in der Entwicklung des Ordens eine wichtige Rolle spielten." Immerhin können wir festhalten, dass die Legende vom freimaurerischen Ursprung aus den Templergemeinden eine – wenn auch vage – Erklärung dafür geben könnte, weshalb nach 1717 plötzlich ein Run auf die Freimaurerei einsetzte. Sollten tatsächlich exklusive innere Zirkel bestanden haben, die nicht nur darüber diskutierten „was die Welt im Innersten zusammenhält", sondern tatsächlich über Geheimwissen verfügten (und sei es nur in Form von geheimen Staatsaktionen)? Daraus ergäbe sich wenigstens eine Erklärung, weshalb die biederen Burschenschaften innerhalb kürzester Zeit zum magischen Anziehungspunkt für die damalige Intelligenzija wurden. Hermetische Weisheiten, alchimistische Rezepturen, esoterische Initiationen, all das könnte einen Anreiz besonderer Art geboten haben. Vermutlich ebenso die magisch-königliche Kunst, Blei zu Gold machen, und das nicht nur symbolisch, durch die innere Verwandlung des Menschen, wie es heute gern dargestellt wird, sondern durch knallharte Geldpolitik. Kurzum, der Forschertrieb des Menschen, von Goethe im „Faust" faszinierend beschrieben, könnte als Türöffner gedient haben. Natürlich konnte nicht jeder Freimaurer in den Besitz großartiger Geheimnisse gelangen – damals wie heute nicht. Das wäre zu einfach und geistiger Veredelung ebensowenig angemessen wie machtpolitischen Bestrebungen.

Erst die neuere historische Kritik hat den Nachweis geliefert, dass die Wurzeln des Bundes kaum über das 13. Jahrhundert hinausreichen. Die Straßburger Steinmetzordnung von 1459 bezeugt eine über ganz Deutschland und die Schweiz verzweigte Verbrüderung, die durch das Geheimnis des Grußes und des Handgriffs sowie durch das eidliche Gelöbnis der Verschwiegenheit nach außen abgeschlossen war. Zum Bruch kam es in der Neuzeit. Zusammen mit der gotischen Baukunst verschwanden auch die Bauhütten. Statt dessen begannen die Logen in England damit, berufsfremde Personen aufzunehmen. Adelige, Gelehrte, Künstler, Politiker und Angehörige des Bürgertums strömten nun in die Logen. Jedenfalls gewannen diese neuen Mitglieder die Überzahl und übernahmen die Leitung dieser Institution. Hammer, Meißel, Zirkel und Winkelmaß, von nun an keine unentbehrlichen

Werkzeuge der Arbeiter mehr, wurden zu äußerlichen Symbolen und Zeichen. Die Maurerei hatte sich von der operativen in die spekulative verwandelt.

Lassen wir allen Pomp und Prunk beiseite, die „aufgeklärte" Freimaurerei von heute versteht sich selbst als „Lichtbringer". Sie sieht ihre Aufgabe darin, den Menschen – wie Kant sagt – aus seiner selbstverschuldeten Unmündigkeit zu befreien. Durchaus fühlen sich Freimaurer beseelt, der ganzen Menschheit ihr Humanitätsideal überzustülpen. Dieses Vorhaben setzt allerdings voraus, den Anschein einer rein humanistisch ausgerichteten Vereinigung zu wecken. Infolgedessen hat man sukzessive alle Rituale von okkultistischen Herangehensweisen gesäubert. Die heute wieder aufflammende Begeisterung für Templer, Rosenkreuzer und ähnliche legendenschwangere Bünde erinnert daran, dass Menschen, die sich für Freimaurerei interessieren, etwas Spirituelles suchen. Die Freimaurerei schien eine ungeheuere Chance in sich zu bergen. Der humanitäre Freundschaftsbund versprach Diskussionen auf hohem Niveau. Wo sonst war es möglich, im vertrauten Kreis „laut zu denken"? Nach meiner Lektüre und allen Gesprächen war ich sicher, in der Bruderschaft tatsächlich das erforschen zu können, was die Welt im Innersten zusammenhält, kurzum, eingeweiht zu werden. Was hatte die Kirche entgegenzusetzen? Nichts außer frommen Legenden und Mythen, dachte ich. Die Freimaurerei würde das Echte offenbaren, ja, sich selbst als das Echte erweisen. Wo sonst gab es noch ein Geheimnis? Wurde der Massenmensch nicht allenthalben mit verwässerten Wahrheitsversionen abgespeist? Gab es nicht ein Wissen, das zu explosiv war, als dass man es der breiten Masse zugänglich machen durfte? Wer könnte es sonst hüten, als dieser geheimnisvolle Bruderbund? Wie hieß es so wunderbar in der „Freimaurerischen Ordnung" der „Großloge der Alten Freien und Angenommenen Maurer von Deutschland": „Die Freimaurer sind durch ihr gemeinsames Streben nach humanitärer Geisteshaltung miteinander verbunden; sie bilden keine Glaubensgemeinschaft. Sie sehen im Weltenbau, in allem Lebendigen und im sittlichen Bewusstsein des Menschen ein göttliches Wirken voll Weisheit, Stärke und Schönheit. Dieses alles verehren sie unter dem Sinnbild des Großen Baumeisters aller Welten."

Einen besseren Weg hätte ich mir bis zu diesem Zeitpunkt nicht erträumen könne.

## QUO VADIS?

Herr Zeugner wohnte in einem Bungalow am Stadtrand von Köln. Vom Lichtschalter bis zur Badewanne hatte er alles selbst entworfen. Seit seine Frau gestorben war, lebte er alleine, das heißt, ein Kaninchen huschte durch die Wohnhalle, von der aus man in das Gremberger Wäldchen blickte. Klein war er, der Herr Zeugner, klein und quecksilbrig. Er reichte mir gerade bis zur Schulter. Er hatte ein schmales Gesicht mit hervorspringenden Backenknochen und tiefliegende Augen. Ein Lächeln huschte über seinen schmallippigen Mund. „Schön, dass Sie da sind."

Die Sessel, in die wir uns setzten, waren weiße Plastikkugeln auf einer Messingstütze, nur nach vorn hin geöffnet, innen mit rotem Samt ausgeschlagen. Der Futurismus der 60er. Das ganze Haus, die Einrichtung, entsprach diesem Stil. Es muss Zeugners große Zeit gewesen sein. Er servierte mir Heilwasser, nicht, weil ich darum gebeten hatte, sondern weil er es trank. Die Sushis hatte er selbst gemacht. Exzellente Sushis. Dann hob er das Glas, um auf mein Wohl zu trinken: „Obwohl es nur Wasser ist". Wir kamen locker ins Gespräch. Er kannte Charles Wilp, den Kult-Werbefilmer der 68er, und auch den Designer Colani, den er als „Cleverle" bezeichnete. Als Rainer Werner Fassbinder in Köln die Fernsehserie „Acht Stunden sind kein Tag" drehte, war er für die Bauten zuständig. Das meiste Geld verdient hatte er mit dreieckigen

Kerzenständern. Er zeigte mir ein Illustriertenfoto, darauf ist er abgebildet, wie er diese Kerzenständer zu einer riesigen Pyramide aufschachtelt. „Da habe ich eine freimaurerische Idee umgesetzt", sagte er und lächelte wie zum Triumph. Er reichte mir ein DIN-A4-Blatt. „Es gibt eine schöne Arie von Mozart. Den Text hat ein unbedeutender Dichter geschrieben. In dieser Arie ist die ganze freimaurerische Ideenwelt aufgeblättert. Lesen sie nur."

### Kleine deutsche Kantate
### „Die ihr des unermeßlichen Weltalls Schöpfer ehrt"
### KV 619

*Lied für Tenor und Klavier; Text: Franz Heinrich Ziegenhagen; Juli 1791*

Die ihr des unermeßlichen Weltalls
Schöpfer ehrt,
Jehova nennt ihn, oder Gott,
nennt Fu Hi, oder Brama,
Hört! hört Worte aus der Posaune
des Allherrschers!
Laut tönt durch Erden, Monden, Sonnen
ihr ewiger Schall.
Hört, Menschen, ihn auch ihr.

Liebt mich in meinen Werken!
Liebt Ordnung, Ebenmaß und Einklang!
Liebt euch selbst und eure Brüder!
Körperkraft und Schönheit sei eure Zierd',
Verstandeshelle euer Adel!
Reicht euch der ew'gen Freundschaft Bruderhand,
die nur ein Wahn, nie Wahrheit
euch so lang entzog.

Ich ahnte, in welche Richtung er unser Gespräch drängen wollte. „Für Sie ist Religion also nur ein Symbol?"

Seine Antwort war niederschmetternd einfach: „Ich habe nicht die geringste Vorstellung davon. Glauben Sie etwa an Gott?"

„Meinen Kinderglauben habe ich überwunden."

„Sartre sagt, dass wir aus der Tatsache, dass es Gott nicht gibt, die letzte Konsequenz ziehen müssen. Für mich heißt das Freimaurerei." Herr Zeugner legte hoch aufatmend seinen Kopf in den Nacken und sah für eine Weile an die Decke, wo das Wasser des Gartenteichs von der Sonne reflektiert als Lichtspiel erschien. „Die ganze Kirchengeschichte ist, wie Goethe sagt, ein Mischmasch aus Irrtum und Gewalt. Sie sehen an den Religionskriegen, dass irgend etwas mit der konfessionellen Wahrheit nicht stimmen kann."

Damit rannte er bei mir offene Türen ein. Allerdings verwies ich auf einzelne Texte wie die Bergpredigt, die mir wie Lichter am Himmel meines Unglaubens aufschienen.

„Die Bergpredigt hat für mich nichts mit der offiziellen Kirche zu tun, sondern mit Mystik. Denken Sie nur an die Bhagavadgita oder das Tao-Te-King. Ich habe vor den Pyramiden gesessen, und der Reiseleiter rezitierte den Sonnengesang des Echnaton. Ein unglaubliches Erlebnis. Gott ist einfach mehr als eine Kirche." Dann unterbrach er sich, indem er im Zimmer herumwieselte, auf der Suche nach einem Buch, das er endlich unter einem Haufen anderer Bücher fand. „Kennen Sie das Gilgamesch-Epos?"

Ich nickte. „Als ich es las, fragte ich mich, wer hat von wem die Geschichte mit der Sintflut geklaut, die Hebräer von den Babyloniern oder umgekehrt?"

„Da sehen Sie's, alles Maya. Übrigens, falls Sie Wert aufs Christentum legen, es gibt auch die sogenannte christliche Freimaurerei, auch Schwedisches System genannt. In den skandinavischen Ländern gehören hochrangige protestantische Kirchenvertreter den Logen an. Sie bezeichnen Jesus Christus als ihren ideellen Obermeister und verehren ihn als herausragenden Menschen und als großen Religionsstifter."

Mehr als ein Lächeln entlockte er mich nicht. „Als Menschen, sagen Sie?"

Herr Zeugner lächelte zurück: „Irgendwie verständlich oder? Für mich ist Jesus ein Bild, ein Gedanke – Mystik eben."

Ich stimmte ihm zu, was ihn ungemein erleichterte und uns näherzubringen schien. „Zum Glück verläuft ihr Denken nicht in den gleichen doktrinären Bahnen, auf denen das der christlichen Dogmatiker läuft. Freimaurersein heißt frei sein. Deshalb ist für mich das Christentum nichts. Ich hänge dem Zen-Buddhismus an."

Ich sah etwas aufblitzen in seinen Augen, als er über das Karma sprach. Fast wie im selben Atemzug kehrte er zurück zum Christentum. Es gäbe da einen Jesuitenpater, Alois Kehl, ob ich ihn kenne. Ich verneinte. Er halte oft Vorträge in Logen, denn er sei einer von den progressiveren Katholen („Pardon, ich sage immer ‚Katholen'") und womöglich in Köln Mitglied von „Ver sacrum", was er allerdings nicht einhundertprozentig sagen könne. „Immerhin lässt die Loge einen Großteil seiner Publikationen auf ihre Kosten drukken. Hier findet er mehr Anerkennung als in seinem eigenen Verein. Klar, die Freimaurerei ist an einem progressiven Christentum interessiert. Verstehen Sie, wie ich das meine?"

Auf jeden Fall habe er diesen Pater bei einer Adventsfeier mit Schwestern in Freimaurerschurz und weißen Handschuhen gesehen, und ein Bruder habe ihm gegenüber zugegeben, der Pater „wäre dabei", was ein Geheimnis bleiben müsse. Wie auch immer, er, Zeugner, interessiere sich für Peanuts dieser Art nicht. Dennoch wolle er darauf hinweisen, dass dieser Pater Alois Kehl gesagt habe, die Erklärung der Glaubenskongregation sei „für den gläubigen Katholiken, der Freimaurer ist oder werden will, gegenstandslos", da er wisse, dass die Loge einer „edlen Sache" diene. Das Gesicht erfüllt von kaum unterdrückter Heiterkeit, bemerkte er: „Ich will Sie nicht länger mit dem christlichen Aberglauben belästigen, der wohl auch auf Sie nicht zutrifft. Gestatten Sie mir eine kleine Auflockerungsübung." Da lag er plötzlich rücklings auf dem Teppich, atmete tief ein. Beim Ausatmen hob er den Kopf und gleichzeitig seine Beine. „Die Kerze", sagte er. „Sie sind nicht sehr sportlich, nehme ich an."

Leugnen zwecklos.

„Sollten es trotzdem versuchen. Ich mache die fünf Tibeter täglich. Man wird damit neunzig, sagen die Eingeweihten. Wenn Sie wollen, gebe ich Ihnen eine Anleitung."

Ich winkte dankend ab.

Er schnalzte mit der Zunge. „Überlegen Sie es sich." Er sprang auf, eine Feder, die sich zum Schrank drehte. „Ich halte viel von den alten Weisheiten. Übrigens, bevor ich einen Bauplan entwerfe, gehe ich mit der Wünschelrute das Baugrundstück ab. Wegen der energetischen Kräfte der Wasseradern." Er entnahm der Schublade ein Pendel und kam auf mich zu. „Wenn ich Ihnen auf die Nerven falle, sagen Sie's." Er hielt das Pendel über mich. Die Pendelbewegung wurde schwächer, aus dem Lot eine Spitze, die auf meine linke Seite zeigte. „Die Milz", sagte Herr Zeugner. „Haben Sie Probleme damit? Nein, sagen Sie nichts. Man spürt diese Probleme nicht sofort. Manchmal dauert das Jahrzehnte." Er lachte. „Ich hoffe, Sie verzeihen mir diesen kleinen Exkurs."

Ich wehrte lachend ab.

„Meine Brüder würden schimpfen, dass ich Sie mit solchen Dingen belästige. Lassen Sie uns zum Ernst des Lebens zurückkehren. Jeder kann bei uns seinen Weg finden." Seine Hand verschwand im Jackett und zauberte einen kleinen Taschenspiegel hervor. Er hielt ihn so, dass ich mich sehen konnte. „Selbsterkenntnis ist die entscheidende Formel." Diese Übung schien zu seinem Repertoire zu gehören.

Ich sah meine erhobenen Augenbrauen. „Meinen Sie Selbsterkenntnis oder Selbstbespiegelung?"

Herr Zeugner zog den Spiegel weg, wie einen undurchdringlichen Vorhang. „Haben Sie nur sich gesehen? ‚Wir bauen den Tempel der Humanität', heißt es im Lehrlingsritual. Die grundlegende Erkenntnis der Freimaurerei besagt, die Arbeit an sich selbst ist der Humus, auf dem Menschenliebe gedeiht."

„Brauche ich dazu die Freimaurerei?"

Aus Herrn Zeugners Gesicht wich für einen Moment die Gelassenheit. „Vergessen Sie nicht, nicht wir suchen Sie, Sie suchen uns", sagte er schroff. „Denken Sie doch nur, in einem Zeitalter, das gekennzeichnet ist durch nukleare Bedrohung, Klimawandel und Fundamentalismus, gibt die Freimaurerei Antworten auf die brennenden Fragen der Zeit. Anstelle von religiösen Wahrheiten tritt die Menschheit als Grundlage jeglicher Orientierung." Ein euphorischer Blick war in seine Augen getreten, doch im übrigen blieb sein Ausdruck streng. „Die Freimaurerei ist ein Lebensstil, mehr noch ein Lebensmodell." Während er Wasser nachschenkte, fuhr er schwärmerisch fort. „An den Taten soll man uns erkennen."

## Nach der Sommerpause

Die Einladung zum nächsten Gästeabend kam pünktlich. Wieder war ich einziger Gast. Herr Zeugner, der das Johannisfest in einer Loge in Madras verbracht hatte, ließ sich entschuldigen. Statt dessen bekam ich es mit einem älteren Herrn zu tun. Er hatte ein hageres Gesicht mit tiefliegenden, fast durchsichtigen Augen, deren Pupillen völlig starr blieben, als wären sie eingemeißelt. Alles an ihm wirkte wenig rheinisch, eher von altpreußischer Strenge, sein fester Händedruck, sein bohrender Blick, seine kerzengerade Haltung. Nur die Sprachmelodie und ein leichter Akzent verrieten den Rheinländer. Alfred Cornelisen stellte sich mit sonorer Stimme vor. Manager bei Ford sei er gewesen, flocht er ein, seine Antworten waren allerdings wenig konkret. Sie glichen denen, die viele Interessierte vor und nach mir bekommen haben und bekommen werden. Was mich langsam auf die

Palme brachte, war die Art und Weise der Geheimniskrämerei. Das klang so banal wie ein deutscher Schlager. „Jeder erlebt die Freimaurerei anders", „Wir leben Humanität und Toleranz"; Sätze wie diese waren Meterware auf jeder Veranstaltung und auf jeder beliebigen Freimaurersite zu finden. Was die Freimaurer eint, ist ihre entschiedene Sowohl-als-auch-Haltung. Frei nach dem Motto: Bei uns darf jeder machen was er will. Im Rahmen der freimaurerischen Ordnung, versteht sich. Der Meister vom Stuhl gesellte sich zu uns. Finster dreinblickend zeigte er auf seine Armbanduhr. Herr Cornelisen entschuldigte sich. „Ich halte heute den Vortrag."

Wir setzten uns an die U-förmig angeordnete Tischreihe. Cornelisen trank einen Schluck Wasser und räusperte sich.

„Ehrwürdiger Meister, meine lieben Brüder, lieber Gast, auch wenn wir in unserem Bund nicht über Religion sprechen, ist das doch immer ein Thema für uns." Was folgte, war ein Vortrag über Sein und Zeit, über naturwissenschaftliche Errungenschaft und den Primat der Vernunft. Der Vortrag war nicht schlecht, war nicht, wie so viele, die ich später noch hören sollte, auf Selbstverherrlichung abgestellt. „Zum Schluss möchte ich eine provokante These aufstellen. Die Technik wird immer weitere und für uns heute noch unglaublichere Fortschritte machen. In Zukunft werden Freimaurerlogen nicht mehr wählen müssen, sondern sie können sich selbst zusammenstellen. Die Klonierungstechnik wird dafür sorgen, dass es nur noch gute Meister vom Stuhl gibt."

Der Vortrag endete in Gelächter. Nur der Meister vom Stuhl blickte verstört. Ganz offensichtlich hatte ihn Cornelisens Anspielung getroffen – und der hatte diesen Treffer bewusst angesetzt. Einer der Brüder hob sein Glas und prostete Cornelisen mit verschwörerischem Blick zu, der dessen Geste mit dankbarem Nicken erwiderte.

„Du glaubst nicht allen Ernstes, dass irgendwann Menschen geklont werden", rief ein Bruder mit schlohweißem Haar.

Ich meldete mich zu Wort: „Wahrscheinlich hätte auch nie jemand gedacht, dass irgendwann die Atombombe gebaut würde."

Schweigen. Ja, warum sagte niemand mehr etwas? Auch Herr Cornelisen blieb stumm. Als wäre von meinem Zwischenruf zauberische Wirkung ausgegangen, der alle erstarren ließ. Nachdem für eine Weile kein weiterer Diskussionsbeitrag erfolgte, ergriff der Meister vom Stuhl das Wort. Mit mühsam aufrechterhaltener Souveränität sagte er: „Dann spiele ich den Advocatus Diaboli. Die Technik scheint nicht in der Lage, uns zu Meistern über unser Schicksal zu machen."

Mir war, als habe er für mich gesprochen.

Es gab noch ein paar Wortmeldungen. Sätze, die nur derjenige wichtig nahm, der sie sprach, so mein Eindruck. Ein richtiges Gespräch, so wie am ersten Abend, kam nicht mehr zustande. Diesmal war es nicht so spät geworden. Mir schien es, als hätte man keine Zeit für mich. Der Abschied fiel knapp aus. Herr Cornelisen sagte, er würde sich in nächster Zeit melden, wenn ich nichts dagegen hätte. Ich wusste schon, dass sein fragender Ton keine Auskunft erforderte, sondern eine Ankündigung enthielt.

„Natürlich", sagte ich und reichte ihm die Hand.

Der Meister vom Stuhl war zu sehr im Gespräch vertieft, um mein Weggehen zu bemerken. Die Blicke folgten mir, an mir wurde Maß genommen. Ich empfand eine seltsame Angst. Draußen schlug ich den Kragen meines Trenchcoats hoch. Mein Blick war ein Vogel geworden, ziellos irrend. Ich flog über die Schatten eines Liebespaares hinweg zum Großen Wagen, zum Polarstern. Sternbilder einer klaren, kalten Nacht. Zu kühl für Ende September. Jedenfalls fröstelte mich. Ich hatte den Eindruck, verfolgt zu werden. Vielleicht stimmten die Verschwörungstheorien, man hatte über mich beraten, ich wusste zuviel. Aber da war keiner, dessen Atem ich im Nacken spürte. Was tat ich hier, auf diesem von mir gesuchten, vielleicht nicht gesuchten Weg zur Freimaurerei? Vor mir fuhren in dichter Kolonne die Autos über den Sachsenring an der Ulrepforte vorbei. Seit dem 13. Jahrhundert stand sie dort, wenn auch vielfach umgebaut, ein Teil der alten Stadtmauer. Als frommer Mensch des Mittelalters hätte ich dieses Tor passiert, um die Heiligenstationen Kölns zu suchen. Genau wie die Lichter vor mir, würde ich in die Stadt ziehen, bis hinunter zum Fluss, dem alten Rhein, den sie Vater nennen, den Strom der Deutschen, um den sich in breiten Ringen die Stadt zog. Das alles musste einen tieferen Sinn besitzen, den ich nicht erfasste.

Die U-Bahn fuhr quietschend ein. Abends setzte ich mich immer vorn in die Nähe des Fahrers. Das erschien mir sicherer, obschon eine Tür ihn vom Fahrgastraum trennte. Mein Blick fiel auf ein Blatt Papier auf dem Boden, ein herausgerissener Zettel, den jemand achtlos weggeworfen hatte und über den ebenfalls achtlos viele Schuhe gegangen waren. Die Putzkolonne würde ihn in der Nacht entsorgen. Aber ich hob ihn auf. „Psalm 49: So geht es denen, die auf sich selbst vertrauen, / und so ist das Ende derer, die sich in großen Worten gefallen. / Der Tod führt sie auf seine Weide wie Schafe, / sie stürzen hinab zur Unterwelt." Der Rest war verwischt. Erst etwas tiefer wieder: „Doch Gott wird mich loskaufen aus dem Reich des Todes, / ja, er nimmt mich auf." Ich hielt den Zettel noch in der Hand, als die Durchsage kam: „Dom, Hauptbahnhof". Dann steckte ich ihn in meine Tasche. Ganz automatisch. Ich wusste nicht weshalb und vergaß ihn.

# Lichterfest in der Loge

Die nächsten Wochen vergingen, ohne dass ich etwas von der Kölner Loge „Albertus Magnus" hörte. Das konnte wiederum ein Test sein, aber ich hatte beschlossen, nicht mehr in diesen Kategorien zu denken. Ich würde mich irgendwann bei Herrn Zeugner melden, mich vielleicht noch einmal mit ihm treffen. In der Sache selbst blieb ich unentschieden. Mein Interesse war nicht gänzlich abgekühlt, aber in mir loderte auch nicht mehr der brennende Wunsch, Freimaurer zu werden. So war ich überrascht, als mich kurz nach dem Nikolaustag Herr Cornelisen anrief. Er druckste zuerst herum, entschuldigte sich, es habe einige Komplikationen gegeben, das komme vor, an mir habe es nicht gelegen, er hoffe jedoch, dass ich ihm nicht gram sei. Dann lud er mich zum Lichterfest ein. Kleiderzwang gäbe es keinen. Interesse hätte ich doch wohl. Im übrigen könne er mich vom Deutzer Bahnhof abholen, für mich sei die Anfahrt ohne Auto doch sonst eine kleine Weltreise. Damit war unser Telefonat noch nicht beendet. Es ging um Herrn Zeugner. Es gäbe einige kleinere Differenzen in der Loge. Das käme in den besten Familien vor – er lachte, als er das sagte –, kurz und gut, Peter Zeugner sei im Moment, nun ja, etwas indisponiert, das würde sich wieder legen. Man sei hingegen sehr interessiert daran, dass ich weiterhin zu den Gästeabenden käme. Mir hätte es, zumindest sei das sein Eindruck, schließlich gut gefallen. Die Freimaurer seien eben ein sehr besonderer Bund.

Das Lichterfest fand am 14. Dezember in einer kleinen Gaststätte in Köln-Brück statt. Ich hatte den dunkelblauen Anzug angezogen, weißes Hemd und Krawatte. Schniekes Outfit, das ich nur selten trug. Alfred Cornelisen wartete wie verabredet vor dem Deutzer Bahnhof. Sein Auto stand auf dem Behinderten-Parkplatz. Nachdem wir eingestiegen waren, bat er mich, seinen Schwerbehindertenausweis ins

Handschuhfach zu legen. „Ich hatte vor zwanzig Jahren eine schwere Herzoperation."

Unterwegs erzählte er mir eine andere Geschichte. „Ich hatte die Differenzen bereits angesprochen." Er unterbrach sich hin und wieder und kaute an den Wörtern herum, um nur nichts Falsches zu sagen. „Unser Meister vom Stuhl ist ... wie soll ich sagen ... kein Managertyp." Je nach Stimmungslage betätigte er das Gaspedal, so dass ich langsam meinen Magen spürte. Abrupt wechselte er Fahrbahn und Thema. „Haben Sie sich vorgestellt, Freimaurer zu werden? Dumme Frage, sonst wären Sie nicht zu unseren Gästeabenden gekommen."

Überrascht von der Frage lachte ich auf. „Gut Ding braucht Weile."

„Gestatten Sie mir, wenn ich Ihnen als alter Fahrensmann sage, manche Entscheidungen trifft man von jetzt auf gleich. Das ist auch im Wirtschaftsleben so. Wenn ich früher bei der Company ... Company, so nannten wir bei Ford das Werk ... Wenn ich Entscheidungen treffen musste, blieb manchmal nicht viel Zeit. Da musste man direkt in den Clinch gehen." Er unterbrach sich erneut und setzte dreimal an, ehe er den Satz herausbrachte. „Ich glaube, Sie würden gut zu uns passen. Die Freimaurerei würde Ihnen guttun."

Beim Lichterfest nahm Cornelisen den Meister vom Stuhl zur Seite. Sie sprachen miteinander, während ein anderer Bruder mir einen Platz anwies. Ich saß eingekeilt zwischen zwei älteren Herren, die sich mir vorstellten, deren Namen ich aber gleich wieder vergaß. Wieso fiel Cornelisen mit der Tür ins Haus? Wollte ich Freimaurer werden? Ich hatte die Frage eigentlich noch gar nicht richtig für mich entschieden. Im Grunde hatte Cornelisen natürlich recht, wenn jemand Gästeabende besucht, will er Freimaurer werden. Freudestrahlend kam er auf mich zu. „Warum haben Sie sich an den Rand gesetzt?"

„Einer Ihrer Brüder hat mich hier plaziert."

„Nicht doch, Sie sitzen direkt neben mir."

Wir gingen an den vorderen Rand der Tafel. Wieder kam Cornelisen ohne Umschweife zum Thema: „Ich habe beim Meister vom Stuhl ein gutes Wort für Sie eingelegt. Wenn Sie wollen, arrangiere ich, dass sie so bald wie möglich aufgenommen werden. Entscheiden müssen Sie. Wir werden Sie relativ zeitnah aufnehmen. Natürlich können wir erst kugeln, wenn wir Ihren schriftlichen Aufnahmeantrag vorliegen haben. Wie ich unseren Meister vom Stuhl kenne, führt er immer einen bei sich. Ansonsten habe ich einen dabei."

### Die Kugelung ...

... in der Freimaurersprache auch Ballotage oder Ballotierung genannt, ist eine Abstimmung innerhalb der Loge, bei der von den Brüdern entschieden wird, ob ein neues Mitglied in die Reihen der Loge aufgenommen wird. Hierzu hat jedes Logenmitglied zwei Kugeln in der Hand: Eine weiße und eine schwarze. Die weiße Kugel steht für Ja, die schwarze für Nein. Die entsprechende Kugel wird verdeckt in einen dafür vorgesehenen Kasten geworfen. Sind mehr als drei schwarze Kugeln vorhanden, gilt das Aufnahmegesuch als abgelehnt.

Am Montag nach dem Lichterfest teilte mir Alfred Cornelisen meinen Aufnahmetermin mit, den 22. Januar 1997. „Fühlen Sie sich geehrt."

„Muss ich mich vorbereiten?"

„Kommen Sie, wie besprochen, in schwarzem Anzug, weißem Hemd, weißer Krawatte oder Fliege, schwarzen Strümpfen und Schuhen."

Näheres teile man mir mit. Sicherlich hätte ich nichts gegen ein vorheriges Treffen einzuwenden. Wenn es mir recht wäre, Ende der Woche, Samstag käme ihm gut aus. Ja, es ging alles ganz schnell. Und nein, ich fühlte mich nicht überfahren, ich hatte es so gewollt. Freimaurerei als Ereignis.

# TEIL II

# DIE BLENDUNG

## ZWISCHEN DEN JAHREN

Am Ende ist es das Geheimnis, das Außenstehende an der Freimaurerei begeistert und ängstigt zugleich. Den Wettstreit zwischen Neugierde und Befürchtung gewinnt in der Regel die Neugier. Werben die Freimaurer nicht selbst damit, dass in ihren „heiligen Hallen" das Unaussprechliche geschieht? Jeder von ihnen bezeichnet sich als Stein, an dem er arbeitet. Darin lag kein Hochmut, wie ich fand, sondern die logische Grundhaltung des modernen Menschen, sich selbst als Maß aller Dinge zu sehen. Den Satz von Angelus Silesius: „Mensch, werde wesentlich, dann fällt der Zufall weg, das Wesen, das besteht", ließ sich so ganz neu interpretieren. Der christlichen Wahrheit, dass in Christus Gott Mensch geworden ist, setzt die Freimaurerei die irdische Gewissheit entgegen, dass in der neuen Weltordnung der Mensch Gott ist. Wer stand mehr dafür als Voltaire, Rousseau, Goethe, Fichte. Freimaurer allesamt, Heroen und Geistesdespoten zugleich. Ist es ein Wunder, dass viele politische Umstürze der Neuzeit von dem Ideengut Freimaurerei – und Freimaurern selbst geprägt worden sind? Ob wir von Simon Bolivar in Kolumbien reden oder von Miranda in Venezuela, Magalhaes in Portugal, Mazzini und Garibaldi in Italien. Bela Kun und Kossuth in Ungarn, Kemal Pascha Atatürk in der Türkei, Jose Rizal auf den Philippinen, Mirabeau, Robespierre, Danton in Frankreich. Allesamt Logenbrüder! Allesamt Verkünder eines irdischen Paradieses, dass sich in Wahrheit als Hölle erwies. Bei Lenin ist die Logenmitgliedschaft nicht eindeutig geklärt, Trotzki hingegen kann man dazuzählen. Die Verkörperung großer Kulturerrungenschaften nehmen die Freimaurer für ihre Erfolgsgeschichte in Anspruch. Erfindungen und Entdeckungen in Wissenschaft und Künsten, kurz, das Vorwärtsschreiten des Menschengeistes, gedieh nicht all das auf dem freimaurerischen Humus?

In der Tat, die Freimaurerei sieht ihren messianischen Auftrag darin, eine Zeit zu schaffen, in der allein der Geist der Humanität herrscht, nicht nur im Individuum, sondern in allen religiösen und sozialen Einrichtungen der ganzen Menschheit. Ausgehend von diesen Grundgedanken haben Freimaurer versucht, Wohltätigkeits- und Hilfsorganisationen aufzubauen und globale Vereinigungs-Prozesse anzustoßen. Der Schweizer Freimaurer Henri Dunant gründete das Rote Kreuz und stand mit anderen Freimaurern an der Wiege des Christlichen Vereins junger Menschen (CVJM). Auch bei politischen Vereinigungs-Bewegungen saßen Freimaurer in den Gründungs-Komitees. Der Gedanke der Vereinten Nationen – ein rein freimaurerisches Unternehmen. Die Charta der UNO oder „Allgemeine Erklärung der Menschenrechte" oder die Olympische Idee, alles hochlöbliche Errungenschaften. Ökumene und Freimaurertum, auch da ergeben sich Verbindungen. Der Mitbegründer der ökumenischen Bewegung Nathan Söderblom war Hochgradfreimaurer, ebenso gehören etliche hohe Würdenträger der protestantischen Kirche dem Freimaurererorden an. Bei der anglikanischen Kirche verhält es sich ähnlich. Man kann, das ahnte ich damals noch nicht, den Sinn des Christentums ausradieren, indem man den göttlichen Kern vermenschlicht. Die Freimaurer haben seit Jahrhunderten Übung darin.

Das Ethos der Humanität ist zugleich ein geheimnisvoller Magnet, der Menschen anzieht. Dadurch, dass in diesem Sammelpunkt politische und religiöse Diskussion ausgeschlossen wurde, trat der Mensch in den Mittelpunkt.

Besser gesagt, der Fokus wurde auf die Bewertung eines Menschen nach seinen rein menschlichen Eigenschaften gerichtet. Humanität als Urgrund allen Seins. Das geschah in der Freimaurerei, das erwartete ich von ihr, das entsprach dem Mainstream unserer Zeit. Jedenfalls wurde es von allen Kanzeln der Aufklärung gepredigt, und ich war ein folgsamer Jünger.

## Vor der Aufnahme

Vielleicht sei er zu empfindlich, ließ Herr Zeugner per Brief aus seinem inneren Exil verlauten, Freimaurerei sei nicht nur eine Sache des Intellekts, sondern des Gefühls. Er, im Sternzeichen Fische geboren, sei ein sensibler Mensch, typisch Fisch eben. Die Frage, ob das im Gegensatz zum Christentum kein Aberglaube sei, verkniff ich mir. Wir trafen uns am 20. Dezember am Deutzer Bahnhof. Die Weihnachtszeit hatte die Welt in ihre geheimnisvolle Umarmung genommen. Das lag weniger am allüberall wuchernden Kommerz, sondern am kalten Licht der Sonne, deren letzte Glut nur allzu schnell hinter dem Rheinhafen versank. Wir gingen über die Hohenzollern-Brücke, vier Reiterstandbilder flankierten die Rampen, preußische Könige und deutsche Kaiser. Hinter dem Dom kam uns ein Strom Touristen entgegen. In mir erwachte das Bild, wie vor hundert Jahren oder mehr beim Klang des Messglöckleins ein langer Zug einherzog, geführt von einem Kreuzträger, Weihrauchschwenkern, Diakonen, Subdiakonen, die gesegnete Schar der Äbte und Prioren, Mönche und geistliche Brüder, Kartäuser, Augustiner, Prämonstratenser, die Söhne des armen Franziskus und die Predigermönche Dominiks, dessen große Söhne hier lehrten. Endlich unter einem Baldachin von goldenem Tuch, der Kardinal, die Monstranz in den Händen. Das Allerheiligste, begleitet von Gesängen, vom Heiligen Geist. Wie überhaupt in dieser Stadt der Heilige Geist erweckt wurde, durch Albertus Magnus, Thomas von Aquin oder Meister Eckhart. Wie passte das zur rheinischen Lebenslust? „Dat hillije Hurekölle", hieß es durch die Jahrhunderte. Nur die Heiligkeit wurde notleidend im Laufe der Zeit.

„Hier sehen Sie die Wasserspeier ...", sagte eine Touristenführerin. Desgleichen auf englisch, französisch und, und, und ... Besucher, Japaner auffällig viele, strömten auch an kalten Wintertagen aus dem Dom.

„Napoleon hat einen Pferdestall daraus gemacht", sagte Herr Zeugner.

„War er Freimaurer?"

„Höchstwahrscheinlich. Aber man schmückt sich nicht mit ihm. Eher schon mit Heinrich Heine. Der schrieb im ‚Wintermärchen': ‚Er wird nicht vollendet, der Dom zu Köllen', obwohl er gleichzeitig Geld für den Dombau sammelte."

„Lässt das widersprüchliche Verhalten Rückschlüsse zu?" fragte ich wohl eine Spur zu ernsthaft für ihn, denn ein Lächeln floh von seinem Mund.

„Ja, ja, die Freymäurer."

Freymäurer, diese altertümelnde Bezeichnung, klang in seinem singenden Voreifler-Dialekt leicht spöttisch wie der Auftakt eines Burschenschaftliedes.

„Wenn das offenkundige Urteil von Papst Leo XIII. zutrifft, war die Freymäurerei des letzten Jahrhunderts die antichristliche Weltmacht, von der kirchenfeindliche Gruppen inspiriert und gesteuert wurden", sagte ich.

„Sie haben fleißig recherchiert", sagte Herr Zeugner. „Tja, die Katholiken, die haben verloren. Entschuldigen Sie, ich wollte Sie nicht verletzten, Sie sind ja katholisch. Übrigens, in ein paar Wochen hält ein gewisser Professor Vorgrimler einen öffentlichen Vortrag in der Loge ‚Ver Sacrum'. Muss ein hohes Tier in katholischen Gefilden sein. Kennen Sie ihn?"

Wir passierten das Funkhaus am Walraffplatz. Tauben saßen zahm auf den Trittstufen, wie ausgestopft. Im Schatten des Doms hatte sich der Geist der Moderne seine Kathedrale gebaut. Von hier aus zogen sich die Verwaltungsgebäude des Senders wie eine rötliche Schlange über die Tunisstrasse hinweg bis zu den WDR-Arkaden, dem Sitz der Intendanz an der Breiten Straße.

„Was halten Sie davon, wenn wir uns in einem Café aufwärmen?"

Dagegen war nichts einzuwenden.

„Ich bevorzuge das Café Merou im Dom Hotel." Ich muss ihn erschrocken angeschaut haben, denn er fügte hinzu. „Sie sind selbstverständlich eingeladen."

Das fand ich überflüssig. Er sei doch mein Bürge, so sei das zu verstehen.

Das Café Merou war eine ziemlich feine Angelegenheit. Ausblick auf Dom und Römisch-Germanisches Museum. Ich bestellte einen schwarzen Tee. Er einen grünen. Die Kellnerin mit Rüschenschürze brachte zwei dampfende Teetassen. Nachdem Herr Zeugner das Tee-Ei versenkt hatte, sah er mich an. Wartete er auf einen Einwurf? Ein Bonmot, das er zerpflücken konnte? Während der Tee zog, schwiegen wir, bis ich sagte: „Drei Minuten sind um."

„Drei? Ach du dickes Ei, in der uns heiligen Zahl."

„Heilige Zahl?"

Sein Blick schweifte in die Ferne, es war, als verschwände sein Gesicht und ein anderes trete an dessen Stelle, ein feierliches und auf eigentümliche Art weiter entferntes. „Heilig, ja. Sie werden später verstehen, was ich meine."

„Woher wissen Sie, dass ich es nicht längst weiß?"

Davon ließ er sich nicht aus dem Konzept bringen. „Wissen Sie, weshalb die Freimaurerei ihren Siegeszug antreten konnte?" Er zog die Alufolie vom Sahnedöschen. „Weil sie konsequent Machtpositionen besetzt hat. Ihre Politiker bestimmten die Politik, ihre Philosophen das Denken, ihre Geistes- und Naturwissenschaftler die Wissenschaft." Die schlierige Sahne wand sich in Kreisen durch seinen Tee.

„Die alten Mysterien, das ist der Geist, aus dem die Freimaurerei ist. Sie bildeten immer eine abendländische Subkultur und fraßen sich unaufhörlich zu den Grundfesten des christlichen Glaubens vor. Über allem steht die Überschrift Dogmenfreiheit. Diese gehörte im übrigen auch zu den Forderungen des jungen Luther und der Vorreformatoren. Zweihundert Jahre später warfen die Aufklärer vom Untergrund aus die Prometheus-Fackel der Vernunft in Kirchen und Schulen, wobei sie besonders die Gottheit Jesu in Frage stellten. Die alten Götter waren nie tot, verstehen Sie?" Er hörte auf, den Tee umzurühren. „‚Die christliche Theologie lebt von der Gnade, die Freimaurerei vom Ich-Bewusstsein.‘ Dieser Satz stammt vom Hochgradfreimaurer und Philosophieprofessor Alfred Schmidt. Klassischer kann man den Unterschied zwischen Christentum und Freimaurerei nicht ausdrücken."

Dieser Gedanke gefiel mir. Man konnte sich damit vom eigenen Widerspruch befreien. Wie eitel kann Demut sein?

## VIELE KLEINE SCHRITTE SIND EIN GROSSER

Meinen schwarzen Anzug kaufte ich in Mönchengladbach. Größe 52 damals noch. Hosenbeine kürzen lassen, wie immer. Vor Montag konnten sie das nicht bewerkstelligen. Für Mittwoch stand meine Aufnahme fest. Alles auf den letzten Drücker. Ich fühlte mich gut vorbereitet, nervös war ich trotzdem. Man hat einfach irgendwelche Verschwörungstheorien im Kopf. Wenn sie doch würfeln, wer sich umbringen muss oder Gehirnwäsche betreiben? Paranoia!

„Die Freimaurer sind hinter ihren Tempeltoren weder Satanisten noch Weltverschwörer, sondern Humanisten, die trotz allem und immer noch an das Gute im Menschen glauben. Eigentlich keine ‚Wölfe im Schafspelz‘, sondern eher ‚Schafe im Wolfspelz‘, deren Gefährlichkeit weit hinter dem Image in Literatur und Medien zurückbleibt. Sie verstehen", hatte Herr Zeugner bei unserem letzten Telefonat ziemlich ergrimmt gesagt. Es war seine Antwort auf eine Passage aus Albert Pikes „Morals and Dogma", die ich ihm vorgelesen hatte: „Den blauen Graden bringt man nur die Bedeutung einiger Symbole nahe; man desorientiert sie absichtlich durch falsche Auslegungen. Ihre eigentliche Bedeutung reserviert man für die höchsten Grade. Sie lassen es damit bewenden, dass die Mitglieder der ‚blauen Grade' sich einbilden, die gesamte Freimaurerei erfasst zu haben. Die Freimaurerei ist eine Sphinx, die sich bis zum Haupt im Sand versteckt hält, den man durch die Jahrhunderte um sie herum angehäuft hat."

Durch Pikes Ergüsse ist weder bestätigt noch widerlegt, dass es die „verborgene Macht" gibt, von der ein Teil der Freimaurer selbst so gerne träumt. Da zeigt sich das innere Gespaltensein der Bruderschaft. Der eine Teil fühlt sich als Club von hochrangigen Geheimnisträgern, der andere setzt auf Glasnost und öffnet die Pipeline der Geheimnisse. Beispielsweise ist die Aufnahme von einigen Autoren genau beschrieben, Dieter A. Binder oder Alec Mellor rühmen sich damit. 1988 erschien in der Zeitschrift GEO ein Bildbericht zum Thema, Fernsehberichte folgten. Mir hatte man gesagt, ich solle mich vorher nicht mit dem Ritual beschäftigen. So sagt man es jedem Suchenden. Die Freimaurerei spielt mit der Erwartungshaltung – so wie die Werbung.

Noch etwas tat sich in meiner kleinen Welt. Ein paar Tage nach Neujahr trudelte eine Karte aus den Vereinigten Staaten ein. Ich war einigermaßen überrascht, von Wolfgang Cremer hatte ich seit längerer Zeit nichts mehr gehört. Wir saßen in der Schule nebeneinander und hatten damals einiges zusammen unternommen. Mit der Zeit immer zwangsläufig weniger, wir waren in unterschiedlichen Berufen tätig, er Anwalt, ich Autor. Ende der 80er heiratete er eine Amerikanerin. Inzwischen traf ich ihn und seine Familie höchst selten, obwohl sie in meiner Nähe lebten. Zu Beginn seiner beruflichen Laufbahn hatte er sich mit Freimaurerei beschäftigt. Er riet mir davon ab. Weshalb? Da versagt meine Erinnerung. Sollte ich es als Zufall werten, dass er schrieb: „Schon im zweiten Jahrhundert lehrt uns der heilige Cyprianus, dass es außerhalb der Kirche keine Erlösung gibt. So wie es in den Tagen der Sintflut nur eine Arche gab, auf der man sich retten konnte, gibt es im Neuen Bund die Kirche – in diesem Sinne wünsche ich Dir ein gesegnetes neues Jahr"?

Damit konnte ich nichts anfangen. Trotzdem fand ich es nett, dass sich Wolfgang bei mir gemeldet hatte. Er war wie ein verschollener Stern am Himmel meiner Gegenwart aufgetaucht. Etwas Profaneres beschäftigte mich in der zweiten Januarwoche weitaus mehr. Mich hatte die Grippe erwischt. Fieber, Schüttelfrost, Husten, Schnupfen, die ganze grippale Palette. So konnte ich unmöglich zu meiner Aufnahme fahren. Am Wochenende rief ich Peter Zeugner an. „Es geht mir hundsmiserabel", keuchte ich.

Nach einem Moment kam vom anderen Ende der Leitung: „Setzen Sie auf die Selbstheilungskräfte des Körpers. Der Kultus des Lichtes wird auch Ihr Leben verändern."

Zunächst kreisten meine Gedanken kaum um Erleuchtung, als vielmehr um Paracetamol und Antibiotika. Das Zeug machte schlapp, aber verfehlte nicht seine Wirkung.

## Die Aufnahme

Ich dachte nur: „Hoffentlich geht das gut", als ich mich am 22. Januar 1997 ins Taxi setzte. Das Antibiotikum wirkte grandios, Husten vorbei, Kopfweh war gestern. Der Schnupfenspray hatte die Nase befreit. Ich war fit genug, das Licht zu empfangen. An diesem 22. Januar 1997 regnete es, und ich hatte meinen Schirm vergessen, weshalb ich in einem Drogeriemarkt einen erstand, bevor ich den Anzug abholte. Die Verkäuferin wollte mich in ein Gespräch verwickeln, indem sie mir Komplimente machte, wie toll der Anzug aussehe.

„Ich behalte ihn gleich an."

„Geht's in die Oper?"

„So ungefähr."

Der Zug von Mönchengladbach nach Köln hatte in der Regel Verspätung. Eine Ausnahme gab's diesmal nicht. Durch den Bahnhof fegte der Wind derart heftig, dass ich den Mantelkragen hochschlug und mir ein Taschentuch vor den Mund hielt. Die Verspätung wurde um weitere fünf Minuten korrigiert. Wenigstens fiel der Zug nicht aus.

„Bitte Vorsicht bei der Einfahrt."

Im Abteil spürte ich die Blicke der anderen Fahrgäste. Kein Wunder, da saß ein Mann mittleren Alters, schwarze Schuhe, schwarze Strümpfe, schwarzer Anzug, weißes Hemd. Als was wäre ich durchgegangen? Orchestermusiker, Trauerredner, Kellner? Um nicht vom Reden der anderen Fahrgäste abgelenkt zu werden, hatte ich einen Walkman mitgenommen. Bachs Brandenburgische Konzerte beruhigten ungemein. Der Himmel glomm im Winterlicht. Meine Gedanken wurden zu hakenschlagenden Hasen, die in das Rot der Abendsonne jagten. Das fesselte meinen Blick, bis ich zum gegenüberliegenden Fenster hinaussah. Dort hing der Mond wie eine trübe Glühbirne am Himmel. Kann das sein, Sonne und Mond am selben Himmel? Eine schneebestäubte Baumgruppe verdeckte das Abendrot, und dahinter war es verschwunden. Vorbei an den Backsteinhäusern und der Getreidemühle mit der Aufschrift „Raiffeisen". Häuser, Fabriken, Lärmschutzwände, zusammengehalten von Graffitibändern: Namen, Flüche, Phantasieworte. Zwanzig Meter weiter machte jemand einer Sabine eine Liebeserklärung. Rommerskirchen, der erste Bahnhof, den ich seit meiner Abfahrt in Mönchengladbach bewusst wahrnahm, weil ein Pfiff ertönte, so nah, dass er das Allegro im Concerto No. 4 übertönte. Die Außentür schlug zu, die Abteiltür öffnete sich.

„Zugestiegene bitte Fahrausweise."

Die Schaffnerin hatte ein silbernes Ahornblatt als Na-senstecker, was mir auffiel, weil sie schniefte, während sie meinen Fahrschein entwertete. Noch eine Stunde bis zu meiner Aufnahme. Unsicherheit griff jäh nach mir. Ich besah mein Spiegelbild im Fenster, hinter dem mit zuneh-mender Geschwindigkeit die Dunkelheit fiel. Gab es eine Möglichkeit, von dem Gleis, auf dem man sich befindet, herunterzukommen? In Ehrenfeld hätte ich noch ausstei-gen können. Am Hauptbahnhof nahm mich Peter Zeug-ner in Empfang.

„Wie fühlen sich der Herr?"

Ein heftiger Schüttelanfall überkam mich. Ich hielt mich am Treppengeländer fest. „Ging schon mal besser."

„Aufregung brauchen wir für unsere Seele. Das ist ganz wichtig."

Hatte ich Angst vor der eigenen Courage? Ich versuchte, über mich selbst zu lachen, aber was herauskam, waren ab-gehackte Atemstöße. Hinter dem Bahnhof hatte Zeugner geparkt. Er nahm den kürzesten Weg über die Nord-Süd-Fahrt. Ich lugte durch die Windschutzscheibe nach oben. Der Himmel der Erwartung hing voll dunkler Wolken. Vor dem Logenhaus warteten bereits zwei Brüder in schwar-zem Anzug und weißer Krawatte. Ein Hochgewachsener mit weißem Haarkranz und feierlichem Gesicht, und ein gedrungener junger Mann, dessen rötliches Haar in Sträh-nen in sein speckiges Gesicht fiel. Er lächelte, seine Hand schoss hervor und schüttelte meine: „Ah, unser Delin-quent."

Ein Schreck durchfuhr mich. Nicht deswegen.

„Meine Krawatte!"

Ich trug selten eine. Deshalb.

Herr Zeugner nahm eine weiße Fliege aus seinem Akten-köfferchen und schenkte sie mir. Zum Glück eine, die schon gebunden war.

„Ich muss Sie von jetzt an Ihrem Schicksal überlassen",
sagte Herr Zeugner mit ungewohnt angespannter Miene
und klopfte mir auf die Schulter.

Die beiden Freimaurer brachten mich in ein Schreibzimmer.

„Bevor wir Sie aufnehmen, möchte ich Sie bitten, folgende
Fragen zu beantworten. Wir kommen den ausgefüllten Fra-
gebogen in ein paar Minuten abholen." Der Rothaarige lächelte unaufhörlich.

Auf dem Tisch lagen Vordruck und Kugelschreiber.

1. Was bedeutet für Sie der Begriff des Großen Baumeisters aller Welten?
2. Was erwarten Sie von der Aufnahme für Ihr künftiges
Leben?
3. In welcher Weise glauben Sie, zur Verwirklichung der
freimaurerischen Idee beitragen zu können?

Auf die erste Frage antwortete ich, dass für mich religiöse
Toleranz wichtig sei und konfessionelle Bindung keine Rolle
spiele, da ich nichts vom Absolutheitsanspruch einer Religion halte. Mit der zweiten Frage wollte man wohl meine
Ritualfähigkeit abfragen. Natürlich erhoffte ich mir neue
Erkenntnisse, Erfahrungen, und wollte an mir selbst arbeiten. Bei der dritten bekannte ich mich zu den Idealen der
Aufklärung und versprach meinen Einsatz für die Maurerei.
Ich schrieb in Großbuchstaben, weil meine Schreibschrift
schlecht und durch den jahrelangen Gebrauch von Schreib-
maschine und Computer unleserlich geworden war. Ich hielt
die Antworten kurz, wie von Herrn Zeugner im Vorfeld
empfohlen. Der Kopf des Rothaarigen lugte zur Tür herein.
„Sind Sie soweit?" fragte er mit gespielter Forschheit.

Manche Entwicklungen nehmen einen eigenartigen Verlauf, man funktioniert nur noch mechanisch. Prüfungsangst
ist der Name für diesen Zustand, der eine Mischung aus
Furcht und Erwartung beschreibt. Immer geht es darum,

eine Schwelle zu überschreiten. Roboterhaft stand ich auf, folgte dem Mann im schwarzen Anzug. Wortlos auch er. Sein Schritt war gemessen, nicht zu schnell, nicht zu langsam.

## Die dunkle Kammer

In einem überheizten Foyer mit trübe flackerndem Licht stieß der Freimaurerbruder eine weitere Tür auf und betrat einen stockfinsteren Raum, in dem es kein Zeichen von Leben, Pflanzen oder Luft gab.

„Nun wird es ernst", sagte er, ohne sein Lächeln zu verlieren.

In der Dunklen Kammer, manchmal auch „Kammer der verlorenen Schritte" genannt, tritt der Suchende erstmalig mit dem freimaurerischem Ritual in Beziehung. Sie ist schwarz gestrichen und mit einem Tisch, einem Stuhl, einer brennenden Kerze sowie dem Totenschädel ausgestattet. Die Bibel liegt auf dem Tisch und ist aufgeschlagen, Johannesevangelium: „Im Anfang war das Wort". Neben der Bibel ein Stundenglas, langsam rinnt der Sand des Vergessens durch die Verjüngung. Daneben ein Totenschädel. Meistens ein echter, geweißt, von der Erde des Grabes befreit. Dahinter eine weiße Kerze, deren flackerndes Licht unruhig die Beweise der Vergänglichkeit bescheint.

Von der lärmenden Außenwelt gelöst, soll der Suchende die Tiefen der eigenen Seele ausloten. Ein neuer Mensch soll aus dieser Dunkelheit hervorgehen. Eine Wiedergeburt sozusagen. Nach masonischer Auffassung lebt damit die Tradition alter Mysterienkulte auf. So weiß die Mythengeschichte, dass im Mithras-Kult die Einzuweihenden für neun Tage in eine enge Höhle eingeschlossen wurden, bei Wasser und Brot und in völliger Einsamkeit blieben sie ihrer Meditation überlassen. Auch die eleusinischen Initiaten wurden in eine Grube gelegt, um „symbolisch" die Verwesung zu erleiden. Im Kölner Logenhaus ging es dagegen human zu. Man bot mir Platz an. „Ich werde Sie nun für eine längere Zeit allein lassen. Besinnen Sie sich auf sich selbst." Dann erhob der Rothaarige seine Stimme, „Erforsche das Innere der Erde und, indem du dich läuterst, wirst du den verborgenen Stein finden." Den Spruch kennt man in Esoterikerkreisen besser auf lateinisch: *Visita Inferiora Terrae Rectificando Invenies Occultum Lapidem,* abgekürzt VITRIOL. Ein Kunstwort, aus den Anfangsbuchstaben eines alchemistischen Lehrsatzes gebildet. So steht dieser Satz, in einen siebenstrahligen Stern eingearbeitet, auf dem Wandbild im Bankettsaal des Kölner Logenhauses.

„Schauen Sie nun in sich selbst", appellierte der Rothaarige nochmals. Im Schein des Flurlichtes sah ich, wie sich sein Schatten vor ihn langlegte. Dann schloss er hinter sich die Tür und ließ mich im Dämmerschein der Kerze zurück. Was denkt man in diesen Momenten?

Jedenfalls wenig Spektakuläres. Nichts Hochtrabendes. Mir fiel eine Erzählung Franz Kafkas ein, „Vor dem Gesetz": Ein Mann vom Lande tritt vor das Gesetz und bittet um Einlass. Der Türhüter, ein Riese mit schwarzem, tatarischen Bart, verwehrt ihm den Eintritt, worauf der Mann zurückweicht und hofft, vielleicht später hineinzudürfen. Hin und wieder provoziert ihn der Türhüter, er möge versuchen, trotz des Verbotes hineinzugehen. Im gleichen Atemzug jagt er dem beharrlich Wartenden Angst ein, von Saal zu Saal warteten weitere Türhüter, einer mächtiger als der andere. Aufgewühlt denkt der Mann vom Lande, das Gesetz soll doch jedem und immer zugänglich sein, aber beim Anblick des Türhüters verharrt er weiter, zermürbt ihn hin und wieder mit Bitten, Tag um Tag, Jahr um Jahr. Schließlich verflucht er sein Schicksal und, da er im ausdauernden Studium seines Gegenübers Flöhe in dessen Pelzkragen erkannt hat, bittet sogar die Flöhe, ihm zu helfen. Sein Augenlicht vergeht, er erkennt im Dunkel nur noch einen schwachen Glanz, der unverlöschlich aus der Türe des Gesetzes bricht. Nun lebt er nicht mehr lange. Vor seinem Tod schaut er auf die Summe seines Lebens. Eins lässt ihn nicht in Ruhe, deshalb fragt er mit brechender Stimme, weshalb in der ganzen Zeit kein anderer um Einlass bat, wo doch alle nach dem Gesetz streben. Um sein vergehendes Gehör noch zu erreichen, brüllt der Türhüter: „Hier konnte niemand sonst Einlass erhalten, denn dieser Eingang war nur für dich bestimmt. Ich gehe jetzt und schließe ihn." Auch wenn er schrie, eigentlich sagte er das nur so dahin.

Meine Finger berührten den Totenschädel. Wie mag das sein, wenn man vor dem „Gesetz" steht? In des Sündendunkel Schoßes befand ich mich. Jedenfalls fühlte ich mich so. Was glaubte ich eigentlich? Diese Frage kam in mir auf. Danach würden sie mich gleich vielleicht fragen. „Non credo", würde ich antworten. Ich glaube nicht, ich will wissen. Ich bin ein Kind meiner Zeit. Merkwürdig, wie die Gedanken auseinanderlaufen, wenn man allein vor einem kerzenbeschienenen Totenkopf sitzt. Der Rothaarige kam in Begleitung des Großgewachsenen mit dem feierlichen Gesicht. „Ist es nach ernster Selbstprüfung weiterhin Ihr eigener, freier Wille, Freimaurer zu werden?"

Ich bejahte.

„Glauben Sie, die Tragweite Ihres Entschlusses und die Bedeutung zu erkennen, die ihm für Ihr weiteres Leben zukommt? Fühlen Sie sich genügend vorbereitet, um Freimaurer zu werden?" Er blickte vom Blatt auf und machte eine kurze Pause. „Sind Sie bereit, sich den vorgeschriebenen Prüfungen zu unterwerfen und die Pflichten zu erfüllen, die eine Loge ihren Mitgliedern auferlegt?"

Ich bejahte erneut.

„So soll Ihr Wille geschehen." Das ewige Lächeln verschwand von seinem Gesicht und machte einem Pathos Platz, einer eigenartigen Mischung aus Ehrfurcht und Abscheu. „Alles, was Sie von nun an erleben, hat symbolische Bedeutung und weist auf den Geist der Maurerei und darüber hinaus auf den Sinn unseres Lebens hin." Der vorbereitende

Bruder drehte sich um. „Mein Bruder, bringen Sie den Suchenden in den für die Aufnahme erforderlichen Zustand."

Das Gesicht des Großgewachsenen bekam noch feierlichere Züge, als er mich bat, meine linke Brustseite, den linken Arm und das rechte Knie zu entblößen. Dann band er mein Hosenbein mit einer zusammengerollten Serviette über dem Knie fest. Nun musste ich meinen linken Schuh aus- und statt dessen einen ausgelatschten Pantoffel anziehen, dessen Absatz fehlte. „Der Hinkende ist das Symbol für den Lichtsucher – er soll zu einem Lichtbringer werden", erklärte der Rothaarige.

Lichtsucher – Prometheus ... Luzifer?

„Nach altem Brauch darf der Suchende keine Gegenstände aus Metall und keinen Schmuck tragen. Legen Sie darum dieses für die Dauer Ihrer Aufnahme ab."

Die Erklärung dafür ist selbst unter Freimaurern umstritten. Zum Beispiel, damit keine Waffen in die Loge eingeführt werden. Oder weil die Handwerker beim Bau des Salomonischen Tempels keine metallischen Werkzeuge verwendeten.

„Aus der Nacht der Unwissenheit führt der Weg durch mancherlei Prüfungen zum Licht. Nach alter Überlieferung verschließen wir darum jetzt Ihre Augen."

Der Großgewachsene legte mir eine Augenbinde an. Ein Arm legte sich um meine Schulter, und eine Hand nahm meine Rechte, um mich zu führen.

„Sie sind von Finsternis umgeben und fühlen ein Verlangen, das Licht zu sehen. Die Suche nach dem Licht ist der Weg zu neuer Erkenntnis über sich selbst und das Leben."

Dann hieß er mich, meine rechte Hand auf das Herz zu legen.

## Das Aufnahmeritual

Der Weg durch das Treppenhaus über den kalten Steinboden nach unten kam mir entsetzlich lang vor.

„Strecken Sie Ihre Hand aus", sagte die Stimme des Vorbereitenden. „Sie stehen vor der Tür unseres Tempels. Verschaffen Sie sich selbst Eintritt durch drei starke Schläge"

Unbeholfen hieb ich meine Faust in unregelmäßigen Abständen auf die Tür. Von innen tönte die Stimme des Meisters vom Stuhl: „Bruder Wachhabender, wer klopft so ungewöhnlich?"

Eine Klappe in der Tür wurde geöffnet.

Der Wachhabende fragte: „Wer ist da?"

Der vorbereitende Bruder antwortete: „Ein freier Mann von gutem Ruf."

Diese und die darauffolgenden Antworten wiederholte der Wachhabende jedes Mal.

„Was begehrt er?" fragte der Meister vom Stuhl.

„Er bitte um Aufnahme in den Freimaurerbund."

„Ist er gehörig vorbereitet?"

„Er ist es."

„Ist er bereit, sich den vorgeschriebenen Prüfungen zu unterwerfen und die Pflichten zu erfüllen, die unser Bund den Brüdern auferlegt?"

„Er ist es."

„Wer bürgt für ihn?"

„Bruder Peter Zeugner bürgt für ihn."

„Bruder Peter Zeugner, bestätigst du die Bürgschaft?"

Der Bürge stand auf. „Ehrwürdiger Meister, ich bestätige meine Bürgschaft."

Daraufhin ein kräftiger Hammerschlag.

„Der Eintritt sei ihm gestattet."

Die beiden Brüder, die mich führten, tuschelten miteinander. Was, konnte ich nicht verstehen. Es ist doch Furcht, die einen ergreift. Ich will nicht sagen, dass man versucht, mit den Augen zu denken, aber man ist zu sehr gewöhnt, mit den Augen die Dinge zu begreifen. Schaute ich jetzt tiefer in mich? Musik schob sich in meine Gedanken. Sarastros Arie aus der „Zauberflöte".

In diesen heil'gen Hallen,
Kennt man die Rache nicht. –
Und ist ein Mensch gefallen;
Führt Liebe ihn zur Pflicht.
Dann wandelt er an Freundeshand,
Vergnügt und froh ins bess're Land.
In diesen heiligen Mauern
Wo Mensch den Menschen liebt,
Kann kein Verräter lauern,
Weil man dem Feind vergibt.
Wen solche Lehren nicht erfreu'n,
Verdienet nicht ein Mensch zu sein.

Der Vorbereitende trat vor mich und legte beide Hände auf meine Schultern. „Bis hierhin habe ich Sie geführt. Jetzt muss ich Sie anderen Händen überlassen. Auch diese werden Sie sicher leiten. Brüder Aufseher! Ich übergebe euch einen freien Mann, der zum Freimaurer aufgenommen zu werden wünscht."

Ich spürte den Arm eines anderen und zuckte beim neuerlichen Hammerschlag zusammen. „Bruder erster Aufseher, warum sind die Augen dieses Mannes verbunden?"

„Damit er um so ruhiger in sich hineinschaut bei dem, was er vernimmt. Denn was er sucht, vermag er nur in seinem Inneren zu finden."

„Warum ist dieser Mann weder nackt, noch bekleidet und bar allen Metalls?"

„Damit er erkennt, dass Vornehmheit der Gesinnung den Menschen mehr auszeichnet als irdischer Besitz."

„Mein Herr! Als freier Mann von gutem Ruf wurden Sie uns zugeführt. Darum haben wir Ihnen die Pforten unseres Tempels geöffnet. Sie haben uns erlaubt, Ihre Augen zu verschließen und Sie an einen Ort zu führen, der Ihnen nicht bekannt ist. Wir werden Ihr Vertrauen nicht missbrauchen, aber wir müssen Sie prüfen." Der Meister vom Stuhl verlieh seiner Stimme eine kämpferische Feierlichkeit. „Wir wünschen nicht, dass Unwürdige bei uns eindringen und die Harmonie unserer Gemeinschaft stören. Suchen Sie nicht ernstlich die Wahrheit und ringen Sie nicht mit der Kraft der Sehnsucht nach menschlicher Vollendung, so verlassen Sie diesen Ort, ehe Sie uns und sich selbst eine Enttäuschung bereiten. Statt Freude würden Sie Leid, statt guter Freunde unbequeme Mahner finden."

Ich merkte, wie ich verspannte. Wahrscheinlich zog ich eine ganze Zeit schon meine Schultern hoch.

„Mein Herr, Sie stehen vor mir in dem Zustand, in dem allein Sie den Zutritt zu einem Freimaurertempel erlangen können: Allen Metalls beraubt, arm, hilflos und blind. Wer Freimaurer werden will, muss lernen, dass er nicht um seiner Stellung in der Gesellschaft willen in eine Loge aufgenommen wird, noch sich den Eintritt erkaufen kann. In unserem Kreis sind alle gleich, sind alle Brüder! Hier gilt nur das Ansehen, das der Mensch sich durch seine Lebenshaltung erworben hat. Waren es also keine oberflächlichen Erwartungen, die Sie zu uns führten, sondern der Wunsch, einer nach dem Wahren, Guten und Schönen strebenden Bruderschaft verbunden zu werden, so bekräftigen Sie diese Gesinnung durch ein deutliches Ja."

Mit dem letztem Satz sprang ein Räuspern aus der Kehle des Stuhlmeisters.

„Ja", sagte ich zögerlich.

„Zu hoher Vollkommenheit ist der Mensch bestimmt, aber weit ist der Weg, der dorthin führt. Schon im Altertum hatten sich die Eingeweihten in einen Schleier der Verborgenheit gehüllt, um die Mysterien der Weisheit feiern zu können. Die dabei üblichen symbolischen Reisen waren ein Bild des Suchens und Strebens nach Licht und Wahrheit. In diesem Sinne haben sie in unseren Aufnahmebräuchen Eingang gefunden. Bruder zweiter Aufseher, lass den Suchenden seine Reisen beginnen."

Der zweite Aufseher hatte einen wohltönenden Bass: „Folgen Sie mir ohne Furcht. Getreu und sicher werde ich Sie führen."

Während er mich vor sich her schob, ertönte Musik. Etwas von Palestrina, mutmaßte ich. Später erfuhr ich, es war das Adagio von Albinoni. Plötzlich wurde ich ruckartig zurückgezogen.

„Sie stehen am Rande eines Abgrundes. Sie würden hineinstürzen, weil Sie die Gefahr nicht erkennen. Die Binde vor Ihren Augen ist ein Sinnbild der Leidenschaft, des Vorurteils und der Unwissenheit. Sie verbirgt uns die Gefahren, die uns auf dem Lebensweg drohen."

Es war unangenehm, auf dem ausgetretenen Pantoffel zu laufen. Ich merkte, wie ich anfing, unsicher das linke Bein nachzuziehen. Wir hielten an.

„Hier hat derjenige seinen Platz, den unsere freie Wahl zum Hüter der Gesetze bestimmt hat", dröhnte die basstiefe Stimme.

Er fasste mich am Nacken und beugte mich nach vorn.

„Verneigen Sie sich! Ich empfehle Ihnen Achtung vor dem Gesetz, ohne das keine Gemeinschaft bestehen kann."

Auf dem weiteren Weg kam uns jemand entgegen, griff meine Hand, hielt sie über eine lodernde Flamme. „Ihre Hand spürt das Feuer. Fürchten Sie es nicht. Wer nie Schmerz erfährt, wen nie die Hand eines Schicksals trifft, der kennt weder seine Kraft, noch seinen Wert."

Nach einem weiteren Stück des Weges ein neuerlicher Hammerschlag.

„Bruder erster Aufseher, was ist dein Begehr?"

„Ehrwürdiger Meister, der Suchende hat seine Wanderung zum Licht mit Entschlossenheit angetreten."

„Sie sind in Gefahr gewesen. Die Hand eines Freundes hat Sie bewahrt. Wohl dem, der stets einen Freund und Bruder zur Seite hat. Bruder zweiter Aufseher, noch ist der Suchende fern vom Ziel. Weit ist der Weg dorthin, lass ihn weitergehen."

Wieder wurde ich nach einigen Schritten zurückgezerrt.

„Vorsicht! Bosheit bedrängt Sie, und Sie wären verloren, wenn nicht der Arm eines Freundes Sie schützte."

Nun drückte er mich schneller vorwärts als bisher. Das hatte etwas Angenehmes, vielleicht weil es meine Verspannungen ein wenig löste.

„Sie stehen abermals im Osten. Aus dem Osten empfangen die Völker der Erde das Licht. Verneigen Sie sich. Ich empfehle Ihnen Ehrfurcht vor dem Wirken der ewigen Gesetzmäßigkeiten."

Nach wenigen Schritten neuerliches Innehalten. Diesmal tauchte jemand meine Hände in Wasser, kurz nur, und wischte sie ab.

„Das Wasser reinigt die Hand. Sorgen Sie für die Reinheit der Seele! Nach Ihren Handlungen wird man Sie werten."

Die Hand drückte mich weiter bis zum nächsten Hammerschlag.

„Bruder erster Aufseher, was ist dein Begehr?"

„Ehrwürdiger Meister, der Suchende hat seine Wanderung zum Licht mit Beharrlichkeit fortgesetzt.

„Sie sind in Gefahr gewesen. Der schützende Arm eines Freundes hat Sie bewahrt. Wohl dem, der stets einen Freund und Bruder zur Seite hat. Bruder zweiter Aufseher, der Suchende ist dem Ziel nähergekommen. Doch mühsam ist der Weg dorthin. Lass ihn weitergehen."

Schritte. Stopp.

„Verharren Sie! Die äußeren Gefahren haben Sie durch den Beistand eines Freundes überwunden. Doch größer sind die Gefahren, die aus dem Inneren drohen. Oft blenden Eitelkeit und Geltungsbedürfnis unseren Blick und lassen uns das Ziel verfehlen."

Er korrigierte meinen Weg, und in der Tat kam es mir vor, als torkelte ich langsam wie ein Angetrunkener, bei dem der Alkohol immer stärker zu wirken beginnt.

„Öffnen Sie nun weit Ihr Herz und vernehmen Sie das Wort, das Sie in die Mitte des Tempels führt."

Ein harter Hammerschlag rührte mich wie ein plötzlicher Donner. Ich spürte die Pulse an meinen Schläfen. Der Meister vom Stuhl schleuderte mir mit kräftiger Stimme entgegen: „Erkenne dich selbst!"

Dieser Aufruf *„Gnothi Seautón* – Erkenne dich selbst!", stand am Apollon-Tempel im antiken Delphi, Mahnung und Erweckung zugleich. Eine Form der Selbsterkenntnis, die den Menschen auf sich selbst zurückwirft. „Erkenne dich selbst", noch hallte der Satz des Meisters in mir nach. Um so befremdlicher fand ich, dass die fremde Hand nun meine Hand in ein Gefäß mit Erde drückte. Erkenne dich selbst – bedeutete das, aufs Diesseits reduziert zu sein?

„Ihre Hand berührt Erde", rief mich die Stimme des Bruders aus meinen Gedanken. „Von ihr ist unser Körper genommen, und in ihren Schoß kehrt er zurück, wenn unsere Stunde gekommen ist. Darum nutzen Sie Ihre Zeit, um Ihre Fähigkeiten zu erkennen, sie sorgfältig auszubilden und sich ihrer mit Weisheit zu bedienen." Der Bass brummte wie ein hungriger Bär. „Vergessen Sie nicht, dass Ihr Körper Wohnsitz und Werkzeug eines unsterblichen Geistes ist."

Wenige Schritte später wehte mir ein Fächer Luft ins Gesicht. Schneidende, talgige Luft. Sie kam in Wellen und kühlte.

„Wir wanderten durch Feuer, Wasser und Erde. Nicht greifbar und doch spürbar durchströmt und belebt uns die Luft, Atem der Welt, Anhauch des Ewigen."

Nun verließ mich der Bass, und andere Hände umfassten mich. Ein neuerlicher Hammerschlag, pianissimo.

„Bruder zweiter Aufseher, was ist dein Begehr?"

Das Timbre der sonoren Stimme vibrierte: „Ehrwürdiger Meister, der Suchende ist gewandert, deinem Gebot folgend, vom Abend durch die Nacht zum Aufgang der Sonne und über den Mittag zurück gegen Abend. Unser Weg führte durch Feuer, Wasser, Erde und Luft. Wir begleiteten einen beharrlich suchenden Mann."

Auch der Stuhlmeister erhob seine Stimme: „Unbeirrt vom Lärm der Welt geht der Maurer seinen Weg, ruhig und sicher, furchtlos in Gefahren, hohe Ziele vor Augen. Von allen auf der Erde lebenden Wesen ist allein der Mensch imstande, seine Fehler und Irrtümer zu erkennen und zu beseitigen. Er allein kann an der Entwicklung seiner guten Anlagen arbeiten. Lernen Sie, sich über das Unabwendbare zu erheben. Bewahren Sie sich auch in den Stürmen des Lebens die Freiheit und Unabhängigkeit Ihres Geistes." Nach einer Pause ersetzte ein normaler Tonfall die eindringliche Anrufung. „Bruder zweiter Aufseher, wo befindet sich der Suchende jetzt?"

„An dem Punkt, von dem er ausgegangen ist.

„Hat er das Ziel seiner Wanderung erreicht?"

„Noch nicht. Nur der Sehende kann den Weg dorthin finden."

„So waren seine Reisen vergeblich?"

Was nun folgt, ist der Verweis auf die innere Wandlung und geistige Entfaltung, die durch die Freimaurerei bewirkt werden soll. Dies bedingt ein erneutes Nachfragen, ob der Suchende nach wie vor zum Beitritt bereit ist. Nach der erwartungsgemäßen Bejahung wurde ich zum Altar geführt.

„Ich überlasse Sie noch kurz Ihren Gedanken, damit Sie Ihren endgültigen Entschluss fassen können", sagte der Stuhlmeister.

War ich innerlich bereit? Ein leeres Gefäß, bereit für das Neue? Dass ich bloß nichts falsch mache jetzt! Der Meister vom Stuhl forderte mich auf, das linke Knie niederzulassen. Man war mir behilflich. Ein Zweiter drückte mir einen geöffneten Zirkel in die linke Hand, während der Stuhlmeister mich anwies, dessen Spitze auf die Stelle zu richten, wo mein Herz schlägt. Die rechte Hand, bat er, „legen Sie auf das Buch des Heiligen Gesetzes". Mit einem Hammerschlag sagte der Meister vom Stuhl: „In Ordnung, meine Brüder."

Schon standen sie auf. Die Stimme des Meisters verfiel wieder in jenen feierlich deklamatorischen Ton: „Großer Baumeister aller Welten! Wir bewundern deine Weisheit und Größe im Weltall. Wir bewundern sie vorzüglich im Menschen, der allein, obgleich nur unvollkommen, dich erkennen und anbeten kann. Segne den Bund der Freundschaft, den wir mit dem Suchenden schließen wollen. Verleih ihm und uns allen Licht und Kraft, das Gute zu erkennen und mit Eifer und Standhaftigkeit zu üben, damit der Zweck der Freimaurerei erfüllt werde."

Das war also die Anrufung des Freimaurerdemiurgen. Ohne Zweifel ein religiöser Kult. Wozu sonst eine Anrufung des „Großen Baumeisters aller Welten"? Wer das ist? Ein esoterisches No-Name-Produkt? Dieser Herr hüllt sich selbst in Schweigen.

Der Redner trug das Gelöbnis vor: „Ich gelobe bei meiner Ehre und meinem Gewissen, mich der Humanität aus vollem Herzen und mit ganzer Kraft zu widmen. Demgemäß meine Pflichten gegenüber meiner Familie, meiner Gemeinde, meinem Land und der Gemeinschaft aller Menschen gewissenhaft zu erfüllen. Das Brauchtum der Freimaurerei in Ehren zu halten, die inneren Angelegenheiten meiner Loge nicht nach außen zu tragen und verschwiegen zu bewahren, was mir ein Bruder anvertraut. Den Gesetzen der Bruderschaft und dem Hammerschlag des Meisters maurerischen Gehorsam zu leisten. Die Arbeit meiner Loge nach Kräften zu fördern, ihr Zeit und Arbeitskraft zu widmen und sie nie ohne gültige Ursache zu verlassen. Meinen Brüdern mit Rat und Tat zur Seite zu stehen und die Zusage ‚auf Maurerwort' so gewissenhaft zu halten wie einen heiligen Eid."

Der Logenmeister schlug dreimal auf den Zirkel: „In Ehrfurcht vor dem Großen Baumeister aller Welten ..." Nochmals die Anrufung also. Erneut der Schlag. „Im Namen der Großloge der Alten Freien und Angenommenen Maurer von Deutschland ..." Wieder der Schlag. „Kraft meines Amtes als

Meister vom Stuhl der gerechten und vollkommenen Freimaurerloge ‚Albertus Magnus' im Orient zu Köln, nehme ich Sie als Freimaurerlehrling an und auf." Er nahm mir den Zirkel ab und legte seine Hände auf meine Schultern. „Geschlossen ist der Bund für das ganze Leben. Heilig bleibe Ihnen das Andenken an diesen Augenblick. Stehen Sie auf, mein Bruder."

Trotz aller Leugnungen, man hatte mich dem Großen Baumeister aller Welten geweiht. Der Meister vom Stuhl entfernte sich und forderte die Brüder auf, Platz zu nehmen. Ich kniete noch immer. Stille für den Moment. Dann eine weitere Arie Sarastros:

O Isis und Osiris schenket
Der Weisheit Geist dem neuen Paar!
Die ihr der Wandrer Schritte lenket,
Stärkt mit Geduld sie in Gefahr –
Lasst sie der Prüfung Früchte sehen.
Doch sollten sie zu Grabe gehen,
So lohnt der Tugend kühnen Lauf,
Nehmt sie in euern Wohnsitz auf.

Das gab genauere Hinweise auf den Kult! Zumindest eine deutliche Anspielung auf den altägyptischen Osiris-Kult. Unleugbar.

„Erhebt euch, meine Brüder! Wir schließen die Kette!" rief der Stuhlmeister.

Rascheln. Füße trampelten.

„Was fehlt unserem Bruder jetzt noch?"

„Das Licht, ehrwürdiger Meister!"

„Was das Licht für die Augen, ist die Wahrheit für den Geist. Gebt dem freien, Wahrheit suchenden Mann ..."

Drei Hammerschläge, kurz, kurz, lang. Mit einem Ruck wurde mir die Augenbinde vom Kopf gerissen. Ich fühlte mich nicht erleuchtet, eher geblendet. Ich blinzelte, reckte den Kopf. Ich stand in einer Kette von Brüdern, die sich an der Hand hielten, mich in die Kette eingeschlossen. Nun sangen sie wieder:

Brüder, reicht die Hand zum Bunde!
Diese schöne Feierstunde
Führ' uns hin zu lichten Höh'n!
Lasst, was irdisch ist, entfliehen!
Unsrer Freundschaft Harmonien
Dauern ewig, fest und schön!

Damit war ich ordentlich aufgenommener Bruder einer Freimaurerloge. Die Frage: „Wie hast du dich im Moment der Lichtgebung gefühlt?", ist diejenige, die am häufigsten gestellt wird. Ich war innerlich bewegt, durchaus. Versetzt in eine andere, fremde Welt. Alles erschien unwirklich, wie wenn man morgens aufwacht und nicht weiß, ob vom Wekker oder vom Klingeln an der Tür, aber niemand ist da, weder ein Fremder, noch der Wecker. Man ist noch im Traum. Tatsächlich ist es so, dass in diesen seelisch angespannten Momenten Bilder und Bilderfetzen übereinanderlappen. Man setzt sich aus Puzzleteilchen ein neues Bild zusammen. „Bruder Zeremonienmeister, lass unseren neuen Bruder seine Kleidung wieder vervollständigen und gib ihm die Metalle zurück."

Der Zeremonienmeister lugte unter seinen buschigen Brauen hervor. Seine rechte Hand umgriff einen weißen Heroldsstab, auf dessen Spitze sich ein goldfarbener Knauf mit fünfzackigem Stern befand. In der Dunklen Kammer legte ich meine Uhr an, schnürte den linken Schuh, band mir die Krawatte und zog das Jackett über. Nachdem ich dreimal im Lehrlingsschlag an die Pforte geklopft hatte, öffnete der Wachhabende, und ich wurde an den Westrand des Teppichs geführt. Der Meister vom Stuhl bot mir für die Brüder der Loge das „brüderliche Du" an und sagte nach einem Hammerschlag: „Mein Bruder, du warst von Finsternis umgeben, aber die Sehnsucht nach dem Licht hat dich hierhergeführt. Dein Blick ist nach Osten gerichtet. In den Ewigen Osten geht unser aller Weg. Er ist auch für dich das Ende deiner irdischen Wanderung."

## Der Freimaurertempel

Die meisten, die sich mit Freimaurerei beschäftigen, haben schon einmal das Foto eines Tempels gesehen: In den drei Graden der Johannismaurerei ist er in der Regel in blau gehalten. Er hat die Form eines Rechtecks, in vielen Tempeln ist die Decke wie ein Sternenhimmel bemalt oder mit Lichtern versehen. Zum (symbolischen) Osten führen drei Stufen. Dort befindet sich der Tisch des Meisters, vor dem ein kleiner, zumeist kubischer Altar steht. An der Ostwand erstrahlt im Lehrlingsgrad das „Flammende Auge" (das vom Dollar-Schein bekannte Symbol), später im Gesellengrad dann das Pentagramm, im Meistergrad das Hexagramm. Blicken wir vom Meistersitz in den Tempel, sehen wir vorn rechts den Platz des Sekretärs, links den des Redners. An den beiden Längsreihen im Norden und Süden befinden sich die Kolonnen, die Plätze der Mitglieder. Daran schließen links und rechts die Positionen der Aufseher an. Im Westen, direkt gegenüber dem Meistersitz, ist der Platz des Zeremonienmeisters. Wenn man nun die Positionen des Meisters, der beiden Aufseher sowie des Sekretärs und des Redners durch eine Linie verbindet, erhält man ein Pentagramm, das über dem Tempel liegt. Wenn man zu diesen fünf Positionen den Platz des Zeremonienmeisters hinzunimmt, erhält man durch eine verbindende Linie ein Hexagramm. In der Mitte des Raums stehen drei Säulen. Im Nordwesten die Säule der Lehrlinge, die Säule der Schönheit, ihr ist das Wort „Jachin" zugeordnet. Gegenüber, im Südwesten, die Säule der Gesellen, die Säule der Stärke, ihr ist das Wort „Boas" zugeordnet. Zwischen diesen beiden Säulen stehen die Kandidaten bei der Aufnahme, Gesellenbeförderung und Meistererhebung. In der doppelten Längenentfernung der beiden genannten Säulen steht im Südosten die Meistersäule, die Säule der Weisheit. Beim Eröffnungsritus der freimaurerischen Tempelarbeit werden vom Stuhlmeister und den beiden Aufsehern die auf den Säulen stehenden Kerzen entzündet. Durch diese vom Osten ausgehende Lichterkette wird der Tempel erleuchtet. Als „Hochmittag" bezeichnen die Freimaurer den Zeitraum ihrer Tempelarbeit, Raum und Zeit, so heißt es, seien dann aufgehoben.

Inmitten des Tempels, zwischen den drei Leuchtern, liegt der freimaurerische Arbeitsteppich, ursprünglich eine Tafel, worauf die Symbole aufgezeichnet wurden, so dass sie, falls sich „Uneingeweihte" näherten, rasch gelöscht werden konnten. Die Symbole sind: Sonne, Mond, Sterne; Senkblei, Lot, Setz- und Winkelwaage, eine drei- oder siebenstufige Treppe, die zu einem Tempeleingang führt, der unbehauene Stein mit Spitzhammer. Im oberen Drittel sind die Symbole von einer Knotenschnur umrahmt, in deren Mitte eine liegende Acht, Zeichen für Unendlichkeit. Heute wird die Tafel in den seltensten Fällen aufgezeichnet, statt dessen wird ein Teppich mit eingewebten Symbolen aufgeschlagen. Nur bei der Aufnahme darf der Maurer den Teppich überschreiten. Eine Ausnahme bildet der Großmeister, der bei seinen Logenbesuchen über den Teppich geführt wird. Jeder der drei Schritte, die der Zeremonienmeister vormacht, bildet einen rechten Winkel und soll daran mahnen, nach Recht und Pflicht zu wandeln. Die drei Schritte enden vor dem Altar. Dort liegt in den meisten deutschen Logen als „Buch des Heiligen Gesetzes" die Bibel, aufgeschlagen der Beginn des Johannesevangeliums: „Im Anfang war das Wort ..." Darüber legt der Stuhlmeister bei Ritualbeginn Winkel und geöffneten Zirkel, das in der Öffentlichkeit wohl bekannteste Freimaurersymbol. Man findet es an vielen Eingängen von Logenhäusern sowie auch als Abzeichen. Bibel, Winkelmaß und Zirkel heißen die drei großen Lichter der Freimaurerei. Als die drei kleinen Lichter werden Sonne, Mond und der Meister vom Stuhl bezeichnet, der als eine Art Lichtbringer in der Tradition alter Mysterienkulte den Tempel erleuchtet.

So weit war ich an jenem 22. Januar 1997, als mich der Meister vom Stuhl aufforderte, meine Unterschrift unter das vorhin bei meiner Aufnahme verlesene Gelöbnis zu leisten. Daraufhin wurde ich in die Erkennungsmerkmale eingeweiht. Angeblich alles höchst geheim. Nachlesen lassen sie sich für Nichteingeweihte unter anderem im Buch „Die Freimaurer" des Nicht-Freimaurers Andreas Gößling: „Das Zeichen des Lehrlings ist das sogenannte Halszeichen: Die rechte Hand wird waagerecht am Hals entlang geführt – eine unmissverständliche Erinnerung an die Strafe, die einst dem Eidbrüchigen gedroht hat. Die heutige Freimaurerei hat freilich auch dieses Symbol recht gewaltsam umgedeutet, es soll nun als ‚Zeichen geistiger Ordnung' verstanden werden. Das Geheimwort des Lehrlings ist ‚Jachin'. Entsprechend ist auch die rechte Säule am Eingang des Logentempels (...) mit einem ‚J' markiert. Jachin war der Legende nach die Säule, an der die Lehrlinge ihren Lohn empfingen, die Gesellen dagegen an der zweiten Säule namens ‚Boas'." Nicht ganz richtig schreibt Gößling, das Notzeichen des Lehrlingsgrades laute ‚Tubalkain', das ist das Passwort des ersten Grades.

Der Zeremonienmeister legte mir den Maurerschurz an. Dieser sei, wie der Stuhlmeister anmerkte, „Älter als das Goldene Vlies und der Römische Adler und für uns wertvoller als irgendeine Auszeichnung."

Danach wurden mir das Logenabzeichen (Bijou) um den Hals gelegt und dann die weißen Handschuhe überreicht. Ein weiteres Paar „für die Partnerin deines Lebens" wurde überreicht. Der Meister vom Stuhl trat zu mir, um mich zur Aufnahme zu beglückwünschen, und bat die Brüder, mich durch ein Händeklatschen – dreimal drei Schläge – zu begrüßen.

„Bruder Zeremonienmeister, führe unseren neu aufge-
nommenen Bruder zum zweiten Aufseher, damit er sich
ihm als Freimaurer zu erkennen geben kann."

Die folgende Prüfung entbehrt nicht einer gewissen Absurdität, weil man sich die gerade erfahrenen Zeichen,
Passwort und Freimaurergriff nicht so rasch merken kann.
Also sagte mir der Zeremonienmeister mitleidig lächelnd
alles vor. Der zweite Aufseher bat mich, auf den Stein an
der Lehrlingssäule zu blicken: „Mein Bruder, hier siehst du
einen rauhen, unbehauenen Stein, das Sinnbild des Lehrlingsgrades. Führe, als erste Arbeit in dieser Loge, auf diesem Stein dreimal den Lehrlingsschlag aus." Er kniete sich
vor den Stein, nahm den Spitzhammer, schlug kurz, kurz,
lang und bat mich, indem er mir den Spitzhammer reichte,
diese Schläge zu wiederholen.

Der Meister vom Stuhl hob seine Stimme: „Was bedeuten
die Hammerschläge?"

„Ehrwürdiger Meister, der neue Bruder hat mit der Arbeit
am rauhen Stein begonnnen."

„Bruder Zeremonienmeister, weise dem jüngsten Bruder
seinen Platz in der Loge an."

„Folge mir, mein Bruder." Der Zeremonienmeister hob
seine buschigen Brauen und wies mir einen Platz neben
Herrn Zeugner in der nördlichen Kolonne an. Herr Zeugner schlug mir auf die Schultern. Ich war mit meinen Gedanken zu sehr beschäftigt, um seine Geste irgendwie zu
erwidern. Bei allem, was ich erfahren hatte, dachte ich, geht
es um mehr als um Humanität und Toleranz. Die Tempelarbeit endete damit, dass wir auf Geheiß des Stuhlmeisters
aus dem Tempel geführt wurden. Draußen gratulierten mir
die Brüder, als Letzter der Meister vom Stuhl, der mit seinen
Tempelbeamten erst eine Weile nach uns herauskam. Im
Anschluss an die Tempelarbeit gab es ein Essen, Tafelloge
genannt, das üblicherweise zu besonderen Anlässen statt-
findet.

„Ist es nicht wunderbar, dass du jetzt das Licht hast?" fragte mein Bürge.

Bei der Tafelloge gab es viele Worte – und einen Riss in meiner Zeit. Bewusst registrierte ich erst wieder, dass mich Herr Zeugner, den ich von jetzt an brüderlich beim Vornamen Peter nannte, zum Bahnhof fuhr.

„Statt große Persönlichkeiten, Propheten und Weise auf deine Stufe herabzuziehen, erhebe dich auf ihre Ebene. Du bist dein Gott", sagte Peter. „Du musst begreifen, dass dein Bewusstsein alles ist. Erkenne dich selbst!"

Wenig später saß ich im Zug nach Mönchengladbach.

Das Ritual soll den Suchenden aus seiner geistigen Finsternis zum Licht göttlicher Erfahrung führen. Hört sich nach reichlich Magie an. Dennoch beharren die Freimaurer darauf, ihr Ritual wirke nicht magisch oder sakramental, sondern nur symbolisch. Wie passt das zusammen mit dem von ihnen selbst formulierten Anspruch, im Aufzunehmenden den Sinn für ein neues, höheres Leben zu wecken? Im Grunde geht es darum, mit jedem weiteren Ritual Baustein für Baustein zu verändern und eine Persönlichkeitsveränderung herbeizuführen. Daran zeigt sich, dass das Freimaurerritual letztlich etwas zutiefst Religiöses ist. Denn: „Nach dem Glauben der Mysterienbünde sind die Symbole Mittler zwischen dem Suchenden und seinem Ziel (...) Die (kultische, innere) Arbeit (...) muss verknüpft und verwoben werden mit der (ethischen) Werkarbeit am Bau des Menschheitstempels" – lesen wir im „Internationalen Freimaurerlexikon". Ein Ort der Menschenverehrung? Ein Schelm, wer Böses dabei denkt.

## AM TAG DANACH ...

... stand ich später als gewöhnlich auf. War ich durch die Einweihung ein anderer Mensch geworden? Auf jeden Fall hatte für mich eine neue Zeit begonnen. Freimaurerische

Zeit. Übrigens, die Zeitrechnung der alten Maurer begann nach Alan Oslo mit Adam, mit dem Beginn der Welt. Der Anfang der Welt war demnach unweigerlich auch der Beginn der Maurerei. Deshalb datierten die Freimaurer statt „im Jahre der Welt" *(anno mundi)* einfach „im Jahre der Maurerei" *(anno maconii).* So kommen die merkwürdigen Jahreszahlen der Logengründungen zustande.

Ich setzte mich ins Lesezimmer, wie immer, wenn es etwas zu verarbeiten gab. Wenn ich zehn Bücher mit auf eine Insel nehmen müsste, wäre die Auswahl leicht. Zu meinen Lieblingsbüchern gehörten die inzwischen zerlesenen Exemplare von Augustins „Bekenntnissen", Sophokles' „Antigone", Thomas von Aquins „Summa theologica", James Joyces „Ulysses", Platons „Staat", Angelus Silesius' „Cherubinischer Wandersmann", Becketts „Endspiel", Li Tai Bos Gedichte, Cusanus' „De visione die". Last, but not least, aus der Bibel „Die Offenbarung des Johannes". Aber nichts Theologisches jetzt! Meine unsichere Hand entschied sich für Ulysses, S. 249, Abschnitt markiert: „Oh, das ist ein feiner Orden, sagte Nosey Flynn. Die halten zu einem, wenn's mal dreckig geht. Ich kenne jemand, der versucht, bei denen reinzukommen, aber die halten dicht, da kriegt man so leicht kein Bein auf den Boden, verdammt. Bei Gott, und dass sie die Frauen grundsätzlich raushalten, das ist ganz richtig von ihnen."

Mehr konnte mir „Ulysses" heute nicht geben. Ich setzte mich ans Klavier und versuchte Saties „Drei Stücke in Birnenform". Es klang zu scharf, zu steif. Musik, die hätte fließen müssen, doch sich träge dahinwälzte wie erkaltende Lava. Musik, die ich nicht mehr spielen konnte. Jedenfalls im Augenblick nicht. Wer könnte es dann? Ein freier Mann von gutem Ruf? Ein Blinder? Ein Hinkender? Jemand anderes. Zur Not half sonst Chopins Revolutionsetüde. Diesmal nicht. Der Morgen war nicht für Klaviermusik geschaffen, für ein Schlagzeugsolo vielleicht, um mich wachzurütteln, da ich gedanklich noch immer mit verbundenen Augen, weder nackt, noch bekleidet, weder beschuht, noch barfuß und allen Metalls beraubt in einem leeren Raum stand. Nicht mehr im Tempel, natürlich nicht. Ich fühlte mich fremd in meinen eigenen vier Wänden.

Vier Tage nach meiner Aufnahme in die Loge bekam ich unerwartet einen Anruf von Wolfgang Cremer. Ich bedankte mich für seine Neujahrswünsche und berichtete stichwortartig von meiner Aufnahme. Er schlug ein Treffen vor und lud mich für den nächsten Tag in sein Büro ein. Vor einigen Monaten war er mit seiner Anwaltspraxis in ein neues, mehrstöckiges Gebäude nach Mönchengladbach gezogen, wo er die oberste Etage einnahm. Die anderen waren an Arztpraxen und das Erdgeschoss an eine Apotheke vermietet. Alles sah prachtvoll aus. Die Eingangshalle war mit marmorierten Fliesen ausgekleidet. Als ich im vierten Stock aus dem Aufzug stieg, wurde ich von einer jungen Empfangssekretärin begrüßt, die wie aus einer Haarspray-Reklame entsprungen aussah. Sie rief Wolfgang an, um ihm mitzuteilen, ich sei da, und schickte mich in das Zimmer am Ende des Flurs. Wolfgang saß hinter seinem Mahagoni-Schreibtisch. An der Wand neben dem Regal mit dicken Gesetzesbüchern eine Marien-Ikone. Die berühmte „Immerwährende Hilfe". Im Zimmer meiner Großmutter hing das gleiche Bild.

„Du bist fromm geworden", sagte ich.

„Das Leben verlangt nach eindeutigen Bekenntnissen."

Er hatte sich kaum verändert. Das runde, rosige Gesicht, noch immer jungenhaft, die hochgezogenen Augenbrauen, der Scheitel, exakt in der Mitte. Wie lange lag unsere letzte Begegnung zurück? Wir wussten es beide nicht. Was folgte, war das übliche Einstiegsgeplänkel, wenn man sich länger nicht gesehen hat.

„Immerhin, deine Praxis scheint gut zu laufen", bemerkte ich.

„Ich beschäftige mich nur mit Wirtschaftsrecht. Die Scheidungs-, Verkehrs- und Strafsachen erledigen meine Kollegen."

Und dann kamen wir doch schnell zum Thema, das uns beide aus unterschiedlichen Gründen interessierte. „Das Erlebnis, womit dieser Altherrenclub wirbt, ist gegen Bungee-Springen ein schlechter Witz", sagte er.

Ich antwortete: „Euer Ehren, ich gebe keine Details preis."

„Mach dir keine Illusionen, du kriegst überall detaillierte Informationen über die vermeintlich geheime Gesellschaft. Es gibt eine Menge Literatur, die ganze Lesergenerationen darauf eingeschworen hat, dass die Freimaurerei ein großes Geheimnis besitzt. Und die nächste Generation folgt derselben Annahme." Er hob die Augenbrauen, das hatte er früher schon in der Schule gemacht, wenn er etwas Wichtiges mitteilen wollte. „Ich habe in meiner Klientel ein paar Freimaurer, die unangefochten dieses Geheimnis verteidigen. Sie haben oft genug versucht, mich zum Besuch einer ihrer Clubabende zu überreden."

„Wolfgang", sagte ich, „vielleicht ist dieser Altherrenclub, wie du ihn nennst, interessanter als du denkst."

„Es ist das Spiel mit der großen Sehnsucht", sagte er mit tiefem Ernst. „Am Ende wirst du es machen wie deine anderen Kollegen vom Bau: Man forscht um des Forschens willen, wie die Forschungsloge ‚Quatuor coronati', und birgt höchst vernachlässigenswerte Geheimnisse, nämlich welche Freimaurerkanonen aus welchem Glas geschliffen und zu welcher Zeit welche Symbole bevorzugt eingraviert werden. Selbst wer 50 Jahre dem Bund angehört und die höchsten Ämter und Würden erreicht haben mag, gibt sich in der Regel nach und nach damit zufrieden, in einen Gesellschaftsklub eingetreten zu sein, als dessen Mitglied er sich als etwas Besonderes fühlen darf."

Ich lachte pikiert auf: „Woher willst du das wissen, wenn du den Laden nicht von innen kennst?"

Wolfgang öffnete eine Mineralwasserflasche und fragte, ob ich auch möchte. Ich verneinte. Nachdem er das Glas in wenigen kräftigen Zug geleert hatte, goß er nach und trank diesmal in kleineren Schlucken. „Selbst die Bibel erklären sie zum Symbol. Doch damit ist sie nicht mehr das geoffenbarte Wort Gottes. Du wirst sehen, später im Schottischen Ritus spielt sie gar keine Rolle mehr. Für mich als Christ ist die Bibel allem übergeordnet." Er starrte eine ganze Weile ins Leere, als betrachte er einen Fluss, der in der Ferne verschwindet. „Was die aalartige Glitschigkeit der Freimaurerei ausmacht, ist der Anspruch, die Tatsache einer Freimaurerreligion zu bestreiten."

Ich unterbrach seinen Redefluss. „Wolfgang, du irrst, die Freimaurerei ist keine Religion."

Er nahm einen Ordner und entnahm ihm zwei Blätter. Eins davon reichte er mir. „Die offizielle Darstellung der Freimaurerei ist kursiv gedruckt. Meine Gegenargumente stehen darunter. Lies selbst."

Ich las:

„Es gibt 5 Punkte, die die Gesinnungs- oder Weltanschauungsgemeinschaft ,Freimaurerei' von Religionsgemeinschaften unterscheidet:

*1. Die Freimaurerei ist nicht gestiftet worden von einem (oder mehreren) ,Stifter' oder ,Gründer' oder ,Guru'. Alle Religionen oder Religionsgemeinschaften (oder Sekten) gehen auf Gründer/Stifter zurück. Die/den gibt es in der FM nicht!*

Das ist falsch!

Wenn das freimaurerische Idol Lessing vollmundig verkündet, die Freimaurerei sei immer gewesen, stellt sich die Frage, worauf sie zurückzuführen ist. Die Freimaurerei wurde nach eigenen Angaben 1717 mit der Gründung der ersten Großloge in London gestiftet. Sehr wohl betet die Freimaurerei den ,Großen Baumeister aller Welten' an, dies geschieht besonders deutlich im Ritual insbesondere bei den sogenannten christlichen Logen, aber auch bei der Großloge der ,Alten Freien und Angenommenen Maurer', die in ihren ,humanistisch' ausgedünnten Ritualen dem Meister vom

Stuhl überlassen, ob er mit einem ‚Gebet oder geeigneten Gedicht' (Ritualtext) die Tempelarbeit beginnt.

*2. Es gibt keine Heilsversprechen: Wenn Du ein ‚Gutmensch' wirst, kommst du in den Himmel oder das Paradies, direkt an die Seite des ... ‚Stifters'! Das gibt es in der FM nicht!*
Das ist falsch!
Ausdrücklich wird betont, dass die Freimaurerei anstrebt, ‚aus guten Männern bessere' zu machen. Im übrigen gibt es im Hochgradsystem die Aufrufung von Gottesnamen (z.B. im Passwort des 32. Grades ‚Pha al col' = Baal). Die Freimaurerei benutzt ein Ritual und macht darin Aussagen über Herkunft und Zukunft des Menschen. Sie verheißt eine jenseitige Zukunft, den ‚Ewigen Osten'.

*3. Es gibt keine Drohungen: Wenn Du kein ‚Gutmensch' wirst, kommst du in die Hölle, ins Fegefeuer, direkt an die Seite des ‚Satans'! Das gibt es in der FM nicht!*
Das ist falsch!
Durchaus findet man selbst in aktuellen Ritualen martialische Forderungen. Zum Beispiel im Meistergrad: ‚Das Erkennungszeichen bezieht sich auf die im alten Eid geforderte Bereitschaft, sich eher zweiteilen zu lassen, als Verrat zu üben.'

*4. Sie müssen keine teuren Seminare oder Workshops besuchen, um ‚Freimaurerei zu lernen'. Das gibt es in der FM nicht!*
Das ist falsch!
Freimaurerei wird sehr wohl gelehrt im Lehrlings- und Gesellenunterricht, den man durchaus als Schulung bezeichnen muss. Es gibt die Lehrgespräche (oder Katechismen) für die ersten drei Grade. Die Bezeichnung ‚Katechismus' weist in diesem Zusammenhang eindeutig auf einen pseudoreligiösen Hintergrund hin. Neben hohen Jahresbeiträgen muss ein nicht geringer Obolus für die Beförderung in den 2. und

Erhebung in den 3. Grad entrichtet werden, ebenso für Aufnahme und Beförderungen im Schottischen Ritus.

*5. Keine Missionsarbeit. Wir bemühen uns um Öffentlichkeitsarbeit im Sinne von Information, nicht im Sinne von Anwerbung. Wir Freimaurer wollen niemanden missionieren. Das gibt es in der FM nicht!*

Das ist falsch!

Die Öffentlichkeitsarbeit ist eine eindeutige Missionsarbeit. Zudem missionieren die Freimaurer bei öffentlichen Vorträgen mit der wichtigtuerischen Phrase, ein Geheimnis zu besitzen."

Wolfgang wartete erst gar nicht auf irgendeinen Einwand. „Obwohl die Freimaurerei in den letzten zweihundert Jahren ihre eigenen Rituale guillotiniert hat, entfachen die alten Symbole im Unterbewusstsein eine Wirkkraft. Genau da manipulieren sie dich." Er hob die Flasche und hielt sie mir hin: „Willst du?"

Diesmal sagte ich nicht Nein. Er nahm ein Glas vom Tablett und schenkte kunstfertig ein, indem er die Flasche drehte, so wie man es eigentlich bei Wein macht, damit kein Tropfen den Tisch benetzt.

„Wolfgang", wandte ich ungestüm ein, „die traurige Wahrheit ist, du setzt auf ein engstirniges Gottesbild, ich auf Toleranz." Ungestüm deshalb, weil Unmut meine Kehle schnürte. Mir lag daran, meine Freimaurerei zu verteidigen.

„Weshalb gibt sich ein Verein, dessen Mitglieder sich mit Vorliebe als Kinder der Aufklärung verstehen, überhaupt mit religiösen Gebräuchen ab, als wäre man nicht aufgeklärt, sondern vielmehr daran interessiert, das Christentum durch heidnische Kulte zu verdrängen? Für einen humanistischen Freundschaftsbund sollte eigentlich solch ein esoterischer Komödienstadel unangebracht sein. Selbst die scheinbar

aufgeklärtesten deiner Brüder halten an diesem abergläubischen Ritual fest."

Ich spürte steigenden Widerwillen gegen seine Argumen-
tation. „Du redest wie ein Verschwörungstheoretiker."

Wolfgang verschränkte die Arme über der Brust und sah
mich an. „Bücher wie ‚Der heilige Gral' oder ‚Unter den
Tempeln Jerusalems' nähren romantische Neugierde und
locken desorientierte Menschen an. Diese Templerlegenden
und Gralsgeschichten werden aufgewärmt, um das Christentum zu verfälschen. Von William Booth, dem Gründer
der Heilsarmee, ist der Satz überliefert: ‚Die größte Gefahr
des 20. Jahrhunderts wird eine Religion ohne den Heiligen
Geist, ein Christentum ohne Christus, eine Vergebung ohne
Buße, ein Heil ohne Wiedergeburt und ein Himmel ohne
Hölle sein'. Nur Jesus kam in die Welt, um unsere Fesseln
zu lösen. Besser, um uns von den Fesseln zu erlösen. Alle
Anhaftung am Irdischen schwächt uns."

„Fromme Worte", entgegnete ich. „War Booth nicht auch
Freimaurer?"

Damit hatte ich ihn überrascht, aber er ließ sich nicht so
leicht aus dem Konzept bringen. „Im ‚christlichen' Freimaurerorden geht es etwas verwegener zu als in eurer Großloge
der ‚Alten Freien und Angenommenen Maurer'."

### Freimaurerorden – Arbeit im Lehrlingsgrad

Der Logenmeister: Jetzt, mein Herr, muss ich Ihnen sagen, dass wir noch eine Forderung an Sie haben, deren
Erfüllung allein bezeugen kann, wie weit wir auf Ihre
Ergebenheit für den Orden und auf Ihr Vertrauen rechnen können. Besiegeln Sie demnach Ihr Gelübde mit
dem freien und männlichen Entschluss, Ihr Blut mit dem
Blute der Brüder zu vermischen, dann vollenden wir sogleich Ihre Aufnahme zum Freimaurer und begrüßen Sie
als Bruder. Sind Sie dazu bereit?

Wolfgang legte das Blatt mit dem Zitat aus dem Lehrlingsritual des Freimaurerordens beiseite und beugte sich vor. „Was ist man bereit zu tun, wenn eine Siegelung mit dem eigenen Blut erfolgt? Nun müsste man einer pseudoreligiösen Altherrenrunde keine sonderliche Aufmerksamkeit zollen, aber haben sich nicht einige Verbrecher wie Cagliostro oder der P2-Ganove Lucio Gelli in ihren Reihen bewegt? Auf welcher Grundlage konnte Garibaldi erklären, die Freimaurer seien ‚durchdrungen von der hohen Mission, die die große maurerische Institution in ihre Hände legte, die großsittliche Einheit der Nation zu begründen‘? Aufgrund eines nichtssagenden Gelöbnisses?"

Dass Geheimnisse noch geheimnisvoller werden, wenn man mit präzisen Methoden über sie nachdenkt, wussten wir beide, deshalb widersprach ich seinen weiteren Ausführungen nicht. „Oder ist etwa anzunehmen, dass ein Papst Bannbullen aussprach, wenn es sich um einen rein humanistischen Verein gehandelt hätte? Wir wissen, überall, wo freimaurerische Politik gemacht wurde, waren Guillotine und Anarchie nicht weit." Wolfgang sah mich über den Ordner hinweg an. „Du musst zugeben, dein Club bestand früher aus einer ganz netten Bruderkette von Aufrührern."

Dann zeigte er mit den Alten Eid, der noch heute in einigen Logen verlesen wird.

„Ich schwöre feierlich und aufrichtig, aus eigenem freien Willen, in Gegenwart des Großen Baumeisters aller Welten und vor dieser ehrwürdigen Loge, dass ich die geheimen Kenntnisse der Meister hehlen, verbergen und nie entdecken will (...) Weiter verspreche ich, meinen Brüdern nach Kräften zu dienen und dem Gesetz treu zu sein. Alles dieses schwöre ich mit dem festen, unerschütterlichen Vorsatz, es zu halten, ohne Wankelmut, Unschlüssigkeit, geheimen Vorbehalt oder innere Ausflucht, unter keiner geringeren Strafe, als dass mein Körper in zwei Teile zerteilt, der eine nach Süden und der andere nach Norden verbracht, meine Knochen verbrannt und meine Asche in die vier Winde verstreut werde. So helfe mir Gott und erhalte mich standhaft in meiner eingegangen Meisterverpflichtung."

„Du hast mir eine Menge Argumente gegen die Freimaurerei geliefert", begann ich. „Warum? Wahrscheinlich würdest du antworten, um Christus gerecht zu werden. Gut, das ist deine Rolle. Mein Weg ist ein anderer."

„Ich bin der Weg und die Wahrheit, sagt Christus", sagte Wolfgang.

Irgend etwas in mir stellte sich vehement dagegen. „Du kennst die Theorie, ich die Praxis. Im Gegensatz zu dir habe ich das Geheimnis der Aufnahme erfahren. Wenn sich bestimmte Dinge in Bewegung gesetzt haben, können sie nie wieder zu ihrem Ausgangspunkt zurück."

Ich starrte finster zu Boden. Mir wurde bewusst, dass ich laut geworden war, und ich senkte die Stimme wieder. „Was ist so schlimm an der Maxime, dass jeder nach seiner Façon glücklich werden soll?"

Ohne es zu merken, hatte ich mich in die freimaurerische Geisteshaltung hineinziehen lassen, aber das gab mir in diesem Moment nur das Gefühl von Wut. Wolfgang und ich lächelten uns an. Dennoch schien es mir, als würde gerade dieses Lächeln uns trennen. „Irgendwann wirst du das hohle Gerede durchschauen. Die Freimaurerei besteht aus einem Dickicht vermeintlicher Wahrheiten. Am Ende verirrt sich der einzelne in einer Wüste."

Der Abschied fiel spärlich aus. Herablassung war es, als ich zustimmte, man könne sich bald wiedersehen. Wolfgang begleitete mich zur Tür. Obwohl er mich offensichtlich warnen wollte, bewirkt hatte er das genaue Gegenteil. Ich hatte meine Fassung wiedergefunden und kam mir unendlich überlegen vor.

Alfred Cornelisen und Peter Zeugner gaben sich viel Mühe, meine Zweifel zu zerstreuen. Ich wurde umhegt wie ein Neugeborenes. Mit den anderen Brüdern hatte ich anfangs nur wenig Kontakt. Das änderte sich mit der Zeit. Nach und nach rückte ich näher an die Freimaurerei heran, und sie rückte näher an mich. Ich las mehr denn je. Es war wie eine Sucht. Ich las während des Essens, im Zug, im Bett bis tief in die Nacht. Die meisten Bücher waren Reflexionen von anderen Büchern. Zweifellos wird es in der Welt auch ein paar Neuigkeiten über die Freimaurerei geben, aber sie blieben größtenteils unbekannt. Einmal in der Woche rief Peter mich an und erkundigte sich nach meinem Befinden. Er war wirklich sehr bemüht, und ich war sicher, dass er es ehrlich meinte. „Im März gibt es einen Vortrag der dich interessieren dürfte. ‚Freimaurerei und katholische Kirche' in der Loge ‚Ver sacrum'."

Der Vortrag war in der Tageszeitung angekündigt, jedoch ohne Angabe des Referenten. Ein paar Tage vor dem Termin schickte mir Peter einen Artikel aus dem „Spiegel" (13/1981) zu: „Wer Freimaurer ist, hat in der katholischen Kirche nichts zu suchen. Mit einem Bannfluch beendete der Vatikan fünfzehn Jahre der Versöhnung." Der Schlossherr Ludwig-Peter Freiherr von Pölnitz, Vorsitzender der freimaurerischen Forschungsloge „Quatuor Coronati", Freimaurer und Katholik, habe dem Papst geschrieben, dieser möge Freimaurern endlich offiziell eine Mitgliedschaft in der katholischen Kirche ermöglichen. Worauf die Antwort negativ ausfiel. Kaum war das vatikanische Veto publik, fühlten sich „führende Freimaurer" von der katholischen Kirche „missverstanden", „verleumdet", hereingelegt ... Auch auf katholischer Seite gab es Widerspruch: Herbert Vorgrimler, Münsteraner Dogmatik-Professor, selbst als Konsultor zu Gesprächen mit deutschen Freimaurern delegiert, sagte, die vatikanische Erklärung passe nahtlos in „die Sammlung aberwitziger Bannflüche seit rund 250 Jahren". Vorgrimler: „Die Kirche muss sich nicht wundern, wenn sie angesichts solcher Erklärungen als Gesprächspartner nicht mehr ernst genommen wird."

Im Treppenhaus roch es nach Hyazinthen. Ein frischer, betörender Duft, der Peter und mich nach oben geleitete. Eine Menge Leute im Foyer. Peter zeigte mir Professor N.N., einen hochaufgeschossenen Mann mit Glatze und kurzem Vollbart, im Gespräch versunken mit einer etwas fülligeren Dame. „Sie wollen hier eine Frauenloge aufmachen. Ist noch ein Geheimnis. Übrigens, Pater Kehl steht beim Wandbild.

„Und da ist der Held des Tages."

Am Fenster stand Professor Vorgrimler im Gespräch mit einigen Herren. Um ihn herum wieselten ehrerbietig ein paar unschwer als Brüder zu erkennende Vasallen, die ihm liebedienerisch etwas anboten, Getränke, einen Stuhl. „Wenn Sie etwas brauchen, sagen Sie es uns."

Professor N.N. behielt trotz seines Gesprächs immer alles im Blick.

„Er ist in Köln der Máximo Líder", raunte mir Peter mit Blick auf ihn zu. „War Großredner und Zugeordneter. Der letzte Karriereschritt zum Großmeister blieb ihm allerdings versagt." Der kleine Peter Zeugner stand wie ein abgebrochener Riese vor ihm. „Darf ich dir unseren jüngsten Lehrling vorstellen?"

Der Angesprochene wandte sich von der Gesprächspartnerin ab und mir zu. Seine Augen verrieten seine ganze Interesselosigkeit. „Ach, ihr hattet eine Aufnahme, schön für euch. Nachwuchs können wir gebrauchen."

Man spürte den freien Geist im Bankettsaal. Hier war alles viel größer als bei uns Kellerkindern von der Loge „Albertus Magnus". Oben am Deckenfries waren die Namen der Großen verewigt: Goethe, Mozart, Chopin, Friedrich der Große, Robespierre, Marat, Danton, Washington, Fichte ...

wie sie alle hießen. Männer unter sich. Mit herablassender Würde schauen sie zu uns herab. Schauen auf die Stühle und Tische und den Flügel. Nur nachts, wenn die Brüder längst zu Hause sind, werden sie lebendig. Mozart setzt sich an den Flügel und spielt Chopins Revolutionsetüde, wozu Voltaire und der Alte Fritz tanzen, und Goethe steht am Tresen und zitiert sich selbst. Das geht bis zum Morgengrauen, bis sie wieder zu Namen werden. Nur Tucholsky sitzt verloren in einer Ecke und spielt einen Blues. Seinen Namen hat man nämlich nicht ans Deckenfries gemalt. Kein Wunder, das Haus war in den 50ern erbaut worden, da bekannte man sich öffentlich noch nicht so gerne zu Tucholsky.

Peter holte mich aus meinen Gedanken mit der Frage, ob ich auch ein Bier möchte.

„Mineralwasser, wie immer."

In diesem Bankettsaal spürte ich erstmalig: Hier ist ihre Bühne. Hier sind sie wer. Während meiner Theaterarbeit hatte ich eitle Menschen getroffen, Selbstdarsteller, Seelen-Exhibitionisten, Möchtegern-Diven. Freimaurer waren auf eine andere Art eitel. Es hatte so etwas von Kleinbürgers Seligkeit. Hier durfte man den Smoking ausführen und die schwarzen Lackschuhe tragen. Hier durfte man Geheimnisträger unter Geheimnisträgern sein – und Geheimnisvolles übers Ritual tuscheln. Hier durfte man die Geistesgrößen der Geschichte auf sich herabblicken lassen – und insgeheim mit ihnen in der Kette stehen, der gescheite Professor so wie die gescheiterte Existenz. Kurz, hier fühlte man sich als etwas. Da war ich plötzlich ganz nah bei Wolfgangs Gedanken. „Die Freimaurerei besteht aus einem Dickicht vermeintlicher Wahrheiten. Am Ende verirrt sich der einzelne in einer Wüste." Doch die Zweifel verschwanden so schnell, wie sie gekommen waren.

Der Gesprächsleiter begrüßte die „Brüder und Gäste mit einem herzlichen Willkommen an einem besonderen Tag." Es gab viel Volk, so dass Tische hinzugestellt werden mussten. Der Gesprächsleiter betonte die Wichtigkeit des Dialogs zwischen Freimaurerei und Kirche. Es gäbe Freimaurer mit oder ohne Schurz, und auch Kirchenmänner, die viel von der Freimaurerei hielten. Dann wurde der emeritierte Münsteraner Professor für Dogmatik vorgestellt. Man begrüßte ihn überschwenglich als „unseren Bruder Herbert" – und schob deklamatorisch nach: „Unseren Bruder im Geiste, darf man ja wohl sagen", was wissendes Lächeln der Eingeweihten hervorrief. Für eingeweiht hielt ich etwa 80 Prozent. Man sah es an den Gesichtern. Freimaurergesichter.

„Wir hatten schon einige prominente katholische Referenten, die wir bald unsere Freunde nennen durften, Dr. Karl Hoheisel sowie Pater Dr. Alois Kehl, Seelsorger bei den Celitinnen in Köln-Lindenthal, unser Wegbegleiter durch viele Jahrzehnte hindurch, ein Bruder unserer Loge."

Aufstehen musste der Jesuitenbruder nicht, zu bekannt war er.

„Nun haben wir mit Professor Doktor Herbert Vorgrimler eine außergewöhnliche Kapazität für einen Vortrag gewonnen."

Der in den Himmel gehobene katholische Professor erhob sich persönlich. Seine Figur wurde zur Taille hin rundlich. Sein Haar, schütter und grau, war nach vorn gekämmt, um die Glatze zu kaschieren. Er hatte ein teigiges Gesicht, einen großen, runden Kopf, dessen gerötete Wangen Lebensfreude verrieten, aber er hatte den gedankenverlorenen Blick eines desillusionierten Magiers. Nun stand er neben dem Stuhlmeister und machte eine abwehrende Handbewegung, die jedoch nicht wirklich abwehrend gemeint war. Sein Blick fuhr über die Gruppe der Jünger, ehe er sich gravitätisch wieder hinsetzte.

Der Professor zog mit einer an Verachtung grenzenden Bewegung ein paar zusammengelegte Papiere aus dem Jackett und entfaltete sie geräuschvoll. Im Plauderton begann er seinen Vortrag. Nichts übertrieben Theatralisches. Er schaute immer wieder in die Runde, in seinen wasserblauen Augen lag leiser Spott. Der grundlegende Unterschied zwischen Freimaurerei und Katholizismus sei die Frage nach der Allmacht Gottes, sagte er, und merkte nicht ohne Süffisanz an, die Kirche sei nicht von Christus eingesetzt, sondern ebenfalls ein Produkt der Evolution. Diesbezüglich verwendete er den Begriff „Kirchenwerdung". Daraufhin unternahm er einen kurzen Exkurs in die Geschichte der Freimaurerei, der für die Anwesenden aufgrund ihres Wissensstandes eher überflüssig war, doch von allen goutiert wurde, weil, wie Peter zuraunte, der katholische Professor „eine ganze Menge über uns weiß". Das galt als Aufwertung des eigenen Vereins, der durch die Freimaurerwerdung der Welt als etwas zu gelten hatte.

Es sei von fast zwingender Logik, führte Vorgrimler aus, dass die katholische Kirche der einzige größere Gegner sei, da die anderen Kirchen keinen Klerus im katholischen Sinne kennen. Nun blickte er eine Weile in die Runde seiner Jünger und betonte mit gekonntem Understatement, die Logen gerieten in Gegnerschaft zu allen „absolutistischen Regimes", da sie den Geist der Aufklärung propagierten. Die folgenden Wertungen waren häufig sehr ausfallend gehalten und entbehrten in ihrer Logik nicht selten einer gewissen Stammtischseligkeit, die es in der Runde jedoch heimelig werden ließ. So meinte der emeritierte Dogmatikprofessor, Papst

---

\* Dieser Text basiert auf einem Gedächtnisprotokoll und erhebt keinen Anspruch darauf, Prof. Vorgrimlers Vortrag vollständig wiederzugeben. Gleichlautendes findet sich aber in der Zeitschrift „Einsicht" (27/6. Februar 1998).

Clemens XII., der am 7. März 1738 gegen die Freimaurer die Bulle „In eminenti apostulatus specula" aussprach, sei von 1732 an blind gewesen und von 1737 an ohne Gedächtnis.

Allgemeine Heiterkeit. Füße scharren.

Er, Vorgrimler, deute diesen Konflikt politisch und gehe davon aus, dass es der Umgebung des Papstes darauf ankam, das damals regierende englische Königshaus Hannover, das in der Freimaurerei beherbergt gewesen sei, durch das katholische Haus Stuart zu ersetzen.

„Machtpolletik. So is et. Dat muss ma jesacht sejn. Sehr jut. Sehr jut", bemerkte der Nachbar gegenüber mit stark kölschem Akzent, wobei er sein letztes Lob im Bierglas ertrank, um das sich seine Lippen wölbten.

Die Enzyklika habe jedoch nur eine bescheidene Wirkung gezeigt, vornehmlich auf der Iberischen Halbinsel und im Kirchenstaat, wobei auf der Iberischen Halbinsel Personen verfolgt wurden, während man sich im Kirchenstaat darauf beschränkte, freimaurerische Schriften zu verbrennen. Fast 150 Jahre später, 1884, erlasse dann der seiner Meinung nach „ansonsten eher vernünftige Papst Leo XIII. die Enzyklika ,Humanum genus'", welche nochmals in deutlicher Weise die Freimaurerei verurteile. Nein, der emeritierte Dogmatikprofessor erwähnte nicht die Gründe dafür, beispielsweise den Katholikenhass des italienischen Großmeisters Adriano Lemmi, der 1869, als das Erste Vatikanische Konzil begann, ein ökumenisches Antikonzil nach Neapel einberief. In der Botschaft der Freimaurer stand unter anderem: „Die römisch katholische Religion ist eine Lüge. Ihre Herrschaft ist ein Verbrechen". Hingegen erwähnte er den:

## Codex Iuris Canonici

In dem Ende 1983 in Kraft getretenen neuen Codex des kanonischen Rechtes werden die Freimaurer nicht mehr eigens erwähnt. Damit ist der Kirchenbann von 1917 auf-

gehoben. Dennoch werden die strafrechtlichen Bestim-
mungen über die Freimaurer nicht einfach aufgehoben Die
Mitgliedschaft in einer Gesellschaft, die gegen die Kirche
agiert, bleibt weiterhin mit „gerechter Strafe" bedroht.
Diese Strafe tritt allerdings nicht mehr von selbst ein.

Nach Vorgrimler beginnt der Dialog der Freimaurerei mit
der katholischen Kirche bereits 1928, zuerst mit den the-
istischen Logen. Seit 1961 auch mit dem Grand Orient in
Frankreich, der sich bewusst als atheistisch bezeichnet. Das
Zweite Vatikanische Konzil wird von Prof. Vorgrimler insofern zutiefst gelobt, als es die Frage der Menschenrechte und
die Religionsfreiheit neu definiert habe. Dies unterstreiche
er ausdrücklich. Im Jahre 1969 habe eine Übereinkunft zwischen der katholischen Kirche und der italienischen Großloge stattgefunden. Beide Seiten bekundeten ihren Willen
zur Zusammenarbeit auf den Gebieten der Menschenrechte,
der Religionsfreiheit und der gegenseitigen Toleranz. Im
gleichen Jahr wurde von der offiziellen Kirche aus eine Dialogkommission ins Leben gerufen, die aus vier Mitgliedern
bestand. Zwei erwähnte er namentlich, den Wiener Kardinal König und sich selbst. Diese Kommission veröffentlichte
ihre Arbeitsergebnisse in dem österreichischen Ort Lichte-
nau – so wuchs dem Dokument der Name „Lichtenauer Erklärung" zu. Darin habe sich die katholische Kommission
den Freimaurern gegenüber aufgeschlossen geäußert. Für
eine Weile wurde es still, man hörte keine Stecknadel fallen,
nur das Sprudeln des Mineralwassers, das ich mir eingoss.

„Insgesamt kann man festhalten, unsere gemeinsame Sache
entwickelte sich Anfang der 70er Jahre sehr gut", setzte der
Professor von neuem an und geriet für einen kurzen Moment
tatsächlich in Rage. Über die Berufung Bischof Stimpfles als
Vorsitzenden dieser Dialogkommission zeigte er sich auch
27 Jahre später noch zutiefst verstimmt. Diese Kommission
nämlich kam, entgegen der Lichtenauer Erklärung, zu dem

Ergebnis, dass eine Mitgliedschaft von Katholiken bei der Freimaurerei nach wie vor *nicht* mit dem christlichen Selbstverständnis zu vereinbaren sei, weswegen er, Vorgrimler, 1974 erbost diese Kommission verlassen habe. Die Gespräche wurden 1980 beendet. Die Deutsche Bischofskonferenz erklärte in einer Publikation vom 12. Mai 1980 als Ergebnis, „dass die gleichzeitige Zugehörigkeit zur katholischen Kirche und zur Freimaurerei ausgeschlossen" sei. Aber: „Da der neue ‚Codex Iuris Canonici' aus dem Jahre 1983 die Freimaurerei nicht mehr erwähnt", sagte er mit leisem Triumph in der Stimme – oder war es Spott? –, „gehen Sie geflissentlich davon aus, dass die Mitgliedschaft in einer Loge sich mit der Mitgliedschaft in der katholischen Kirche vereinbaren lässt."

Raunen ging durch den Bankettsaal. Zustimmendes Nicken allenthalben. Nur die großen Namen am Deckenfries schwiegen.

Man müsse, fuhr Vorgrimler beredt fort, eben manchmal die Lücken nutzen. Ohne gröbere Verletzungen des Minimalkonsensus ginge es eben nicht. Als Ausblick auf die weitere Zusammenarbeit zwischen Kirche und Freimaurerei sehe er, Vorgrimler, eine große Möglichkeit zur Verständigung, da sich die katholische Kirche praktisch auf ihre Ortskirchen reduziert habe: „Die Kirche gibt es nicht mehr!", was die Schlussfolgerung zuließe, dass eine Verständigung nicht mehr vornehmlich mit Rom zu erfolgen habe, sondern dass sich jede Ortskirche selbst mit der Freimaurerei arrangieren könne.

„In der Not frisst der Teufel Fliegen", lachte der Bruder von gegenüber, nahm dem Kölschglas die Schaumkrone und wischte sich den Mund. Der Dogmatikprofessor hatte allerdings einen Teil der Wahrheit geschlabbert. In der amtlichen Verlautbarung der katholischen Kirche heißt es:

„Es wurde die Frage gestellt, ob sich das Urteil der Kirche über die freimaurerischen Vereinigungen durch die Tatsache geändert hat, dass der neue Codex Iuris Canonici – Codex des kanonischen Rechtes (CIC) sie nicht ausdrücklich erwähnt wie der frühere. Diese Kongregation ist in der Lage zu antworten, dass diesem Umstand das gleiche Kriterium der Redaktion zugrunde liegt wie für andere Vereinigungen, die gleichfalls nicht erwähnt wurden, weil sie in breitere Kategorien eingegliedert sind. Das negative Urteil der Kirche über die freimaurerischen Vereinigungen bleibt also unverändert, weil ihre Prinzipien immer als unvereinbar mit der Lehre der Kirche betrachtet wurden und deshalb der Beitritt zu ihnen verboten bleibt. Die Gläubigen, die freimaurerischen Vereinigungen angehören, befinden sich also im Stand der schweren Sünde und können nicht die heilige Kommunion empfangen. Autoritäten der Ortskirche steht es nicht zu, sich über das Wesen freimaurerischer Vereinigungen in einem Urteil zu äußern, das das oben Bestimmte außer Kraft setzt, und zwar in Übereinstimmung mit der Erklärung dieser Kongregation vom 17. Februar 1981 (vgl. AAS 73/1981, S. 240–241). Papst Johannes Paul II. hat diese Erklärung, die in der ordentlichen Sitzung dieser Kongregation beschlossen wurde, bei der dem unterzeichneten Kardinalpräfekten gewährten Audienz bestätigt und ihre Veröffentlichung angeordnet.

Rom, am Sitz der Kongregation für die Glaubenslehre,
26. November 1983
Joseph Kardinal Ratzinger,
Präfekt
Erzbischof Jerôme Hamer OP,
Sekretär"

In der Verachtung dieser Tatsachen waren sich Hans Küng, Pater Alois Kehl und Vorgrimler offenbar einig. Überhaupt wäre gut, fuhr er mit gestärkter Stimme fort, wenn die Vorstellung von „Gott im Himmel" einer neuen Vorstellung Platz machen würde. Aufgrund der Aufklärung – und deren

Errungenschaften wolle wohl keiner ernsthaft bestreiten – wisse man, dass Gut und Böse bloß zwei ewig widerstreitende Naturen innerhalb des Menschen seien. Goethe sage das sehr schön im „Faust": „Zwei Herzen schlagen, ach, in meiner Brust". Um so wichtiger sei, dass in der Freimaurerei alle Gottesvorstellungen gleich seien, dass sich jeder seinen Gott frei wählen könne, denn schließlich komme es nicht so sehr darauf an, woran wir glauben, sondern dass wir glauben. Christus selbst könne man, wie es Küng beispielsweise tue, nicht als Gott sehen, sondern als vorbildhafte humanistische Figur. Man müsse versuchen, den Menschen hinzuführen auf das Problem seiner sittlichen Eigenpersönlichkeit. Anstößig erschien Vorgrimler hingegen die Auffassung, dass Menschen in Sünder und Gerechte eingeteilt werden. Wer die biblische Sicht Jesu und nicht die humanistische Sicht vertrete, denke zu kurz. Man müsse sagen, dass der kirchliche Volksglaube in seiner Gottesvorstellung inhumane Züge enthält. Der Nazarener – der Nazarener, sagte der emeritierte Dogmatikprofessor, wie manche Mitglieder dunkler Sekten es tun – formuliere keine abstrakten Begriffe, sondern versuche, seine geistige Welt in Bildern zu übermitteln. Die Freimaurerei gehe den gleichen Weg, indem sie grundsätzlich auf jede begriffliche Formulierung der eigentlichen Lebensgeheimnisse verzichte und die Bildersprache für geeigneter hielte. Dieser Aussage folgte eine lange Pause. Der Professor setzte überhaupt professionelle Pausen und brachte hier seine ganze Vorlesungserfahrung ein. Er bot bist jetzt, so banal es klingt, eine gute Show. Doch diesmal war es keine Pause. Der Gesprächsleiter hatte als erster verstanden. „Ich danke für Ihre Aufmerksamkeit."

Langanhaltendes Klopfen auf den Tischen. Auch an Bravorufen fehlte es nicht. Der Referent nippte zufrieden am Glas und sah in die Schar der Jünger. War Wasser im Glas oder Wein? Der Meister vom Stuhl erhob sich. „Lieber Herr Professor Vorgrimler, ganz, ganz herzlichen Dank. Ich glaube, Sie hören es an der Reaktion, wir alle sind von Ihrem Vortrag begeistert. Was sage ich, hellauf begeistert, zutiefst innerlich bewegt. Wenn Sie gestatten, würde ich jetzt gern zu einer Fragestunde überleiten.“

## Aussprache nach Vorgrimlers Vortrag

Manche schnippten mit den Fingern. Der Gesprächsleiter zeigte auf einen fülligen Mann, der sogleich aufstand und sich in einer weitschweifigen Lobhudelei erging, bis ihn der Gesprächsleiter bat, doch nun die Frage zu stellen. Der füllige Mann verlieh der Inszenierung insofern einen Kick, als er, überrascht von der Ermahnung, das vor ihm stehende Glas umwarf, in dem sich glücklicherweise kaum mehr als ein kleiner Schluck befand, so dass er das Malheur geflissentlich überging und zu seiner Frage kam: „Warum kritisiert die offizielle Seite der Katholiken überhaupt die Freimaurerei?“

Der gefragte Dogmatikprofessor wiegte seinen runden Kopf und strich mit der Hand darüber, als ob er ihn salben wollte. Dann ließ er sich vernehmen, man müsse unterscheiden zwischen solchen und solchen. Es gälte die Fehler beim anderen zu suchen. Auch die offizielle Seite rede nicht mit einer Stimme.

Angesprochen auf den freimaurerischen Kultus antwortete der Professor, Gott ja, das nenne man halt Brauchtumsfeiern. Im übrigen sei er der Meinung, Katholiken, die die Freimaurerei kritisierten, bezeugten schlichtweg eine faschistische Gesinnung. „Die Gegner der Freimaurerei sind pathologische Figuren“, höhnte Vorgrimler und stellte die Gemeinten namentlich an den Pranger: „Johannes Rothkranz, Manfred Adler, dieser betitelt die Freimaurer als ,die Söhne der Finsternis‘, und den Pater Johannes Wild S.J.“ Der Konflikt mit Pater Wild dauere schon eine geraume Zeit. Er habe sich schon an den General des Jesuitenordens gewandt mit dem Anliegen, Pater Wild das Sprechen über die Freimaurerei zu verbieten. Der General lehnte dieses jedoch mit der Begründung ab, dass man keinem Mitglied des Ordens die freie Meinungsäußerung verbieten könne. „Man bräuchte Journalisten, die diesen Pater ausfindig machen und aufspießen."

Oh, dachte ich, erinnert das nicht an die Logik jener, die an Stammtischen fordern, man brauche mal wieder einen kleinen Diktator, der endlich mal aufräume mit den Andersdenkenden? Ich verdrängte den Gedanken, weil ich Vorgrimlers Art, als Menschenfischer zu fungieren, ganz schön clever fand – und das bewunderte ich zu diesem Zeitpunkt sehr.

Man müsse diese Leute, gemeint waren diejenigen, die durch Wort und Schrift gegen die Freimaurerei Stellung bezogen, wegen Verleumdung und Beleidigung gerichtlich belangen. Diese Personen – so Vorgrimler – seien nicht Brüder im Glauben, obwohl sie denselben Papst hätten. Ihre strafrechtliche Verfolgung sei „ein Akt öffentlicher Hygiene". Ein kurzer, kalter Strahl schoss aus seinen Augen, der Bände sprach und von grenzenloser Verachtung zeugte.

„Ein Hygieneakt, der an ungute Zeiten erinnert", notierte ich.

Im übrigen, auch das müsse gesagt werden, der Erzbischof von Köln, Meisner, sei in seinen Augen kein Ansprechpartner in Sachen Freimaurerei. Da trenne sich die Spreu vom Weizen. „Ich fühle mich durch Herrn Meisner nicht vertreten." Er, Vorgrimler, propagiere eine „Theologie nach Auschwitz". Wobei es sein Geheimnis blieb, inwiefern er eine Theologie vor Auschwitz mit dem Kölner Kardinal verband.

Ein grundsätzliches charakterliches Merkmal des Dogmatikprofessors trat bei seinen Antworten in ein klares Licht: Er schien großzügig im Austeilen von Kritik, die zumeist in Form harter und ungerechter Polemik erfolgte, aber reichlich unfähig, mit Kritik an seiner Person beziehungsweise seinem Denken umzugehen. Dieser Charakterzug verdeutlichte sich besonders dort, wo er über Katholiken sprach, die nicht seinen kirchenpolitischen Ansichten folgten: So versteifte er sich darauf, Papst Johannes Paul II. habe das „typisch Katholische" überbetont. Man denke nur „an seine übertriebene Marienverehrung. Seine bedenkenlose Bejahung der angeblichen Marienerscheinungen von Fatima". Die Kirche sei – er unterbrach sich und bezeichnete seine Idee als relativ kühn –, die Kirche sei ohne den Einfluss der Freimaurerei in Zukunft undenkbar.

Schnauben. Begeistertes Klatschen.

Man solle nicht vergessen, dass auch die Andersgläubigen recht hätten. „Alles ist eine Möglichkeit."

Geraune. „Hört, hört."

Ein weiterer Bruder erhielt das Wort.

„Eine Frage Herr Professor, wie sehen Sie dabei die Rolle der Kirche?"

Erstens, in der Anerkennung, dass die Kirche nicht die einzige Größe sei, stelle er fest, die Frage des Religionsunterrichtes in der Schule, sei keine Frage des Glaubens. Die Kirche solle sich auf das Wirken in ihrem Raum beschränken. Zweitens, es sei Unsinn, ja man müsse betonen, grober Unsinn, ein Copyright auf Gott anmelden zu wollen.

Allgemeine Heiterkeit.

Eines Tages müsse die dogmatische Kirche verschwinden oder sich angleichen. Oder, um es freimaurerisch zu erklären, sie müsse akzeptieren, dass die Namen der verschiedenen Religionen und Konfessionen nur Vornamen eines Großen Baumeisters sind. Süffisant setzte ein Bruder zu einem Co-Referat an: Sigmund Freud habe in seinem Werk „Die Zukunft einer Illusion" sehr deutlich umschrieben, was es mit Religionen auf sich hat. Deshalb könne man sich beispielsweise nur amüsieren über die Stellvertreter Gottes auf Erden. Manchmal erschien es so, als ob sich diese Leute selber parodieren. Ernst nehmen könne man diese Zunft doch längst nicht mehr. Wer glaube schließlich noch an den Weihnachtsmann? Der Professor zuckte die Schultern wie zur Entschuldigung für diejenigen, die er selbst für irrende

Christen hielt. Salomonisch sagte er: „Nicht jeder ist erfasst vom richtigen Geist." „Richtig", sagte er, nicht „heilig". In seinen wasserblauen Augen stand herablassende Güte. Der Gesprächsleiter erhob seine Stimme: „Keine Fragen mehr?"

Die Brüder schienen gesättigt.

Der Gesprächsleiter stand auf, knöpfte sich das Jackett. „Lieber, lieber Herr Professor, vielen, vielen lieben Dank für Ihren herausragenden Vortrag. Wie soll man sagen ... Sie haben gesät, und dieser Same wird in der Freimaurerei aufgehen."

Begeisterte Fäuste donnerten auf die Tische. Bravorufe, noch intensiver als vorhin. Der Saal stand. Zufrieden, mit noch breiterem Lächeln, reichte der Gesprächsleiter dem Professor die Hand. Die andere ruhte auf den professoralen Schultern. Lächeln. Bravo. Lächeln. Ein langanhaltender Handschlag vor Publikum. Etwa so wie von zwei Staatsmännern, die ihr Shake hands für die Kameras über Minuten ziehen. Kameras allerdings gab es hier keine. Wohl aber Bedeutsamkeitskasper. Man bestürmte den katholischen Freigeist und teilte ihm seine Bewunderung mit. Das ging noch eine ganze Weile so. Ich sah auf die Uhr. Mein Zug ging um 23.25 Uhr, der nächste erst eine Stunde später. Peter hatte versprochen, mich zum Bahnhof zu fahren. Es war 23 Uhr. Höchste Zeit. Wir eilten durch das Treppenhaus, vorbei an den rosa Hyazinthen, deren Duft bis an die Tür zog. Peter hatte seinen Wagen am Volksgarten geparkt. Bis Bahnhof Hinterausgang, Breslauer Platz, knapp eine Viertelstunde. Abends waren die Straßen frei.

Peter war hellauf begeistert. „Dieser Vorgrimler ist ein Kämpfer für die Freimaurerei", schwärmte er. „Ein Kämpfer vor dem Herren."

Auch ich war Feuer und Flamme, denn dieser etwas ungeschlacht wirkende Mann besaß die Gabe, Menschen für sich einzunehmen. Meinen katholischen Geist drängte ich immer weiter zurück ins Exil. Ich genoss geradezu, wie der freimaurerische Geist mehr und mehr Besitz von mir ergriff.

„Dieser Pater Kehl ist mindestens genausogut. Was meinst du, was solche Leute für die Freimaurerei für ein Gewinn sind, Katholiken wie Vorgrimler und Kehl, die unsere Botschaft in ihre Reihen tragen. Wissenschaftler wie Binder oder Mellor, die aus einer scheinbar unabhängigen Sicht unsere Idee unter die Leute streuen. Genial!"

Das empfand ich genauso, und ich spürte diese sagenhafte Kraft in mir aufsteigen.

„Durch solche Dinge kommt man viel besser und nachhaltiger ins öffentliche Bewusstsein als durch sämtliche Verschwörungstheorien."

Wir passierten den WDR.

„Nächste rechts", sagte ich, weil Peter sich an dieser Stelle letztes Mal verfahren hatte.

Durch seinen Wortschwall hatte die Fahrt länger gedauert. Ich hastete an den nächtlichen Currywurstessern vorbei, meine Fahrkarte bereits in der Hand. Viele Stufen bis zum Bahnsteig. Die letzten im Laufschritt. „Vorsicht bitte an Gleis acht." Der Zug war pünktlich.


## DAS JOHANNISFEST

Nachts fand ich erst spät in den Schlaf. Ich ging den Vortrag noch einmal in Gedanken durch. Ein ganz neuer Katholizismus stand vor mir auf, eine Art Wohlfühlchristentum, das auf evangelischer Seite schon Dorothee Sölle propagiert hatte: „Gott ist tot, rot und eine Frau". Die Kirche sei ohne den Einfluss der Freimaurerei in Zukunft undenkbar, hatte Vorgrimler gesagt. Ich fühlte mich zutiefst bestätigt und empfand einen stillen Triumph gegenüber Wolfgang. Vertreter des Sowohl-als-Auch war ich, Zwitter im Glauben – was sprach dagegen? Nichts ist unmöglich, versprach uns die Werbung. Ein Sinnspruch für die Postmoderne, immer alle Optionen im Auge, um im letzten Moment noch den Dreh in eine andere Richtung zu kriegen.

Anderntags fand ich eine passende Äußerung des Freimaureraltgroßmeisters Pinkerneil von 1961: „Es erscheint unmöglich, die Gegnerschaft der Katholischen Kirche auch nur zu mildern. Wir können nichts mehr tun und das werden wir tun, als eine bedauerliche Wandlung der Katholischen Kirche seit der Zeit, wo Bischöfe und Prälaten führende und angesehene Freimaurer waren, festzustellen und den Gründen nachzugehen. Jedenfalls haben wir Freimaurer uns in den beiden Jahrhunderten nicht gewandelt. Wir erstreben in dieser Hinsicht eine faire, geistig hochstehende Auseinandersetzung. Wer die Freimaurerei kennt, kann voraussagen, dass sie sich auch in der Zukunft nicht wandeln wird, jedenfalls nicht in ihrer Haltung gegenüber der Katholischen Kirche, sofern sie ihrem Bekenntnis und ihrer Sendung treu bleibt.“

Damit hatte sich das Thema für mich erledigt. Da ich auch von Wolfgang nichts mehr hörte, war mein Kontakt zu Christus einstweilen gekappt. Andere Dinge wurden wichtiger. Die Freimaurerei nahm mich ganz in Beschlag. Ich traf mich häufig mit Peter. Wir unternahmen lange Spaziergänge. Die Gespräche mit ihm gaben mir eine Ahnung von einer Welt, in der Freiheit, Gleichheit und Brüderlichkeit das Sein bestimmen. „Das ist die Grundlage, um sein eigener Gott zu werden. Wir haben den Menschen davon befreit, ein christliches Herdentier zu sein. Wer ist schon gern ein Schaf?“

„Neun von zehn Menschen, würde ich tippen.“

„Vielleicht eher 999 von 1000. Aber dieser eine, der will selbst Gott sein.“

„Hört sich gefährlich nach Nietzsche an“, wandte ich ein.

„Es mag dir gefallen oder nicht, der Mensch betritt den Raum der Freimaurerei nicht wie ein Schauspieler eine Bühne. Er ist selbst die Bühne, über der das Licht der Erkenntnis aufscheint. Das Mysterium der Freimaurerei.“

„Das Mysterium meiner Baskenmütze“, antwortete ich, weil ein Windstoß sie von meinem Kopf geweht hatte. Peter lächelte.

Meistens gingen wir nach unseren privaten Treffen in die Loge. Als wir den Kellerraum betraten, kamen vier Brüder mit roten Köpfen aus dem Tempel. Einer von ihnen Alfred Cornelisen.

„Gibt es Streit?" raunte ich Peter zu.

„Sie haben über eine Satzungsänderung gesprochen, nehme ich an. Ich kümmere mich nicht um solche Dinge."

Irgend etwas lag in der Luft. Die vier Brüder waren sichtlich um Heiterkeit bemüht, um die Situation zu entspannen. Insbesondere Alfred Cornelisen. Mit einem Lächeln kam er auf mich zu, hob die Arme. „Da ist ja unser neuer Bruder, unser wichtigster Mann." Schmeicheleien gehörten zu seiner Art.

Der Meister vom Stuhl belächelte ihn. „Nicht, dass du denkst, wir würden uns im Tempel verschanzen. Wir müssen nichts verheimlichen. Bestimmte Dinge wollen im kleinen Kreis besprochen sein, bevor wir sie in einer Mitgliederversammlung diskutieren."

„Es geht um die Zukunft unserer guten Loge", pflichtete Cornelisen ihm bei. Zwischen den beiden knisterte es. Noch kümmerte mich so etwas nicht. Ich wartete gespannt auf das Johannisfest.

Nur die niedrigen Freimaurergrade feiern es. In den höheren Graden des Schottischen Ritus sieht man es anders: „Was soll uns Johannis? Nichts anderes, als uns seinen friedsamen Namen leihen, damit wir unsere Feinde überrumpeln", wusste 1875, zur Hochzeit der deutschen Freimaurerei, die Leipziger „Freimaurer Zeitung".

Das Johannisfest von „Albertus Magnus" fand als Gemeinschaftsarbeit mit einer anderen Kölner Loge im großen Tempel des Logenhauses statt. So sah ich erstmals den großen Tempel. Ein imposanter Raum, mindestens fünf Meter hoch, zwanzig Meter lang und zehn Meter breit. Drei Stufen führten zum Meisteraltar, der festgemauert unter dem „Allsehenden Auge" stand. Der ganze Tempel hellblau, die Wände verhängt mit hellblauen Vorhängen, die schwarzen und roten waren zurückgezogen. An den Wänden in zwei Reihen lange Kolonnen von Stühlen, um einen Tritt höher als der Tempelboden, der helldunkel im musivischen Pflaster gehalten war.

Nach der rituellen Eröffnung verlas der Meister vom Stuhl den vorgeschriebenen Ritualtext: „Seit alter Zeit feiern die Freimaurer den 24. Juni als Festtag ihres Schutzpatrons ‚Johannes des Täufers'. In einer Inschrift der Melrose-Abtei in Schottland aus dem 15. Jahrhundert erbittet Werkmaurer John Morow den Schutz des Johannes für sein Bauwerk. Die Allgemeinen Anordnungen aus dem Jahr 1723 berichten, dass die Brüder aller Logen zu einem Fest am Tage Johannes' des Täufers zusammenkommen. Die abendländische Kirche übernahm den Tag der Sommersonnenwende, einen uralten Festtag, in den Kanon der christlichen Feste und benannte ihn nach Johannes den Täufer. Vor ungefähr zweitausend Jahren trat Johannes als Prediger am Jordan auf und rief die Menschen zur Umkehr. Er verachtete die Selbstgerechten und wies einen Weg der Hoffnung. Der Ruf unseres Schutzpatrons ‚Ändert euren Sinn!' ist Mahnung zu Selbsterkenntnis und Demut. Er feuert uns zur Arbeit an und fordert uns auf, Winkelmaß und Zirkel anzulegen. Denn nur durch Läuterung und rechtes Maß werden wir Bausteine am Tempel zur Ehre des großen Meisters."

Nach Verlesung dieses Textes beendete der Stuhlmeister mit einem harten Hammerschlag das alte Maurerjahr. Nach einer kurzen Musik ein erneutes Aufschlagen. „Mit diesem Hammerschlag eröffne ich das neue Maurerjahr. In der langen Finsternis des nördlichen Winters entstand vor Jahrtausenden die Sehnsucht der Menschen nach Wärme und Licht. Auch unter anderen Breiten blieb die lebensspendende Sonne späterer Generationen verehrungswürdig. In diesem aus vorgeschichtlicher Zeit stammenden Strom unbewussten Erlebens befinden wir Freimaurer uns, wenn wir am Mittag des Jahres den Sieg des Lichtes feiern. Unsere Herzen sind frohgestimmt und in der Hoffnung gestärkt, dass in unserer Welt Vernunft und Wahrheit, Gerechtigkeit und Frieden siegen werden. Das geheimnisumgebene Symbol der Rose ist uns heute Zeichen von Sieg und Hoffnung."

Was ich damals nicht sah – oder sehen wollte, diese Worte aus dem Ritual der Großloge der „Alten Freien und Angenommenen Maurer von Deutschland" verweisen eindeutig auf eine andere Religion als das Christentum. So wird im ersten Teil des Textes unterstellt, die abendländische Kirche habe sich eines uralten heidnischen Festes bedient und dessen Wahrheit umgebogen. Dabei biegt die Freimaurerei die Wahrheit um. Die Worte Johannes' des Täufers werden für eigene Zwecke als Aufforderung gedeutet, Winkelmaß und Zirkel anzulegen. Weder in der Bibel noch einer anderen historischen Quelle findet sich ein Hinweis darauf. Wer der große Meister wiederum ist, dem dieses Tun zur Ehre gereicht, lässt der Text offen. Ein Versteckspiel aus Toleranzgründen? Im zweiten Teil findet sich eine Erklärung, dort wird deutlich auf antike (oder prähistorische) Lichtkulte verwiesen, als deren Rechtsnachfolgerin sich die Maurerei sieht. Nicht das Zeichen Christi wird zum Zeichen des Sieges, sondern das Symbol der Rose.

Der Meister umschreitet die Loge im Sonnenlauf und überreicht jedem Bruder einen Rosenstrauß. Der Zeremonienmeister assistiert ihm dabei. „Einen herzlichen Johannisgruß, mein Bruder", sagte der Meister vom Stuhl und heftete mir ein Gebinde von drei Rosen (rot, rosa, weiß) ans Revers, schüttelte mir die Hand und ging rasch weiter, um den nächsten mit seinem „herzlichen Johannisgruß" zu beglücken.

Da kein neuer Stuhlmeister eingesetzt wurde, bat der alte Chef nach dem Rundgang durch die Gemeinde den Redner um seine Zeichnung. Heimelig wird's, so richtig sentimental. Die Blicke der Hörer wandern meist zu Boden, so dass der Vortragende nichts lesen kann aus ihnen. Es ist die Stunde, in der vernünftige, im Beruf tatkräftige Menschen

„lyrische Kalbsäuglein" (Tucholsky) kriegen. Sie verwenden Worte, von denen sie hoffen, sie mögen ihnen Flügel verleihen, und setzen zu philosophischen Höhenflügen an. Bereits beim Einstieg: „Ehrwürdiger Meister ...", scheint es, eine Wunde beginne in ihnen zu bluten. Sie brauchen nur den Mund aufzumachen, und schon ist alles Rationale an ihnen gelähmt. Ihre Mütter wollten sie vielleicht zu Dichtern machen, aber sie wurden kompetente Makler, erfolgreiche Architekten oder Ingenieure. Sie sprechen fließend Englisch und Französisch. Aber die Freimaurerei, behaupten sie, sei die Sprache des Herzens. Diese Wunde klafft, die Metaphern sind entsprechend meistens guillotinereif. (Wie schrieb Gottfried Benn – an den Metaphern sollt ihr sie erkennen!) Je länger man dem Verein angehört, desto deutlicher wird, das man zu jedem Thema im Grunde immer nur eine Zeichnung hört, in verschiedenen Variationen und verkleidet im Wortschatz des jeweiligen Referenten. Sogar den Tempelschlaf gibt es bei den Freimaurern. Allerdings nicht als rituelles Schlüsselerlebnis wie bei den Rosenkreuzern, sondern als Ausdruck der Abwesenheit, der sich bei Herren hoch an Jahren oder maurerischen Dienstjahren mitunter einstellen kann. Schnarchphasen lassen sich insbesondere während der Zeichnung des Redners feststellen. Gerne auch, wenn ein ruhiges Musikstück dazu einlädt.

„Einen herzlichen Johannisgruß", sagte Alfred Cornelisen, als ich den Tempel verließ.

Ganz so herzlich war mein erstes Johannisfest nicht. Im Treppenhaus gingen zwei Brüder vor mir, der erste und der zweite Aufseher. Wortmächtig lästerten sie über den Stuhlmeister. „Zeit, dass wir Alfred durchbringen."

Was ich da hörte, war nicht mal mehr Kritik hinter vorgehaltener Hand, und ich spürte, jetzt beginnt Vereinsmeierei. Im Bankettsaal kam Peter auf mich zu. „Freude!" strahlte er.

Dieses abgenutzte Wort, das uns immer den Boden unter den Füßen wegzieht und uns in einen imaginären Himmel heben will. Was sollte ich sagen? Seine Begeisterung teilte ich nicht. Mir kam es vor, als hätte ich zulange in einer Sauna gesessen. Mein Hemd klebte, die Hose auch, meine Füße schweißnass. So sollte ich es noch unzählige andere Male empfinden. Und andere empfanden es genauso. Im Sommer, meistens in der Mittagshitze, eingepfercht in einen nicht klimatisierten Raum mit etlichen Männern, die schweren Altherrenatem absondern. Hinzu kommt der schwarze Anzug, Krawatte oder Fliege, die den Hals abschnüren, so dass man anfängt, in sich zu schmoren. Schweiß ist das letzte, in dem sich die Bourgeoisie noch spürt, hatte ich einmal gedacht. Hier schien es sich zu bestätigen, und ich war selbst Mitglied eines zusammengewürfelten Vereins, dessen gleichgeschaltete Pinguine sich formvollendet verbeugten, wenn jemand seinen „herzlichen Johannisgruß" entrichtete. Die kindliche Freude erwachsener Männer, die mit Blechorden, kleinen Lendenschurzen und manchmal sogar mit Zylindern angetan waren, wurde bezeugt durch ewig grinsende Rotweingesichter, als sei gerade kollektiv ein Lottogewinn geglückt. Vom mechanischen „Ehrwürdiger Meister" bis hin zum „In Ordnung, meine Brüder" begann ich ein Gespür für die Ehrpusseligkeit der Freimaurersprache zu entwickeln, die so antiquiert klang wie ein Bittschreiben an den Preußenkönig. Eitlere Menschen als in der Maurerei habe ich selbst bei den Theaterleuten, mit denen ich zusammenarbeitete, nicht getroffen. Doch was war die Realität gegen das „Mysterium der Freimaurerei"? Die stärksten Hände der Welt zogen mich an sich. „Herzlicher Johannisgruß", sagte Peter und umarmte mich kräftig. „Ist das nicht schön?"

Ich schilderte ihm, was ich empfand. Ein noch breiteres Grinsen weitete seinen Mund. „Du bist ein Spötter. Ist doch schön, wenn man unter sich ist."

## Freimaurer schlachten keine kleine Kinder

Von Peter hörte ich in den Sommermonaten nichts. Er war zu einer Reise nach Südostasien aufgebrochen. Inzwischen war ich auch bei der Mönchengladbacher Loge „Vorwärts" gerngesehener Gast. Die Loge litt, wie so viele Logen in Deutschland, an Überalterung. Das Mittel, zu dem man deshalb griff, war Öffentlichkeitsarbeit. Ich hatte den Kontakt zu einer Zeitung hergestellt. Interviewtermin Dienstag, 16 Uhr. Wir trafen uns eine halbe Stunde vorher im Logenhaus. Reinhold Gärtner war ein freundlicher Mann. Seit anderthalb Jahren leitete er die Mönchengladbacher Loge. Ein leidenschaftlicher Segler, sein Schiff lag unweit von hier im Hafen von Roermond. Als Jurist hatte er manch schwierige Klippe umschifft, um so merkwürdiger seine Unruhe. Etwas, das sich bei vielen beobachten lässt, sobald sie in Kontakt mit den Medien treten. Wir sprachen über die gängigen Vorurteile zum Thema Freimaurerei. Ich empfahl ihm, diese sensiblen Bereiche im Interview nicht anzusprechen. Probeweise stellte ich ihm ein paar Fragen. Er hielt einen Flyer der Großloge bereit und eine Festschrift der Loge.

„Vergiss die Festschrift", sagte ich.

„Sie enthält unsere ganze Logengeschichte."

„Schön und gut", antwortete ich, „nur die passt nicht in einen Zeitungsartikel."

Die Journalistin kam zehn Minuten zu spät, was Reinhold störte, aber es war nichts besonderes in diesem Job. Wahrscheinlich hatte sie zuvor noch eine Schützenbruderschaft oder einen 100jährigen Geburtstag abgekaspert, um die morgige Ausgabe zu füllen. Reinhold stellte uns vor. Da stand sie unmittelbar vor mir, fast so groß wie ich, jung, wahrscheinlich studierte sie und machte den Job nebenbei. Reinhold bot ihr Platz an.

„Möchten Sie etwas trinken?"

Sie lehnte dankend ab.

„Was soll ich Ihnen über unseren Bund erzählen?" fragte Reinhold.

Ihre Augen schalteten auf Ernst. Aber es war ein Ernst, dem die Tiefe fehlte. Man konnte, so hatte ich mittlerweile gelernt, an der Oberflächlichkeit entlangdriften, und das tat man heute gerade in Medienkreisen in zunehmendem Maße. Sie stellte die üblichen Fragen, und was Reinhold von sich gab, waren die üblichen Redewendungen: Humanität, Toleranz, ein einzigartiger Freundschaftsbund, Übungsstätte für menschliches Verhalten. Ich sah an den Augen der Journalistin, dass sie das ganze Gerede nicht interessierte, obwohl sie fleißig Stichpunkte notierte.

„Die geistige Arbeit unserer Loge ist gekennzeichnet durch die selbstgestellte Aufgabe, Brüder unterschiedlicher nationaler Herkunft zu vereinen. Gemeinschaft bleibt jedoch bloße Schwärmerei, wenn aus ihr nicht die gemeinsame Arbeit an einer gemeinsamen Sache resultiert", sagte Reinhold. Hätte er es bei einem Vortrag gesagt, wäre ihm der wärmste Applaus seiner Brüder gewiss gewesen. Eine Zeitungsfrau will auf andere Dinge hinaus: „Ist an den ganzen Gerüchten über die Freimaurerei nichts dran, Ehrenmorde und so?"

Noch ehe ich korrigierend eingreifen konnte, kam Reinhold der katastrophale Satz über die Lippen. „Nein, und Freimaurer schlachten auch keine kleinen Kinder." Und überhaupt, es werde auch an Weihnachten nicht gekugelt, somit wäre es nur ein absurdes Gerücht, dass jemand, der die schwarze Kugel gezogen hätte, sich umbringen müsse. Das seien die üblichen üblen Nachreden, man wisse ja, wer sie in Umlauf brächte: die Kirche. Das sage er, obwohl er selber Katholik sei und zwar ein gläubiger. Der Blick der Journalistin streifte mich. Ihr Lächeln wirkte wie ein Peitschenhieb. Man denkt immer, niemand ist so verblendet, solche Dummheiten zu glauben, und doch, sie fielen immer auf fruchtbaren Boden. Ihre süffisante Bemerkung, ob es ansonsten kein Schlachtfest gäbe, bestätigte mein Gefühl. Selbstbeherrschung habe ich immer genug besessen, sonst hätte ich vielleicht lauthals aufgelacht, um die Situation zu retten. So plapperte auch ich etwas von den hehren Zielen und Idealen der Freimaurerei daher. Vielleicht wäre es besser gewesen zu lachen. Natürlich geschah, was geschehen musste. Die Headline lautete: „Freimaurer schlachten keine kleine Kinder".

Eins zu Null für die Journaille.

## Weinprobe im Kaminzimmer

Das Maurerjahr begann Ende September mit einer Tempelarbeit im ersten Grad. Alfred fing mich gleich am Eingang ab und ließ ein paar kritische Bemerkungen über unseren Stuhlmeister fallen. Ganz nebenbei sprach er eine Einladung aus. Bei ihm zu Hause treffe man sich in kleiner Runde, um ein paar Interna zu besprechen. Ihm sei wichtig, die jungen Brüder mit einzubeziehen.

Das Treffen fand am Wochenende statt. Gregor und Karl, beide Gründungsmitglieder der Loge, und Ulf, ein junger BWL-Student, ein Jahr vor mir aufgenommen, warteten bereits. Es war für die Jahreszeit ziemlich kalt. Wir saßen an einem runden Couchtisch im Wohnzimmer, das Feuer im offenen Kamin glomm. Alfred wendete mit dem Schürhaken die Asche, um den Zustand des Abbrandes festzustellen. Dann stapelte er neue Holzscheite auf und stocherte in der Glut, damit das Holz leichter entflammte.

„Meine Brüder, wir sind zusammengekommen, um über die Zukunft unserer guten Loge zu reden. Ich bringe es gleich auf den Punkt: Unter unserem jetzigen Meister vom Stuhl droht die Situation zu eskalieren."

„Recht hast du", sagte Gregor hitzig. „Er kann diesen Affenstall nicht in Ordnung halten."

Was folgte waren Analysen und Schimpfkanonaden. Alfred nahm die „Freimaurerische Ordnung" zur Hand und zitierte daraus, welche Satzungsänderungen wie, wann und zu welchem Zweck erfolgen müssten. „Aus meiner Managertätigkeit", philosophierte er mit erhobenem Zeigefinger, „weiß ich, wie man mit Zuckerbrot und Peitsche umzugehen hat."

„Meiner Meinung nach sollten wir bis zum Ende des Maurerjahres warten. Dann ist der Kerl ohnehin weg", sagte Gregor.

„Das sind noch neun lange Monate bis zum nächsten Johannisfest", entgegnete Alfred.

„Die Wahlen zum neuen Beamtenrat sind Anfang April. Dann hättest du quasi schon das Sagen", ergänzte Karl.

„Hat schon mal jemand mit unserem Meister vom Stuhl über die Probleme gesprochen?" warf Ulf ein, der bis dahin ebenso wie ich geschwiegen hatte. „Das sollte dem brüderlichen Sinn nach doch eigentlich das erste sein, was man macht."

Alfred winkte ab. „Der ist beratungsresistent."

„Ganz recht. Mach noch eine Flasche Eiswein auf", forderte Gregor.

Karl leerte den Rest auf einen Zug. „Ich bin auch schon ganz ausgedörrt."

„Solange wir jung sind", lachte Alfred und setzte den Korkenzieher an. Plopp, flog der säumige Korken aus der Flasche.

„Ich schließe mich Ulfs Auffassung an", begann Karl gelassen, „Wir wollen kein böses Blut aufkommen lassen. Schließlich haben wir ihn gewählt."

Alfred fuhr giftig dazwischen: „Wenn ich eins in meiner Managertätigkeit gelernt habe, man muss das Eisen schmieden, solange es heiß ist."

Karl stand auf und ging mit seinem Glas zum Feuer. Als er seinen Zigarrenstummel hineingeworfen hatte, sagte er mit tiefer Stimme. „Also gut, meinen Segen hast du."

„Wenn Alfred Stuhlmeister ist, hat die Loge wieder Zukunft", ergänzte Ulf.

„Nicht jeder hat den Marschallstab im Tornister." Alfred holte befriedigt tief Luft. „Auf die Zukunft."

Verschwörerische Blicke trafen sich. Man prostete sich zu. Alfred wandte sich an mich. „Nicht, dass du denkst, uns ginge es um einen Aufstand. Wir stellen uns ganz in den Dienst der Sache."

„Bravo, so ist es recht", sagte Karl und entzündete eine neue Zigarre, um besser zu verbergen, wie nervös er war.

„Wir dürfen uns unserer Verantwortung nicht entziehen", fügte Ulf gewandt hinzu. Da merkte ich, Alfred hatte ihn vorher gebrieft – war ja auch sein Bürge. „Auf unsere Verantwortung", wiederholte Alfred triumphierend.

Für eine Weile wurde es still, und jeder nippte an seinem Glas. An diesem Abend spürte ich zum ersten Mal einen Riss im Tempel der Humanität. Das war nicht die Freimaurerei, die ich erwartet hatte. Etwas nahm den Zauber, dem ich, wie viele Außenstehende, erlegen war. Dieses Etwas ließ sich leicht beschreiben: Hier fand ganz ordinäre Vereinsmeierei statt, Pöstchengeschacher und Maulwurfarbeit. Nichts von dem menschlichen Anstand, mit dem die Freimaurerei in ihren Publikationen prahlt. Ich fühlte mich reichlich verwirrt. Sollten meine Ideale so leicht zerstörbar sein? Hatte Peter nicht am Anfang gewarnt: „Auch bei uns menschelt es manchmal"? Auf jeden Fall gibt es so etwas wie die Kunst des Verdrängens, und so verdrängte mein Idealbild von der Freimaurerei die graue Realität. Dabei half mir Alfred nach Kräften. Gleich nach dem Wochenende meldete er sich per Telefon. Er wolle vorbeugen, dass ich das Gespräch bei ihm zu Hause falsch interpretiere. Zweifelsohne wäre er der letzte, der unserem Stuhlmeister in den Rücken fiele. Politik gehöre nun mal zum Geschäft. Man müsse die Dinge redlich vorbereiten und ordentlich hintereinander bringen. Dafür werde man schließlich gewählt. Bei allem müsse man natürlich das Wohl der Freimaurerei im allgemeinen und der guten Loge im besonderen im Auge behalten. Unser Logenmeister sei eben kein Manager, überdies gestalte er die Rituale schlecht. Plötzlich wechselte er das Thema und bot mir seine Dienste für meine Gesellenarbeit an. Peter habe seinen Südostasien-Trip für ein paar Wochen verlängert, wusste er zu berichten. Ob ich schon ein Thema hätte? Er könne mir gern einige solcher Arbeiten zukommen lassen, wozu verfüge man sonst über ein großes Archiv. Schließlich müsse ich wissen, was mir abverlangt würde. Ich äußerte den Wunsch, einen Teil dieser Arbeit als Lied auf Gitarre darbringen zu dürfen. Nach einigen Augenblicken des Schweigens lobte Alfred diese Idee. So etwas habe vielleicht noch niemand im Tempel auf diese Art gemacht. Dennoch, je länger er sich meine Idee durch den Kopf gehen ließe, desto mehr gefalle sie ihm. Er würde sich dafür verwenden, darauf könne ich mich verlassen, in ihm hätte ich einen Freund und Bruder. Die anderen wären womöglich von diesem Vorschlag nicht angetan. Aber: „Ich setze das durch."

Kein Wunder, dass Peter sich übergangen fühlte. Entsprechend reagierte er nach seiner Rückkehr aus dem Fernen Osten: „Wenn du lieber Alfred als Bürgen willst, bitte."

Es folgte eine kurze, schmerzhafte Diskussion. Ich ließ mir den Mund nicht verbieten, und Peter beharrte auf sein Recht, beleidigt zu sein. Im übrigen sei es eine Farce, im Tempel Gitarre zu spielen.

„Früher hat der Musikmeister im Tempel Klavier gespielt."

Als bedurfte es einer besonderen Geste, stand er vom Schreibtisch auf und machte einen Handstand. Dazu wäre ich, obwohl zwanzig Jahre jünger, niemals in der Lage gewesen. Es sah nicht einmal komisch aus, was auch daran lag, dass er klein und schmal war und in schwarzen Jeans und Lederjacke gar nicht aussah wie ein fast 60jähriger. Was für ein seltsamer Mensch. Meine Gesellenarbeit, betonte er nachdrücklich, überlasse er mir ganz allein. Um so mehr befremdete mich seine unerwartete Mitteilung, er könne nicht an der Arbeit teilnehmen: „Dringende Geschäftsreise. Unaufschiebbar."

„Das ist unmöglich", schimpfte Alfred, als er Wind von Peters Abwesenheit bekam. Er beantragte, den Vortragstermin zu verschieben. Der Meister vom Stuhl stimmte nicht zu, schließlich könne man mich sonst erst ein Jahr später befördern. Unabhängig davon, dass ich meine Eignung schon unter Beweis gestellt habe, brauche man Meister, die Loge habe nur 15 Mitglieder, davon neun Meister. Im Winter müsse man Hustenbonbons verteilen, um jeder Erkältung vorzubeugen, weil sonst die Arbeiten gefährdet seien, schließlich sollten wenigstens sieben Meister bei einer Arbeit anwesend sei. Das war die Antwort, die Alfred haben wollte. Jetzt warf er seine Propagandamaschinerie an. Man sehe, wie dringend es nötig sei, die Loge erfolgreich zu managen, um sie zu erhalten. Meine Zustimmung brachte mir bei ihm zusätzliche Bonuspunkte ein. Wir wuchsen zusammen, und es machte Spaß, mit ihm mein Referat durchzugehen. Er vermittelte mir das Gefühl väterlicher Fürsorge, kritisierte bedächtig, lobte viel, und: „Du musst wissen, dass du immer freie Hand hast."

Die Gesellenarbeit war ein Erfolg, obwohl mein Gitarrenspiel fahrig wirkte. Ich konnte die Noten im Halbdunkel schlecht lesen und hätte meinen Text besser in größeren Buchstaben ausgedruckt. Ich glaube nicht, dass meine Arbeit die Brüder überzeugte, obwohl sie mich lobten.

## Beförderung zum Gesellen

Der erste Rausch war verflogen. Die Spannung nicht einmal mehr halb so groß wie bei der Aufnahme. Keine Halsschmerzen, keine Erkältung. Meine Beförderung erfolgte gleich nach den Karnevalstagen. Normalerweise sollen wenigstens zwei Lehrlinge gleichzeitig befördert werden, um den sozialen Aspekt des Gesellengrades zu betonen. In Ermangelung eines zweiten Lehrlings übernahm Ulf den Part des Begleiters, obschon zwei Wochen zuvor zum Meister erhoben.

Der Vorbereitungsraum war hell erleuchtet. Auf dem Tisch, anstelle des Totenschädels, Blumen. Davor zwei Kerzen. Sie sollen laut Ritual – „Ritual II der Großloge der Alten Freien und Angenommenen Maurer von Deutschland" – auf Gemeinschaft hindeuten. Der vorbereitende Bruder wies darauf hin, dass der behauene Stein in den großen Tempelbau der Humanität eingefügt werden soll. „Ihr werdet heute eine weitere Stufe freimaurerischer Erkenntnisse ersteigen. Damit wächst eure Verpflichtung gegenüber den Brüdern (...) Der Geist ist es, der euch verbindet."

Welcher Geist? Die alte quälende Frage.

„Auf dem Tisch seht ihr das Buch des Heiligen Gesetzes. Der Maurer fand seit alter Zeit in ihm Regeln und Ordnungen für seine Lebensführung (...) All diese Dinge stehen auf einem schwarzen Tuch. Möge es euch erinnern, dass ihr einmal aus der Nacht in das Licht gekommen seid."

Daraufhin ließ er mich mit meinen Gedanken allein. Hatte ich gelernt, in Symbolen zu denken? Hatte ich die Ekken meiner Unvollkommenheit abgeschlagen? War ich tatsächlich vorbereitet für die höheren Arbeiten? Nein, nein und nochmals nein, schleuderte mir meine innere Stimme entgegen. Eigentlich wanderten sie alle so von Grad zu Grad und kriegten dafür jedes Mal einen anderen Schurz und einen anderen Gesichtsausdruck. Nach einer Weile drückte der Vorbereitende die Tür mit einem heftigen Ruck auf. Er fragte, ob ich darauf beharre, mich als Geselle in der Königlichen Kunst zu vervollkommnen. Er stellte drei vernachlässigenswerte Fragen, hieß mich, das Jackett abzulegen und die Hemdsärmel aufzukrempeln, bevor er mich an die Tempeltür führte, wo Ulf bereits auf uns wartete.

Als wir vor der Tempeltür standen, folgte ein Dialog zwischen Meister vom Stuhl und Wachhabenden, ähnlich wie bei der Aufnahme. Dann musste Peter seine Bürgschaft bestätigen, aber da er nicht an der Arbeit teilnahm, übernahm Alfred seinen Part. Die Tür öffnete sich, ich wurde geprüft nach Zeichen, Wort und Griff. Musik brauste auf wie ein Donnerhall. Wagner? Eher Franz Liszt. Auch er Freimaurer. Nach dem Hammerschlag des Meisters gab der Zeremonienmeister Ulf ein Zeichen. Der hakte sich bei mir ein, so standen wir Hand in Hand zwischen den beiden Säulen, wie weiland Ronald Reagan und Helmut Kohl. Auch von Kohl und Mitterand gibt ein solches „Kettenbild". Ob Kohl Freimaurer war? Nicht bekannt. Der französische Präsident auf jeden Fall; und der amerikanische Präsident wurde an ein und demselben Tag aufgenommen und in den 33. Grad befördert. In den USA geht das. Es gibt allerdings keinen Hinweis darauf, dass Reagan jemals einen Freimaurertempel von innen gesehen hat. Aber es gibt durchaus in der Freimaurerei einen Prominentenbonus, nach dem schon in früheren Jahrhunderten die Potentaten behandelt wurden. Einmal mehr ein Beweis dafür, dass die Aussage am Schluss des Rituals, alle Freimaurer begegneten sich auf gleicher Ebene, auf der Winkelwaage, der Realität nicht standhält.

„Meine Brüder Lehrlinge, ihr sollt zu Gesellen befördert werden. Mir obliegt es, euch zuvor in der Kunst zu prüfen", sagte der Meister vom Stuhl.

Ulf musste nicht antworten, nur ich. Darauf hatte mich Alfred vorbereitet. Von den 21 Fragen aus dem Ritual hatte ich die letzten sieben auswendiggelernt.

Meister vom Stuhl: Mein Bruder, was sahest du zuerst, als dir das Licht gegeben wurde?
Lehrling: Das Buch des Heiligen Gesetzes, das Winkelmaß und den Zirkel.
Meister vom Stuhl: Wie nennt man sie?
Lehrling: Die drei großen Lichter der Freimaurerei
Meister vom Stuhl: Was stellen die drei kleinen Lichter dar?
Lehrling: Die Sonne, den Mond und den Meister.

Meister vom Stuhl: Warum nennen wir uns Freimaurer?

Lehrling: Weil wir als freie Männer an dem großen Bau arbeiten.

Meister vom Stuhl: An welchem Bau?

Lehrling: Wir bauen den Tempel der Humanität.

Meister vom Stuhl: Welche Bausteine brauchen wir dazu?

Lehrling: Die Steine, deren wir bedürfen, sind die Menschen.

Meister vom Stuhl: Was ist notwenig, um sie fest miteinander zu verbinden?

Lehrling: Menschenliebe, Toleranz und Brüderlichkeit sind der Mörtel des Tempelbaus.

Meister vom Stuhl: Ich bin mit deinen Antworten zufrieden und erkenne dich als Freimaurerlehrling an.

Er bat um das Beifallszeichen zur Fortsetzung der Arbeit, worauf die Brüder mit ihrer rechten Hand auf den Oberschenkel schlugen. Der Meister erhob sich vom Stuhl, zeigte einen Holzstab, zerbrach ihn und warf ihn in eine Ecke: „Wie schwach ist der einzelne!" Darauf nahm er zusammengebündelte Stäbe und versuchte vergeblich, sie zu zerbrechen. „Wie stark ist die Gemeinschaft."

Mikado für Anfänger, dachte ich, als wir, Arm in Arm, auf die beiden Gesellenreisen geschickt wurden. Wie beim Aufnahmeritual führte der Weg von den beiden Säulen im Westen über Norden, Osten, Süden zurück in den Westen. Wir blieben vor dem Meistertisch stehen, von dem aus uns der Stuhlmeister mit erhobener Stimme verdeutlichte, dass man im Leben immer Versuchungen ausgesetzt sei, und gemahnte: „Bleibt auf dem Weg zum Licht! (...) Brüderliche Gemeinschaft gründet sich auf ehrliche und pflichtgetreue Arbeit."

Auf dem weiteren Weg kam uns im Süden der erste Aufseher mit einem großen Winkelmaß entgegen, während der zweite Aufseher vorlas, dass das Winkelmaß Rechtschaffen-

heit im ganzen Betragen erfordere. Nach einem Hammerschlag verkündete der erste Aufseher, dass die erste Gesellenreise beendet sei. Der Stuhlmeister wies darauf auf die
Unwägbarkeiten des Lebens hin, eine postfreudianische
Freud-und-Leid-Analyse, mit dem Augenmerk auf die Freu-
den des Lebens, weshalb er den Zeremonienmeister anwies,
uns zu laben. Fröhlich nickend trat der Zeremonienmeister
mit einem Weinkrug heran und schenkte zwei Becher voll,
die er Ulf und mir reichte. Während wir vor den anderen
tranken, in der Hoffnung, es seien keine Schierlingsbecher,
gemahnte uns der Stuhlmeister, immer den Bedürftigen zu
helfen. Die zweite Reise führte uns wieder vor den Altar.
Mit bedeutsamer Miene warnte der Meister vom Stuhl vor
Hochmut. Auf dem weiteren Weg kam uns der erste Aufseher mit einem großen Zirkel entgegen, und wir wurden
durch den zweiten Aufseher ernsthaft darauf hingewiesen,
dass der Zirkel die Grenzen der Pflicht gegen alle Menschen
und insbesondere gegen einen Bruder aufzeige. Kaum später
standen wir wieder im Westen, und der Meister vom Stuhl
richtete neuerlich das Wort an uns. Unsere Aufgabe bestehe
nunmehr darin, Winkel und Zirkel zu vereinen. „Der Buchstabe G soll euch dabei helfen." Diese kryptische Aussage
wurde durch allerlei Allgemeinplätze unterstrichen.

Nachdem ich meine Bereitschaft bekundet hatte, meinen
„Stein zu behauen", führten die beiden Aufseher Ulf und
mich vor den Altar. Nach dem Hammerschlag des Meisters
und seinem Ordnungsruf standen alle Brüder auf und traten
ins Gesellenzeichen, das sich vom Lehrlingszeichen insofern
unterschied, als der angewinkelte Arm mit der ausgestreckten Hand nicht mehr am Hals ansetzte, sondern in der Herz-
gegend, was, wie ich später erfuhr, soviel bedeuten sollte,
dass man sich eher das Herz herausreißen lassen solle, als
Verrat zu üben. Nun erhob sich der Meister vom Stuhl, um
weihevoll den Großen Baumeister aller Welten anzurufen:
„Dein Segen sei mit uns in dieser Stunde, da wir den Bund

mit unseren Brüdern bekräftigen und vertiefen wollen. Gib ihnen die Kraft, nicht mehr vom Ziel abzuirren, und lasse den Flammenden Stern leuchten auf all ihren Wegen."

Nach der Erneuerung meines Aufnahmegelöbnisses trat der Meister vom Stuhl an mich heran, setzte mir den Zirkel auf die Brust und schlug darauf den Gesellenschlag, den Autor Binder korrekt mit lang, kurz, kurz wiedergibt. Wie bei der Aufnahme auch erneut die Weihe: „In Ehrfurcht vor dem Großen Baumeister aller Welten, im Namen der Großloge der Alten Freien und Angenommenen Maurer von Deutschland, kraft meines Amtes als Meister vom Stuhl der gerechten und vollkommenen Freimaurerloge Albertus Magnus im Orient von Köln, befördere ich dich zum Freimaurergesellen." Die Lossprechung erfolgte durch einen leichten Backenstreich.

Nachdem wir in den Westen zurückgekehrt waren, forderte mich der Stuhlmeister auf, meine rechte Hand auf den kubischen Stein, das Sinnbild des Gesellen zu legen. „An die Stelle des Spitzhammers tritt nun die Kelle der Gesellen. Sie bindet Stein an Stein, sie schließt die Risse, die durch unsere Unvollkommenheit am Bau entstehen, und gleicht die Gegensätze unter den Menschen aus. Lebendige Bausteine sollt ihr sein. Arbeitet weiter in Ordnung, Gerechtigkeit und Frieden. Seid Brüder, und ihr werdet Brüder finden."

Nach diesem weihevollen Pathos überreichte mir der erste Aufseher den „Lehrbrief", eine Zitatensammlung aus Goethes „Wilhelm Meister": „Die Kunst ist lang, das Leben kurz, das Urteil schwierig, die Gelegenheit flüchtig (...) Der Geist, aus dem wir handeln, ist das Höchste." Gute Worte, weit über dem sonstigen Phrasendrusch. Der Zeremonienmeister führte mich hinaus, damit ich meine Kleidung wieder vervollkommnen konnte. Nachdem das geschehen war, klopfte ich im Gesellenschlag an die Tür.

Meister vom Stuhl: „Meine Brüder, schaut in den Osten! Vor euch leuchtet der Flammende Stern. Wir sehen in ihm das Symbol der menschlichen Vernunft, des logischen Denkens, des wahrheitsuchenden Geistes. Das ist der Stern, der auch im Dunkel leuchtet, mit dessen Hilfe der Mensch sich zurechtfinden kann. Achtet auf diesen Stern und lasst euch von ihm leiten."

Dem just beförderten Gesellen werden Zeichen, Wort und Griff des Lehrlingsgrades gegeben. Dieter A. Binder und Andreas Gößling schreiben korrekt, dass der Geselle sich nun von der mit „Jakin" beschriebenen Säule der zweiten zuwendet, die da „Boas" heißt. Ebenso korrekt überliefern sie das Passwort aus dem Hebräischen, „Schibboleth" (Kornähre). Ich verband bis dahin mit diesem Wort ein Gedicht von Paul Celan.

Das Gesellenritual ist das schwächste der drei Johannis-Rituale, was auch allgemein so gesehen wird. Weshalb wurden die Rituale nach und nach verändert? Vielleicht eine Übung, die von den Ritualkommissionen durch die Jahrhunderte gepflegt wurde, um schließlich ein Restritual übrigzuhalten, Futter für Nichteingeweihte, die sich für Eingeweihte halten sollen. Immerhin, eines ihrer führenden Mitglieder in den 60er Jahren war der Fraternitas-Saturni-Satanist Hjalmar Vollkammer. Eins ist klar: Wer kann bei diesen kastrierten Larifari-Ritualen den Freimaurern allen Ernstes noch vorwerfen, sie würden gar Schlimmes tun? In der Kölner Loge „Zum Ewigen Dom" gab es noch, im Anklang an das alte Ritual der „Großen National Mutterloge zu den drei Weltkugeln", eine Passage, die einen zusätzlichen Effekt in das ansonsten arg karge Beförderungsritual hineinkomponiert.

2. Aufseher: Es gibt einen Richter, ehrwürdiger Meister, dem nichts verborgen bleibt. Nur er allein kann ein gerechtes Urteil fällen. Wer es wagt, sich ihm gegenüberzustellen und sich seinem Urteil zu unterwerfen, ist auf dem rechten Weg zur Weisheit, und seine Stärke wird wachsen. Ich schlage vor, die Kandidaten vor diesen Richter zu führen.

Meister vom Stuhl: (schlägt mit dem Hammer auf) So soll es sein! Bruder Zeremonienmeister, führe die Kandidaten einzeln vor diesen höchsten Richter.

Der Zeremonienmeister führt dann die Lehrlinge einzeln vor einen Spiegel und nimmt ihnen die Augenbinde ab. Vor dem Spiegel bleiben die Lehrlinge zirka eine Minute lang stehen, dann werden sie herumgedreht.

2. Aufseher: Ehrwürdiger Meister, die Kandidaten haben sich dem höchsten Richter gestellt, der in ihnen selbst ist. Sie haben in aller Bescheidenheit sein Urteil angenommen, und sie haben ihre Ernsthaftigkeit bewiesen, sie sind fest entschlossen, am Leben teilzuhaben und zum Licht zu wandern.

Während meiner Kölner Stuhlmeisterschaft im „Ewigen Dom" weigerte ich mich zu sagen, der Mensch sei sein höchster Richter. Selbst zu Zeiten meiner Gottesferne hielt ich diese Anmaßung weder spirituell, noch philosophisch für haltbar. Das eigene Schuldverständnis ist immer durch mannigfaltige egoistische Verblendungen verstellt.

Nach den Wanderungen verliest der Redner eine Erklärung des „Flammenden Sterns":

„Wer sich in alter Zeit mit höheren Mächten in Verbindung setzen wollte, zeichnete zunächst ein Schutzzeichen – meist einen Kreis, ein Quadrat, ein Rechteck oder ein Pentagramm – auf den Boden. In diesen geweihten Raum legte oder zeichnete er sodann bestimmte Symbole, denen anziehende oder abwehrende Bedeutung zukommen konnte. Im Verlauf des Zeremoniells, zum Zeitpunkt der Anrufung, nahm er dann selbst im Inneren des Zeichens Aufstellung und ‚trat in Ordnung' (...) Wenn die Freimaurer sich in den Logen versammeln, so bereiten sie sich symbolisch auf eine solche Reise zum Licht vor (...) Auch der Geselle befindet sich auf einer solchen Reise. Das Ziel seiner Reise ist der Flammende Stern (...) Diesem geheimnisvollen Symbol wird noch dadurch eine besondere Bedeutung verliehen, dass sich in seinem Inneren, also in jenem geschützten Bereich, ein schwer deutbares Zeichen befindet, das in der Regel als Buchstabe ‚G' bezeichnet wird. Da es sich an so hervorgehobener Stelle im mittleren Grade inmitten des Sterns befindet, muss es als wichtiges, vielleicht bedeutendstes Geheimnis der Maurer angesehen worden sein. Was immer es jedoch ursprünglich gewesen sein mag, ein Buchstabe, ein alchimistisches Zeichen oder einfach ein Bild, sicher scheint zu sein, dass dort ein Symbol der Vollkommenheit anzunehmen ist."

Eine gnostische Sicht, keine Frage. Aber waren es nicht wunderbare Ideale, die im Freimaurertempel gepredigt wurden? Ich selbst war inzwischen Reisender in Sachen Maurerei geworden, als Rezitator der Ringparabel.


## Die Parabel von den drei Ringen

Lessings „Nathan der Weise" ist eine Ikone der Aufklärung – und der Freimaurerei. Darin kommen vor: Ein christlicher Tempelherr, der Recha, die Tochter des jüdischen Geldverleihers Nathan, vor dem Feuertod rettet. Der Sultan Saladin, der ein zuvor ausgesprochenes Todesurteil gegen den Tempelherrn aufhebt, und Nathan selbst, der mit einem generösen Geldgeschenk den Muslimherrscher aus großer Finanznot befreit. Das Verhalten der Protagonisten ist an der Aufklärung orientiert. Indem sie die traditionellen Grenzen ihrer jeweiligen Religionen überschreiten, betreten sie eine Basis humanitärer Vernunft, die sie jeder Form der Loyalität gegenüber ihren Glaubensgemeinschaften enthebt und auf eine übergeordnete Toleranz verpflichtet. Mit diesem Gedanken wurde Lessing zum Exponenten einer modernen Weltreligion. Die „Stimme der Vernunft" ist nun nicht mehr der göttlichen Gnade, sondern allein dem Humanismus und seinem Menschenbild unterworfen. Gnade, verkürzt auf den guten Willen des Menschen, wird dem christlichen, sich den Menschen zuwendenden Gott aberkannt. Vernunft akzeptiert Religion nur dann, wenn sie keinen Gegensatz zu humanistischen Wertvorstellungen darstellt. Lessing propagiert zugleich die Maxime der Freimaurerei, die grundsätzlich die Tat dem Bewusstsein vorangehen lässt. Damit wirkt er dezidiert gegen die kirchlich-thomistische Handlungsrichtung, die das Tun aus einem stabilen Glauben fordert. Die Ringparabel minimiert – wie das „Projekt Weltethos" – die Aussagen aller Religionen auf die kleinste gemeinsame Wahrheit.

Ich habe sie oft rezitiert in verschiedenen Variationen. Meistens mit musikalischem Begleitprogramm. Die Auftritte bereiteten Spaß. München, Bremen, Hamburg, Köln. In Bonn trat ich zusammen mit einem Bruder auf. Meine Rezitation wurde durch seine Lesung aus Lessings Briefen umrahmt. Er war kein Rezitator, aber meinte es gut. Er sprach einige Male vom „Belleschprit". Man muss es lautmalerisch schreiben, um zu verdeutlichen, wie er es aussprach. Allein seine Hartnäckigkeit, beim Belleschprit zu bleiben, hatte etwas Bewundernswertes. Um das Rätsel aufzulösen: Lessing meinte den Belesprit. Soviel Schöngeisterei durfte man brüderlich belächeln – hinter vorgehaltener Hand. Reden die geheimen Weltverschwörer so? War der Belleschprit nicht nur ein Versprecher, sondern gar ein Geheimcode? Belleschprit – redet so die Elite, die zur Weltherrschaft drängt? Der erprobte Maurer weiß, das Prinzip der Wurstigkeit, auf das er brüderlich alles aufbaut, ist der rauheste aller rauhen Steine.

> Was für ein Glaube, was für ein Gesetz
> hat dir am meisten eingeleuchtet?

Meistens leitete ich meine Rezitation mit Saladins Worten ein. Es gibt eben keine absolute Wahrheit. Das habe ich gesagt und geglaubt. Dafür bekam ich den meisten Applaus.

Ein Mann, wie du, bleibt da
Nicht stehen, wo der Zufall der Geburt
Ihn hingeworfen: oder wenn er bleibt,
Bleibt er aus Einsicht, Gründen, Wahl des Bessern.
Wohlan! so teile deine Einsicht mir
Dann mit. Lass mich die Gründe hören, denen
Ich selber nachzugrübeln, nicht die Zeit
Gehabt.

Wenige Sätze danach beginnt Nathan seine berühmte Ring-parabel, die in ähnlicher Form bereits in Boccaccios „De-camerone" zu lesen ist.

Am 13. März 1999 trat ich mit einer Version, die ich „Flut – eine Ringparabel" nannte, anlässlich einer Tagung des „Collegium Masonicum" in einem Bonner Hotel auf. Eine One-Man-Show. Ich spielte Keyboards, Synthesizer, Gitarre, ein großer Gong stand hinter mir, und von einem Tonband spielte ich Nachrichten ab, die ich zuvor aufge-sprochen hatte. Handlung: Nach sintflutartigen Regenfällen spitzt sich die Krisensituation dramatisch zu. Diese Story hatte ich in Liedern vertont und Gedichten erzählt. Als Hö-hepunkt die Ringparabel – die ich in den Schluss münden ließ, dass aufgrund der Krise sich alle Führer aus Religion und Politik auf eine Weltregierung und eine Weltreligion ei-nigten. Pater Kehl, Mitglied beim „Collegium Masonicum", gratulierte mir nach der Vorstellung.

Was ich damals nicht wahrhaben wollte: Lessing hat das freimaurerische Ideal einer in Glück, Freiheit, Toleranz und Wohlstand vereinten Weltgesellschaft mit großer literari-scher Könnerschaft propagiert, blieb jedoch inhaltlich hin-ter den von ihm selbst in seinen Stücken gesetzten Standards zurück. Vor allem in die Figur des Sultans Saladin kompo-nierte Lessing unislamische Eigenschaften, die in der euro-päischen Vernunfttradition wurzeln und sich in ungeteilter Toleranz sowohl dem Christentum als auch dem Judentum öffnen. Eine Einstellung, die Geist, Tradition und Geschichte des Islam absolut entgegenstehen. Unleugbar verdankt der kurdenstämmige Fürst aber seine Bekanntheit nicht seiner Toleranz, sondern vor allem seiner Brutalität. Zumal er sich zum Führer eines verschärften Djihad aufschwang. Der historische Saladin nahm dann auch während seiner Regentschaft eine deutlich islamisch-traditionelle Haltung ein, die antiislamische Elemente unterdrückte und die konsequente Durchsetzung der Scharia verfolgte. In Lessings freimaurerischer Gutmenschelei wird Saladin hingegen zum Sinnbild der Güte und des Ausgleichs. Lessing betreibt eine unhistorische Überzeichnung. Die Ringparabel wird zur Prägeform moderner Realitätsverweigerung, die historische Fakten ausblendet oder umdeutet, um mit dem gleichen Nachdruck Toleranz für alles Fremde fordern zu können, wie sie diese für alles Eigene, Christentum inklusive, ablehnt. Ist es da mehr als eine bittere Ironie der Geschichte, dass die Templer, immerhin geistige Vorfahren von Bruder Lessing, von Saladin grausam ermordet wurden?

Lessing als freimaurerischer Propagandaschriftsteller bewies sein Geschick auch in „Ernst und Falk, Gespräche für Freimaurer": „Habe ich dir von ihren Absichten gesprochen? Ich wüsste nicht. – Sondern da du dir gar keinen Begriff von den wahren Taten der Freimaurer machen konntest, habe ich dich bloß auf einen Punkt aufmerksam machen wollen, wo noch so vieles geschehen kann, wovon sich unsere staatsklugen Köpfe gar nichts träumen lassen. – Vielleicht, dass die Freimaurer da herum arbeiten. Vielleicht! Da herum! – Nur um dir dein Vorurteil zu nehmen, dass alle baubedürftige Plätze schon aufgefunden und besetzt, alle nötige Arbeiten schon unter die erforderlichen Hände verteilt wären."

Liegt darin nicht jener machtvolle Geist der Freimaurerei, der sie irgendwann verließ, um eine Larve zurückzulassen? Stoff für Verschwörungstheorien? Ganz sicher liegt auf dem humanistischen Gutsein ein Schatten, der die großen humanitären Katastrophen unserer Neuzeit verdunkelt.

## Eklat um Bruder Cornelisen

In meiner Loge nahm die Entwicklung eine andere Wendung als erwartet. Alfred Cornelisen stand plötzlich nicht mehr als Meister vom Stuhl zur Verfügung. Offenbar konnte er seine Forderungen nicht durchsetzen. Was folgte, war sein Austritt. Mehr oder weniger halbherzige Umstimmungsversuche fruchteten nicht. Wenige Tage, nachdem sein Entschluss feststand, kontaktierte er mich. Ehe er zum Thema kam, machte er hehre Worte über die Freimaurerei im allgemeinen und die Loge im besonderen. Nur, er sei es sich selbst schuldig, seinen Prinzipien treu zu bleiben. Mit 70 Jahren sei er zu alt, um sich einer Aufgabe zu stellen, deren Scheitern vorprogrammiert sei. Bei den Betonköpfen – er verwendete mehrmals den Begriff – seien notwendige Reformen nicht durchzusetzen. Deshalb werde er sich einer anderen Loge anschließen. Kontakte habe er schon geknüpft. Selbstverständlich bleibe unsere persönliche Beziehung von seiner Entscheidung unberührt. Wenn ich wolle, stünde er mir mit Rat und Tat weiterhin zur Verfügung. Mein Bürge – diese Spitze könne er sich nicht verkneifen – käme seinen freimaurerischen Verpflichtungen schließlich nur in unzureichendem Maße nach. Damit sei keinesfalls etwas gegen Peter gesagt, den er als Mensch sehr schätze. Der Annahmetermin in die Loge „Zum Ewigen Dom" sei Ende November. Als Geselle sei es meine Pflicht, andere Logen zu besuchen. Insofern könne ich meine erste Gesellenreise zu seiner Annahme machen. Diese Regelung masonischer Reisetätigkeit traf auf mich nicht ganz zu. Schon seit einigen Monaten besuchte ich regelmäßig die Mönchengladbacher Loge und ließ mich zu einer Doppelmitgliedschaft überreden. Laut Freimaurerischer Ordnung ist es möglich, mehreren Logen (nicht mehr als drei) anzugehören. Eine Ehrenmitgliedschaft ist hingegen in unzähligen Logen möglich. Die Sache meiner Doppelmitgliedschaft sahen die Kölner Brüder nicht gerne, sprachen sogar von Abwerbung, obwohl davon wirklich keine Rede sein konnte.

Die Unruhe nach Alfreds Logenwechsel verstärkte sich eklatant, als Ulf, zwei weitere Brüder und ich Alfreds Annahme in der anderen Loge beiwohnten. Unter Vorsitz des neuen Logenmeisters wurde eine außerordentliche Mitgliederversammlung einberufen. Einziges Thema: Alfred Cornelisen. Der neue Stuhlmeister sagte in aller Deutlichkeit, er dulde nicht, dass von außen Unfrieden in die Loge gebracht würde. Nun setzte ein regelrechtes Verhör ein.

„Steht es nicht jedem frei, die Loge seiner Wahl zu besuchen?" fragte ich.

Die Antwort war knapp, man rede hier nicht über Freiheitsbegriffe, sondern über die Ordnung einer Loge.

„Wieso ist diese Ordnung tangiert, wenn jemand eine andere Tempelarbeit besucht?"

Es gehe darum, Ruhe in den Laden zu kriegen. Wenn es sein müsse, mit allen Konsequenzen.

„Schleudre deine Blitze, Vater, denn dein Urteil ist gerecht", bemerkte ich.

Ironische Bemerkungen dieser Art könne ich mir verkneifen. „Damit Ende der Diskussion. Ach ja ..." Der neue Logenmeister fixierte mich grimmig. „Wenn du glaubst, ich erhebe dich zum Meister, wenn du Alfred zu deiner Erhebung einlädst, hast du dich geirrt"

Was sich abspielte, kannte ich aus Zeiten bei den Jusos und der Gewerkschaft. Mein Weg in die Maurerpolitik hatte begonnen, angebahnt beim Treffen in Alfreds Kaminzimmer. Ich mutierte vom homo masonicus zum homo politicus. Im übrigen versichert man sich gegenseitig, wie wunderbar die Freimaurerei ist, wie grandios diese Idee sei. „Wenn", wie ein ehemaliger Großmeister sagte, „nur die Brüder nicht wären".

Anderntags schilderte ich Alfred am Telefon den Vorfall. Seine Reaktion: „Erheben lassen kannst du dich in Mönchengladbach."

Das war auch mein Gedanke gewesen. Sollte ich wirklich meine Mutterloge verlassen – oder wie man im Freimaurerjargon sagt, decken? Ich gab mir alle Mühe, Ruhe zu bewahren und meinen Verstand zu benutzen. Doch was immer ich in mein Austrittsgesuch schrieb, es klang unsicher. Jeder Satz wurde von der Erinnerung an Aufnahme und Beförderung, an alle Erlebnisse im Guten und Schlechten aufgesogen. Ich fühlte mich wie ein hilfloser, verwirrter Teenager, der sich von seiner ersten großen Liebe trennt, weil er sich von ihr hintergangen glaubt. Alfred, als erfahrener Maurer mit diesen Dingen vertraut, half mir schließlich, das Deckungsschreiben zu formulieren. Kaum hatte ich es dem Logenmeister zugefaxt, stand mein Telefon nicht mehr still. So einfach könne man nicht gehen. Das müsse man sich genau überlegen.

„Du hast mir die Pistole auf die Brust gesetzt", antwortete ich.

„Ich wollte keine Unruhe. Im übrigen hat man dem Hammerschlag des Meisters zu folgen."

„Ich folge meinem Gewissen, und mein Gewissen sagt mir, wenn Freimaurer alle in einer Weltbruderkette stehen, darf man niemanden ausschließen."

„Querulanten schon."

„Wir haben eine Freimaurerische Ordnung, oder nicht? Alfred wurde regulär in einer regulären Loge angenommen", verteidigte ich mich.

Andere Logenbrüder riefen mich an und redeten auf mich ein. Wer sich nicht meldete: Peter, obwohl ich auf dessen Rückmeldung sehnlichst hoffte. Also versuchte ich ihn zu erreichen. Einmal wie zehnmal. Vergeblich, nur sein

Anrufbeantworter lief, und Peter rief nicht zurück. Das machte mich traurig, die Gespräche mit ihm waren für mich wertvoll, seine manchmal merkwürdigen Ansichten, sein überschäumendes Temperament. Seither habe ich ihn nie mehr gesehen, nie mehr etwas von ihm gehört, außer dem Gerücht, er habe später auch gedeckt. Ein Amputationsschmerz blieb.

Die Mönchengladbacher Brüder freuten sich über die Erhebung. Die Loge hatte seit vielen Jahren keine Zugänge. In Deutschland existieren etliche Logen, die Jahrzehnte im eigenen Saft schmoren. Wenn man lange unter sich ist, fällt es unsäglich schwer, Neue zu integrieren. Kein Wunder, dass es eine Menge kleiner Logen gibt, die nur noch aus 15 oder zehn Brüdern bestehen und deren Altersdurchschnitt weit über 60 liegt.

Meine erste große Enttäuschung hatte ich hinter mir. Für mich stellte es ein Rätsel dar, weshalb sich Freimaurer, die das Banner der Brüderlichkeit in der Öffentlichkeit hochhalten, untereinander so zerstritten sein können, dass sie nur mit Hass agieren. Mit diesen neugewonnenen Erkenntnissen wechselte ich nach Mönchengladbach. Der Logenmeister terminierte meine Erhebung für den 26. April 2000. Der Tag kam schneller als geglaubt. Vielleicht war es gut, dass ich nicht mehr viel Zeit zum Nachdenken hatte. Aus Köln kamen besuchende Brüder. Alfred hatte meine Bürgschaft übernommen.

## DIE MEISTERERHEBUNG

Nichtmaurer Dieter A. Binder beschreibt die Erhebung pathetisch: „Der Geselle erlebt die Identifikation mit dem ‚Meister Hiram', dem vorbildlichen Menschen. Im Grabe erfolgt die Läuterung; er wird vorbereitet auf die große Wandlung. Abstreifen des alten Adam und Geburt des neuen Menschen."

Im Grunde ist es nichts anderes als eine Totenbeschwörung. Während des Verwesungsprozesses wird der Tote durch die Magie des Meisters vom Stuhl wieder zum Leben erweckt. Diese freimaurerische Recyclingidee erinnert stark an die Reinkarnationslehren antiker oder fernöstlicher Religionen. Damit steht auch das Meisterritual in krassem Gegensatz zur Auferstehung im Christentum. Was hat es mit Hiram Abif auf sich? Wir finden ihn als Randfigur im Alten Testament: „König Salomo ließ Hiram aus Tyrus kommen." Dieser Hiram stattet den Tempel aus und: „Er formte die zwei bronzenen Säulen" (1. Könige 7,15). „Die eine Säule stellte er auf die rechte Seite und nannte sie *Jachin,* die andere auf die linke Seite und nannte sie *Boas*" (1. Könige 7,21) In Buch der Chronik (2,13) ist nachzulesen, Hiram Abif „versteht es, Arbeiten in Gold, Silber, Bronze, Eisen, Stein, Holz, rotem und blauem Purpur, Byssus und Karmesin zu auszuführen, alle Gravierungen zu besorgen und jeden Plan zu entwerfen, der ihm aufgetragen wird ..."

Friedrich Schlegel deutet den Namen Hiram freimaurerisch: „*H*ic *I*esus est *r*esurgens *a* *m*ortuis", übersetzt: Hier ersteht Jesus von den Toten auf. Hiram ist", schrieb Schlegel weiter, „aller Wahrscheinlichkeit nach der in den alten Mysterien bekannte und verehrte Todesgott des neuen Lebens Dionysos oder Osiris. Es ist Christus als Idee vor und außer dem Christentum." Die biblische Tradition dient insofern als Hintergrunddekoration zur Verschleierung eines anderen Inhalts. Wir stoßen immer wieder darauf: Die Freimaurerei hat in letzter Konsequenz mit den alten Kulten und deren Lehren zu tun. Angefangen vom 1. Grad mit dem „Erkenne dich selbst" bis zur Gleichsetzung aller Religionen im 32. Grad.

„Verliere nie die Zuversicht", sagt der Vorbereitende Bruder in der Dunklen Kammer. Zur gleichen Zeit schlägt der Zeremonienmeister vor dem Tempel dreimal mit dem Zeremonienmeisterstab auf und ruft die Brüder zur Ordnung.

Den Tempel, jene maurerische Parallelwelt, betreten sie mit den Schritten der Meister, eine ulkig aussehende Abfolge von drei ungelenken Ausfallschritten, die von Monty Python wundervoll in einem Sketch parodiert wurden.

Das echte „Ritual III der Großloge der Alten Freien und Angenommenen Maurer von Deutschland" drückt es kurz und schmerzlos aus:

Meister vom Stuhl: Wohin führte dein Weg?
1. Aufseher:   Vom Winkel zum Zirkel.
Meister vom Stuhl: Was geschah mit dir?
1. Aufseher:   Ich ging durch die Pforte des Todes und gewann neues Leben.

So startet das zentrale Mysterienspiel der Freimaurer. Der Meister vom Stuhl weist darauf hin, dass die Stille des Todes in den Tempel eingekehrt sei, und mahnt: „Schau über dich – einsam der Stunde des Todes getrost entgegenzusehen, das ist die Kunst des Meisters."

Ich erklärte mich bereit, eine schwere Prüfung zu akzeptieren. Die beiden Aufseher traten heran. Der 1. Aufseher riss nach dem Hammerschlag des Meisters meinen Gesellenschurz herunter und warf ihn in eine Ecke. Dann gab er mir einen Totenschädel in die Hand. „Eines Tages muss jeder Mensch seine letzte Reise antreten", sagte der Logenmeister bedeutungsschwer.

Mit einem Hammerschlag begannen die Meisterreisen. Im Osten angekommen hörte ich aus dem Mund des Meisters: „Mensch werde wesentlich, denn wenn die Welt vergeht, so fällt der Zufall weg, das Wesen, das besteht."

Da war er wieder. Mein Lieblingssatz. Schloss sich da ein Kreis? Die wenigsten Maurer wissen, dass dieser Satz von Angelus Silesius aus dessen „Cherubinischen Wandersmann" stammt. Wieder im Westen angekommen, drehte mich der Zeremonienmeister mit einem Ruck herum. Zwölf

Gongschläge ertönten, ich sah den Sarg. Einen Kindersarg, den ich mit den oben erwähnten ungelenken Schritten zu überschreiten hatte. So führten mich die Aufseher an den Altar. Der Meister vom Stuhl rief nach einem Hammerschlag den Großen Baumeister aller Welten um Hilfe an. „Gib, dass dieser Geselle ein Nachfolger Hirams werde …"

Die Erneuerung meines Gelöbnisses folgte – und die Hiram-Legende, vom Redner vorgetragen: „Als Hiram an das östliche Tor kam, vertrat ihm der erste den Weg und forderte drohend das Wort. Ruhig erwiderte der Meister, dass er es auf diese Weise nicht erlangen werde. Nur die Zeit und seine geduldige Arbeit könnten es ihm verschaffen. Unzufrieden mit dieser Antwort, schlug ihm der Geselle mit dem Maßstab quer über die Gurgel."

Der zweite Aufseher versetzte mir diesen Schlag. Weiter wurde gesagt, dass Hiram zum südlichen Tor auswich, vom zweiten Gesellen gefragt, dann bedroht wurde und durch einen Schlag mit dem Winkelmaß auf die Brust ins Taumeln geriet. Der erste Aufseher führte den Schlag aus.

„Schwer getroffen floh Hiram zu dem Tor im Westen. Dort stellte sich ihm der dritte Verschwörer in den Weg und forderte das Meisterwort von ihm. Den Tod vor Augen blieb der Meister standhaft und empfing mit dem Spitzhammer den tödlichen Schlag auf die Stirn."

In diesem Moment rissen mich die beiden Aufseher ruckartig zu Boden. Ich fiel, ohne hinzufallen. Ich sah, wie sie eine Decke nahmen. Ihre Gesichter blieben reglos. Ich sah einen dunklen Raum, hartgefroren wie ein unterirdischer Gletscher. Sie legten die Decke über mich, so dass es um mich dunkel wurde. In meine rechte Hand gaben sie einen Akazienzweig und winkelten den Arm im Gesellenzeichen auf meine Brust. Dann zogen sie mein rechtes Bein an. Es gibt Abbildungen, die den altägyptischen Osiris so darstellen. Ich fühlte eine innere Glättung. Eine Stille, so tief, dass sie jedes Geräusch verschluckte. Das ist also das Gesicht des

Todes, dachte ich. Er hatte in Form der Hiram-Legende zu mir gesprochen und mir deutlich zu verstehen gegeben, dass meine Zeit bemessen ist. Aber das konnte nicht die „Dunkle Nacht der Seele" sein, von der die christlichen Mystiker sprechen, denn ich fühlte keine Gnade, ich hörte nur das Hacken von Schritten, den unerbittlichen Sekundentakt einer Uhr. Ich atmete schneller. Die Tatsache meines Atmens sagte mir, dass ich mich noch diesseits der Grenze befand. Aber die Stille sagte mir, dass ich bereits dem Tod verfallen war. Während ich daran dachte, wie es ist, wenn einem der Tod im voraus gegeben ist, glaubte ich zu fühlen, dass mein Körper in eine Tiefe hinabgezogen würde, als hätte ein Vakuum die Luft um mich abgesaugt. Jetzt spürte ich die Macht der Freimaurerei. Ich riss die Augen auf, als ich die stockende Stimme des Meisters vom Stuhl hörte: „So will ich versuchen, ihn mit den fünf Punkten der Meisterschaft erheben."

Er setzte „Fuß gegen Fuß", „Knie gegen Knie", fasste meine rechte Hand mit seinen gekrallten Fingern, dem Meistergriff, zog mich hoch, „Brust gegen Brust", und legte seine Hand über die Schulter des Erhobenen. Das waren also die fünf Punkte der Dreipunktebrüder. Er flüsterte mir ins linke Ohr: „Mac Benag", ins rechte: „Er lebt im Sohne". Seine Worte hallten wie ein düsteres Dröhnen durch meinen Körper. Ich stand sprachlos in seinem Arm. „Mag Benag", wie die Spirale eines Echos zog sich der Ausspruch. Was war das? Ein Wort zwischen Hohlräumen, zwischen Leben und Tod – oder musste man sagen, das Nichts? Die Freimaurerei, war sie etwas anderes als die Auferstehung der Erscheinungen? Plötzlich konnte ich dem Nirwana der Buddhisten Bedeutung abgewinnen. Ich war ergriffen, die kurzzeitige Angst war nur selbst ausgedacht, ein Feuerwerk der Gefühle. Das konnte auch im Straßenverkehr passieren, wenn jemand zu dicht auffuhr. Der Tod lauert überall, keine Frage. Dann ließ er mich los, der Meister vom Stuhl: „Das Dunkel der Trauer ist gewichen, das helle Licht wiedergekehrt."

Ähnliche Erlebnisse wie bei der Aufnahme in den Freimaurerbund macht mancher Pfadfinder in einer Ferienfreizeit. Danach hat man dann Whiskey getrunken und über die vermeintliche Mutprobe gelacht. Durch dieses Ritual war etwas geschehen. Ein inneres Ausrufungszeichen wurde gesetzt, doch es blieb das ungelöste Rätsel nach dem Wesenskern der Freimaurerei.

Während ich meine Eindrücke ins Tagebuch eintrug, fiel mir ein Sketch des früh verstorbenen englischen Komikers Marty Feldman ein. Als Marktschreier verkleidet, zieht er allmorgendlich einen Lastkarren eine abschüssige Straße hinunter. Sorgsam ist dieser Karren mit Tüchern verdeckt. Marty Feldman ruft unablässig: „Habadababa." Die Passanten rätseln Tag für Tag, was für ein merkwürdiges Gut unter den Tüchern liegt. Eines Tages spricht ein Passant Marty Feldman an, der nur hilflos die Arme hebt und „Habadababa" sagt. Diese Szene wiederholt sich einige Male, bis der Passant schließlich wütend die Decken vom Karren reißt. Die Ladefläche ist leer. Marty Feldman schaut arglos und sagt achselzuckend: „Habadababa."

Ich habe kaum einen Bruder erlebt, der nicht ähnliche Überlegungen anstellte. Das Verrückte dabei, du kritisierst, aber willst dich nicht irren. Permanente Rechtfertigungsversuche werden zur Maske der Gottesferne, die sich unter dem Panzer des Tempels der Humanität verbirgt. Die Fragen nach dem eigentlichen Geheimnis bleiben. Warum ließ Großmeister Goethe nach dem Schädel seines Dichterfreundes Schiller graben? Nur um ihn auf seinen Schreibtisch zu stellen? Mit Toten spricht sich's schlecht. Warum wurde Mozarts Leichnam rasch in einer namenlosen Armengruft verscharrt? Warum spielte vom ersten Moment in der Kammer der verlorenen Schritte an der Tod eine so große Rolle? War die Freimaurerei am Ende nichts anderes als eine Kultur des Todes? Vielleicht schmückte sie sich mit großen Namen wie ein Pfingstochs, um ihre schwarzen Stellen zu übertünchen.

Denn eins zeigt sie nie, auch nicht dem Eingeweihten – ihr wahres Gesicht. Es ist ihr lieber, wie eine alternde Diva zu erscheinen, die sich für junge Liebhaber aufbrezelt, statt klar zu sagen, weshalb sie ihren ritualistischen Mummenschanz eigentlich noch mit sich herumschleppt. Wir haben in den Logen leidenschaftlich darüber diskutiert, aber immer ging es nur um die Frage, was die Freimaurerei sein könne. Trotz aller Kritik glaubte ich an die Großartigkeit der Idee. „Irgendwann wirst du das hohle Gerede durchschauen. Die Freimauerei besteht aus einem Dickicht vermeintlicher Wahrheiten. Am Ende verirrt sich der einzelne in einer Wüste", hatte Wolfgang gesagt. Das lag schon eine Weile zurück, doch die Worte echoten in mir.

# Teil III

# Von Mensch zu Mensch

## Weg ohne Ziel

Fast jede Logen-Homepage teilt selbstreferentiell mit, dass sie etwas mitteilt, das auf einer anderen Freimaurer-Internetseite zu finden sei. Ähnlich ist es bei den meisten Büchern über die Freimaurerei. Die Verpackung suggeriert, sie sei der Inhalt. Diese Masche findet sich häufig bei Freimaurern oder Menschen, die sich damit beschäftigen. Man zitiert überwiegend Werke, die aus einem gehörigen Zitatenschatz bestehen. Selbst die lesenswerten Bücher von Binder, Reinalter oder Gößling beinhalten nicht selten Zitate von Zitaten von Zitaten. Die Wiederverwertung von Meinungen, Gerüchten und Klischees erfolgt in Überschallgeschwindigkeit. So ist ein masonisches Paralleluniversum entstanden, das sich bestens aus sich selbst heraus nährt. In dieses Bild passt, dass jeder Freimaurer die ungeheuere Wichtigkeit der Maurerei betont. Das muss er allein aus Selbstachtung und um sich zu höheren Weihen berufen zu fühlen. Dabei ist nichts mehr geheim, nicht einmal jene Kulthandlung im Tempel, die nur noch von Freimaurerseite das Licht der Öffentlichkeit scheut, andererseits munter per Buch und Internet verbreitet wird. Immerhin kann die Maurerei durch ihr nach außen aufrechterhaltenes Arkanum in ihre vermeintlichen Geheimnisse noch mehr hineingeheimnissen. Wie wir gesehen haben, gehört zum Mysterienarsenal der Freimaurer vor allem die Blendung. Deshalb schießen Spekulationen wild ins Kraut, und jeder Autor muss die Macht der angeblichen Geheimgesellschaft zur weltbedrohlichen Wichtigkeit aufblasen. Die Freimaurer genießen das. Wenigstens werden sie so in der Öffentlichkeit wahrgenommen. Nicht ganz unverständlich, denn das letzte Band, dass die ehemals elitäre Bruderschaft noch hält, ist der Stolz darauf, besonders wichtige Geheimnisträger zu sein. Nur das Geheimnis ist kein Geheimnis. Bereits 1861 schreibt Josef Schauberg im Vorwort zu seinem „Vergleichenden Handbuch der Symbolik der Freimaurerei": „Unsere Gebräuche sind durch den Druck der Welt bekannt geworden: ihre Geheimhaltung kann also durch keinen Eid mehr versprochen werden. Das einzige Geheimnis, was noch in der Bruderschaft liegt, ist das Wesen und die Tendenz der Freimaurerei, und die Geschichte ihres Ursprungs und ihrer Fortschritte. Wer das Wesen und die Tendenz der Freimaurerei unter Leitung unserer Symbole in seinem Innersten gefunden hat, der kann es durch Aussprechung nicht entheiligen; denn er wird von denen, die es noch suchen, nicht verstanden."

Das ist nicht mehr viel. Eigentlich ist es gar nichts. Stellen wir einen Vergleich an: Wenn mit „erlebbar" gemeint ist, sich zum besseren Menschen zu entwickeln, findet man ein weitaus größeres Angebot außerhalb der Logen. Kirchliche Einrichtungen bieten von Managerseminaren in Klöstern bis zu Meditationsgruppen, Bibelkreisen, Selbsthilfegruppen mit und ohne geistliche Betreuung ein Vielfaches von dem, was eine Loge jemals bieten kann. Wem das kirchliche Angebot zu religionsgebunden erscheint, der belegt bei einer der vielzähligen öffentlichen Einrichtungen Selbsterfahrungsseminare bis hin zur Encounter-Gruppe. Eins ist sicher, diese Angebote kosten weniger und sind obendrein effektiver als die Arbeit am rauhen Stein. „Stop", wird nun der Freimaurer rufen, „wir sind keine Selbsterfahrungsgruppe, kein Geschäftsanbahnungsinstitut, kein Geselligkeitsverein, keine Esoterikgruppe, keine Religion, keine Glaubensrichtung – kein, kein ..."

Wenn man heute ein Küchengerät erwirbt, hat es unzählige Funktionen: pressen, mahlen, mixen, rühren, mischen, und womöglich hat es noch eine Handyfunktion. Die Freimaurerei steht im entgegengesetzten Verhältnis dazu. Was sie ist, wenn ihre aufgeblasene Hülle einmal zusammengefallen ist, das erinnert stark an den „Habadababa"-Sketch von Marty Feldman.

Das Problem an Verschwörungstheorien ist, dass sie immer einen Funken Wahrscheinlichkeit enthalten. Bei ihren Anhängern beschwören sie das Gefühl des Eingeweihtseins herauf. Mit derselben Illusion spielt die Freimaurerei. Die Hoffnung besteht in beiden Fällen darin, dass aus dem Funken Wahrscheinlichkeit ein Feuer wird. Augenscheinlich zumindest ist dies: Die französische und italienische Freimaurerei war im 19. Jahrhundert durch antiklerikale und geheimbündlerische Aktivitäten geprägt und machte diese öffentlich. Freimaurerischer Einfluss auf den laizistischen Staat (insbesondere in Frankreich und Lateinamerika) ist ebensowenig von der Hand zu weisen wie die Machenschaften der italienischen Terror-Loge P2. Ob hingegen der seltsame Tod des ehemaligen Schleswig-Holsteinischen Ministerpräsidenten Uwe Barschel ein Ritualmord gewesen ist, bleibt müßige Spekulation. Fest steht, es gibt in der Freimaurer kein Badewannenritual, obwohl auch – Verschwörungsfans aufgepasst! – der französische Revolutionär und Logenbruder Marat im Badezuber ermordet wurde.

Es wäre grundlegend falsch, die Frage nach Verschwörungen nicht zu stellen. Sie ist anders, elementarer zu stellen. Wie einfach wäre eine Welt, in der sich ein paar böse Onkels in dunklen Kammern treffen, geheimnisvolle unterirdische Gottheiten anbaggern und ihnen zum Opfer Menschen und Dollars verbrennen. Im Grunde geschieht nichts anderes in jeder Weltwirtschaftkrise oder jedem Krieg. Was läge näher als die Vermutung, dass finstere Mächte alles vorher schon geplant haben, vom Aufgang der Sonne bis zum Untergang des Abendlandes? Das Leben erhält so etwas ungeheuer Berechenbares. Gerade in unsicheren Zeiten, wo man sich ideologisch und wirtschaftlich auf schwankendem Grund befindet. Ich las letztens eine Verschwörungstheorie – es ging um die bekannten Vorwürfe gegen Freimaurer, Juden und die katholische Kirche –, vor der habe ich den Hut gezogen. Das heißt, ich habe ihn andauernd gezogen, weil der ganze Text ein Zitatenbrei war und ich lauter alte Bekannte traf, von Ludendorff über Dan Brown, Baigent und Leigh bis zu van Helsing. Vor allem war der Autor beseelt vom messianischen Ehrgeiz, die Welt zu retten. Putzig sein Schlusssatz, er wünsche, sein Buch werde ein Megaseller, damit die Menschheit endlich die Wahrheit erfährt. Nichtmaurer Schiller schreibt: „Was kein Verstand der Verständigen sieht, das übet in Einfalt ein kindlich Gemüt." Der Verschwörungstheoretiker muss einfach querdenken, bis es quietscht, das ist sein Problem. Da kann schon mal aus dem Vatikan eine Geheimloge werden und aus dem Papst ein Freimaurer-Großmeister. Nietzsche lebte nicht schlecht von seiner geistigen Umnachtung, aber er konnte wenigstens schreiben. Je nun, überall lauert das Verschwörungsgespenst – und die Theorien, die es verbreitet, funktionieren nach immergleichem Muster. Es gibt eine Verschwörungstheorie, auf die bis jetzt noch keiner gekommen ist! Wäre es nicht möglich, dass im Sport alle Ergebnisse im Vorfeld besprochen sind? Beispielsweise im Fußball, wo es um viel Geld geht, nicht nur um Millionengehälter, auch um hohe Wettbeträge. Um dieses System zu kontrollieren, könnten Drahtzieher in den Thinktanks der Sportverbände Szenarien entwerfen. Einige Schiedsrichter, die zum inneren Kreis gehören, würden entsprechend gebrieft. Zudem sind Schiedsrichter durch Kopfhörer und Mikro während des Spiels mit einem Spielbeobachter verbunden. So könnten sie mit Regieanweisungen versorgt werden, um notwendige Korrekturen vorzunehmen. In Wahrheit wären demnach UEFA und FIFA ein Geheimbund, der nach eigenartigen Ritualen funktioniert: Meistens Nachmittags treffen sich 22 (man beachte die Zahl, die in der Kabbala Mythisches bedeutet!) kurzbehoste Menschen, die auf einem Rasengeviert einem runden Spielgerät hinterherjagen, um dieses in viereckige, netzumspannte Kästen unterzubringen. Diese Männer werden kontrolliert von drei Menschen, von denen die beiden, die an den Längslinien des Rasens entlanglaufen, eine Fahne tragen. Ein anderer, der Oberguru, hat eine Pfeife im Mund und die Macht, die 22 kurzbehosten Hin- und Herläufer zu richten. Das tut er gestenreich, und manchmal schickt er ein Rauhbein vom Feld wegen brutaler Fußtritte, Bodychecks oder Boxeinlagen. Menschenopfer hatten ihren festen Platz in der Antike, in der Postmoderne einstweilen noch nicht. Die Fußballverschwörung, eine absurde Theorie? Nehmen wir die sogenannte „Bielefeld-Theorie". Sie besagt, diese Stadt existiere nicht. Autokennzeichen, Ortsschilder, Bahnhalte seien fingiert. Diejenigen, die an die Existenz dieser ostwestfälischen Stadt glauben, seien entweder einer Gehirnwäschen unterzogen worden oder einer Fata Morgana aufgesessen.

Verschwörungstheorien sind wie Gummi, sie lassen sich in alle Richtungen ziehen. Vor allem lassen sie sich weder wiederlegen noch beweisen. Falls sie sich als Irrtum erweisen, wird jeder Verschwörungstheoretiker genau daran ihre Echtheit erkennen. Illuminaten sind ein Lieblingsthema. Angeblich beherrschen sie die Welt, obschon sie seit 1785 nicht mehr existieren. Offiziell nicht, wird jeder Verschwörungstheoretiker einwenden. Diese Geheimen Oberen sind so geheim, dass nur abstruse Theorien ihre Existenz belegen können. Dan Brown, amerikanischer Bestsellerautor, hat sich erfolgreich des Themas angenommen. In seinen Romanen „Illuminati" und „Sakrileg" hat er altbekanntes Verschwörungspalaver ausgequetscht und mit Fantasy-Quark zusammengemixt. Nur eine Szene aus „Illuminati" sei erwähnt: Der Kämmerer des verstorbenen Papstes ist dessen leiblicher Sohn aus der Verbindung mit einer Ordensfrau. Gezeugt wurde er durch künstliche Befruchtung, weil Papst und Nonne Keuschheit bewahren wollten. Geschrieben ist diese Unliteratur nicht etwa als Satire, sondern als Thriller. Die Lektüre erfolgt auf eigene Gefahr, der Verlag reicht keine Schmerzmittel für empfindsame Leserinnen und Leser. Browns neuer Roman „The Lost Symbol" wird ebenfalls diesem Gaga-Konzept folgen und in den Hitlisten ganz oben stehen. Das offenbart mehr über den geistigen Zustand der Postmoderne als Neil Postmans Zeitkritik.

Weniger ein Mangel an Romantik, als vielmehr die Angst vor Logik und Ratio bestimmen die Verschwörungstheorien. Um so schändlicher, dass sie nicht selten antisemitisch sind. So sollen die „Protokolle der Weisen von Zion" angebliche Weltherrschaftspläne beweisen. Sie erschienen Anfang des 20. Jahrhunderts. Dass es sich dabei um einen Cocktail aus einer alten französischen Satireschrift gegen Napoleon III. von 1865 und einem 1868 erschienenen Roman handelt, kann die Verschwörungsfans nicht überzeugen.

Abseits aller Verschwörungsthesen gibt es aber auch Beweise für den politischen Einfluss der Freimaurer. Sie gestalteten nicht nur federführend die Französische Revolution. 1848 musste Papst Pius IX. im Zuge einer nachweislich von Freimaurern angezettelten Revolte vorübergehend aus Rom fliehen. Egal, wo im 19. Jahrhundert ein Aufruhr stattfand, als verlässliche Partner dabei: die Freimaurer. Böse Zungen behaupten, die Freimaurer trügen bei ihren Ritualen nur deshalb weiße Handschuhe, damit man ihre schmutzigen Hände nicht sieht.

# Die Satansgesänge der Freimaurer

Was die offizielle Freimaurerei geflissentlich unterschlägt, ist die Tatsache, dass sich führende Freimaurer kirchenfeindlich bis zum nackten Hass äußerten. Beispielsweise der italienische Großmeister Carducci in seiner „Satanshymne": „Und schon erzittern Mitren und Kronen: Heil dir, o Satanas, o Rebellion, o rächende Kraft der Vernunft". In dieser Hymne wird Satan als kommender Messias begrüßt, als Symbol der Macht und der Vernunft. Satan, heißt es hymnisch weiter, habe über den Christengott triumphiert, der aus der Sicht von Carducci für Unterdrückung und Unvernunft steht. Diese Hymne spielt in der italienischen Freimaurerei eine wichtige Rolle. Giosuè Carducci (1835–1907) ist kein Unbekannter, 1906 erhielt er den Nobelpreis für Literatur. Gewiss, wird man beschwichtigend sagen, ein solches Gedicht ist nur aus der Zeit heraus zu verstehen. Doch wer nicht gänzlich unter Geistesschwindsucht leidet, weiß zwischen Gott und Teufel zu unterscheiden. In einem Zeitalter, in dem man kaum noch etwas wörtlich nimmt, wird allerdings auch dieses Erklärungsverhalten relativiert. In meiner Zeit als Freimaurer verhielt ich mich nicht anders. So konnte ich die Tatsache, dass jene Arie bei der Tafelloge einer italienischen Loge geschmettert wurde, damit erklären, dass der offizielle Teil beendet war. Schließlich hatten nur einige gesungen, und man war in weinseliger Stimmung. Weit mehr als die Hälfte aller Freimaurer reden sich auf diese Art ihren Verein schön und lutschen zur Beruhigung Humanitäts- und Toleranz-Drops. Allein, das schlechte Gefühl, dass den lauteren Bruder überfällt, lässt sich auf Dauer nicht betäuben. Als Realität bleibt: „In der Zeit zwischen 1821 und 1884 gab es acht päpstliche Erklärungen, die ausdrücklich gegen die Freimaurerei, bzw. gegen die mit der Maurerei fälschlich gleichgesetzten Carbonari gerichtet waren", schreibt der Wissenschaftler und Freimaurer Reinalter ganz richtig. Die

Carbonari, zu deutsch „Köhler", das war ein freimaurerähnlicher Geheimbund im Italien des 19. Jahrhunderts. Durchaus gab es Unterschiede zwischen den beiden. In der Freimaurerei wurde ein abstrakter Humanismus verkündigt, in der als Freiheitsbewegung getarnten terroristischen Vereinigung „Carbonaria" predigte man die Vernichtung von Kirche und Staat. Das lässt Reinalter in seinem Buch „Die Freimaurer" (2000) geflissentlich unerwähnt, widerspräche es doch der öffentlich zur Schau getragenen Überparteilichkeit. Immerhin gab es laut „Internationalem Freimaurerlexikon" „in dieser Freiheitsbewegung auch viele Freimaurer, wie eben den großen italienischen Patrioten Mazzini" – und im übrigen den oben erwähnten Hymnendichter Carducci. Diese Verbiegung der Optik finden wir öfter. Um die Freimaurerei reinzuwaschen, stellen sie befangene Historiker als hehren Freundschaftsbund dar. Eine recht diabolische Großtat des humanitär-toleranten Freundschaftsbundes ereignete sich im Oktober 1917. Zu ihrer 200-Jahr-Feier entrollten italienische Freimaurer auf dem Petersplatz unter den Fenstern des Vatikans ein Satansbanner, auf dem eine verzerrte Darstellung des Erzengels Michael zu erkennen war, den Luzifer zu Boden warf. „Satan muss herrschen im Vatikan, und der Papst muss sein Sklave sein!", stand auf einem Transparent. „Man sah Prozessionen, die unter Absingen der Hymne Carduccis, das Satansbild voran, einherzogen", schreibt Alec Mellor. Von dieser antichristlichen Sponti-Aktion will man heute in den Reihen der bürgerlichen Freimaurerei nichts mehr wissen. Wie fordern die Alten Pflichten: „Obgleich in alten Zeiten die Maurer verpflichtet waren, in jedem Lande von der jeweiligen Religion des Landes oder der Nation zu sein, so hält man doch jetzt für ratsam, sie bloß zu der Religion zu verpflichten, in welcher alle Menschen übereinstimmen und jedem seine besondere Meinung zu lassen". Lassen sich damit Kritiker wiederlegen, die sagen, dass die Freimaurer Satan anbeten?

Augenzeuge der freimaurerischen Satans-Demonstration von 1917 war ein junger Theologiestudent aus Polen. Maximilian Kolbe entschloss sich aufgrund dieser Ereignisse, einen Kampfbund Mariens zu gründen. So entstand die „Miliz der Immakulata", die 1918 von Papst Benedikt XV. gesegnet, 1922 als „fromme Vereinigung" und 1927 als „Erzbruderschaft" kirchenrechtlich errichtet wurde. Gott braucht nicht so sehr Verschwörungstheoretiker, sondern Menschen, die seine Liebe bezeugen.

Im Alleingang erschütterte ein anderer Freimaurer die Welt: Gabriel Antoine Jogand, linksradikaler Freidenker, schoss mit scharfer Verbalmunition auf den Klerus. 1881 trat er einer Freimaurerloge bei und später wieder aus, wobei er weiterhin Kontakt zu seinen Brüdern hielt – und der Austritt nie offiziell bestätigt wurde. 1885 konvertierte er zum Katholizismus. 1886 veröffentlichte er die „Révélations complètes sur la franc-maçonnerie". In diesem größtenteils seiner Phantasie entsprungenem Opus schilderte er ausführlich „luziferianische Orgien", wo so mancher Zirkel im Winkelmaß verschwunden sein soll. Durch den Erfolg ermutigt, legte er unter dem Pseudonym Leo Taxil erst richtig los. Er schrieb zahlreiche antisatanistische Artikel, brachte es zu einer eigenen Zeitung und erhielt sogar eine Privataudienz bei Papst Leo XIII. Zusammen mit dem ehemaligen Schiffsarzt und Journalisten Charles Hacks (Pseudonym Doktor Bataille) verfasste er das etwa 1800 Seiten starke Werk „Le diable au XIXème siècle". Je absurder die Stories wurden, desto bereitwilliger schluckten die sensationshungrigen Leser den dargebotenen Stoff. Mit geflügelten, klavierspielenden Krokodilen wartete er auf, sowie einer vermeintlichen Satanspriesterin namens Diana Vaughan. Diese war, laut Taxil, mit dem Dämonen Asmodeus verlobt, der ihr anlässlich der Verlobung den entwendeten Schwanz jenes Löwen überreicht haben soll, der dem Apostel Markus beigesellt ist. Tröpfchen für Tröpfchen sickert dieses Verschwörungsgift in die Köpfe des staunenden Publikums. Am 25. Februar 1897 erschienen die Memoiren jener Diana Vaughan. Darin kündigte sie an, dass sie sich am Ostermontag des gleichen Jahres der Öffentlichkeit vorstellen wollte. Der Klerus überhörte kritische Stimmen, die darauf hinwiesen, dass der obskure Doktor Bataille schon vor Monaten in der „Kölnischen Volkszeitung" in einem Interview gesagt hatte, die Bücher seien nur entstanden, „um aus der bekannten Leichtgläubigkeit und der unergründlichen Dummheit der Katholiken Geld zu schlagen". Ostermontag 1897. Der Saal der Geographischen Gesellschaft in Paris ist überfüllt mit Katholiken, Freimaurern und einer gierigen Journaille. Statt der Satanspriesterin erschien der Monsieur Taxil und tat dem staunenden Publikum kund, dass er den ganzen Schwindel erfunden habe. Die Versammlung hätte zu Mord und Totschlag führen können, hätte nicht die vorsorglich alarmierte Polizei das Schlimmste verhindert, überliefern die Chronisten. Die Bekämpfung politischer Gegner durch den Satanismusvorwurf erlahmte. Die Kirche als gebranntes Kind scheute nun das Feuer. Die einzigen, die vom Taxil-Schwindel gehörig profitierten, waren die Freimaurer. Offiziell hielten sie sich heilig und ansonsten aus allem heraus. Haben sie vielleicht doch bei dem ganzen Spektakel im Hintergrund mitgemischt? Man wird wohl noch fragen dürfen.

Manche Fragen lassen sich am ehesten mit einem kindlichen Gemüt beantworten. Heute überwiegt in der deutschen Freimaurerei humanitärer Smalltalk. Am schlimmsten jedoch sind die Vereinsmeierei und das Satzungsgequatsche. Oft, wenn ich mit Brüdern nach Beamtenrats- oder Vorstandssitzungen zusammensaß, sagten wir uns: Wenn einer der Verschwörungstheoretiker sehen könnte, mit welchem Kleinkram sich die Freimaurerlogen beschäftigten. Übrigens, es wäre nicht schwierig, in eine Freimaurerloge hineinzuschnuppern.

... hätte es leicht, wenn man sich vergegenwärtigt, wieviel Aufwand Enthüllungsjournalist Günter Wallraff auf seine Rollen verwendete. Der Mann, der bei „Bild" Hans Esser war, legte sich zu diesem Zweck eine komplett andere Identität zu und ließ sein Äußeres gravierend verändern. Soviel Mühe wäre nicht nötig, um sich Zugang zu einem Freimaurer-Tempel zu verschaffen.

Mit Leichtigkeit erwirbt man sämtliche freimaurerische „Devotionalien" im Internet. Auch „Die Bauhütte" in Bonn fungiert als Fan-Shop und preist alle möglichen Utensilien an. So wie Fußballfans ihre Identität über Schal und Mütze in Vereinsfarben und Vereinsfahne definieren, definieren Freimaurer ihre Identität über Siegelring, Winkelmaß-und-Zirkel-Sticker oder Krawatte mit selbigem Emblem. Fraglos wirken diese Utensilien dezent, denn man outet sich selbstverständlich nicht offiziell als Mitglied der diskreten Gesellschaft. Man ist schließlich, im Gegensatz zum ordinären Fußballfan, Geheimnisträger. Ein Tatbestand, der bei manchem Eingeweihten dazu führt, die Hand mit dem Maurerring auffällig in Sichtweite zu bringen. In einem Comic würde ein Pfeil den Finger wie durch eine Lupe vergrößert zeigen. Inschrift: „Trägt Freimaurerring – glotz, glotz, ganz wichtig!"

Nein, ein Enthüllungsjournalist müsste kein freimaurerisches Geheimnis fürchten, denn es gibt keins mehr. Alles, was sich im Tempel abspielt, ist längst mehrfach detailliert beschrieben. Weniger durch die sogenannten Verräterbücher, als durch die Freimaurer selbst – oder durch Schriften wie Will-Erich Peukerts „Geheimkulte", wo die Aufnahmebräuche und die Arbeit in der Loge genau beschrieben sind. Manchmal ist die Geheimniskrämerei der Freimaurer so absurd, dass man sich darüber wundert, warum sich nicht endlich ein Maurer auf den Marktplatz stellt und ausruft, man habe keine Geheimnisse. Alles, was die Menschheit noch nicht über die Maçonnerie wisse, wolle er jetzt verraten, damit man endlich in der Öffentlichkeit dieses lästige Etikett der Geheimbündelei loswerde. Noch ist es nicht soweit, obschon man auch von Großlogenseite viel dafür tut. Wenn sich nun ein Enthüllungsjournalist vor Ort überzeugen wollte, müsste er sich lediglich die Maurerbekleidung besorgen: schwarzer Anzug, weißes Hemd, weiße Krawatte, Maurerschurz, Logenbijou, weiße Handschuhe. Fertig ist der Freimaurer. Bijous und Schurze lassen sich im Internet problemlos besorgen, notfalls sogar bei Ebay ersteigern. Ebenfalls Rituale und Lehrhefte. Da kann man sich im vorhinein gehörig auf den Ablauf einstimmen. Sodann suche man sich eine Loge aus, zum Beispiel in Köln „Ver sacrum", die im Internet gleich unter den bei Ebay zu ersteigernden Freimaurerutensilien verlinkt ist. Die Arbeitspläne stehen im Internet. Sollte der tatendurstige Enthüllungsjournalist tatsächlich vor der Tempelarbeit auf seine Freimaurerzugehörigkeit geprüft werden, was selten vorkommt, die Prüfungsfragen lassen sich in den „Lehrgesprächen" nachlesen. Da alles offenliegt, kann sich im Grunde jeder Zutritt zu einem Tempel verschaffen. Der Ablauf wäre in etwa wie folgt:

– Ich bin ein reisender Bruder und gerade auf Messebesuch.

– Welcher Loge gehörst du an?

Hier könnte eine kleine Hürde zu bewältigen sein. Normalerweise ist es üblich, dass der Meister vom Stuhl seinen Kollegen über einen bevorstehenden Besuch informiert. Der Enthüllungsjournalist sollte sich vorher ausdenken, welcher Loge er vorgeblich angehört. Eine Loge im Ausland ist eine prima Ausweichmöglichkeit, da beispielsweise ein deutscher Stuhlmeister bestenfalls Toast Hawaii, jedoch kaum eine Loge dort kennt.

„Der Zeremonienmeister wird euch prüfen", hallt es eventuell dem Neugierigen entgegen.

Der Enthüllungsjournalist geht mit dem Zeremonienmeister in einen stillen Raum und wird nach Zeichen, Wort und Griff (siehe Ritual) geprüft und bekommt Prüfungsfragen gestellt.

– Woran soll ich erkennen, dass du Freimaurer bist?

– An Zeichen, Wort und Griff und der besonderen Umstände meiner Aufnahme.

Weitere Prüfungsfragen lassen sich nachlesen. Der Enthüllungsjournalist hätte damit nicht nur einen leichten Einstieg, er hätte sogar die hohen Aufnahmegebühren und den Jahresbeitrag von 300 bis 600 Euro gespart. Natürlich könnte er auch ganz normal Mitglied einer Loge werden. Doch, hu!, das wäre weitaus weniger spannend als eine superheiße Verschwörungstheorie. „Wenn alles so offen ist, dann ist an den Gerüchten bezüglich Geheimbündelei nichts dran?" Die Frage hör' ich wohl. Nochmals die Larventheorie. Der wirkliche, machtvolle Geist, der von der Freimaurerei in den vergangenen Jahrhunderten ausging, hat sie verlassen. Übrigblieb eine Larve, die Freimaurerei, wie wir sie heute sehen. Zugegeben, das wäre auch eine perfekte Tarnung für eine diskrete Gesellschaft, die weit hinter den Bildern, die Maurer – und Nichtmaurer – sehen, ihre Fäden zieht. Aber gibt es nicht innerhalb der Freimaurerei eine Organisation, der machtvolle Taten nachgesagt werden? Ihr Name: „Alter und Angenommener Schottischer Ritus". Nur Auserwählte erhalten nach landläufiger Ansicht Zutritt. Die Schottengrade, so verrät uns das „Internationale Freimaurerlexikon", seien „die ersten um 1740 in der freimaurerischen Öffentlichkeit bekannt gewordenen Hochgrade" gewesen. Wobei der wache Zeitgenosse fürbass erstaunt zur Kenntnis nimmt, dass es wohl eine freimaurerische und nichtfreimaurerische Öffentlichkeit gibt. Wie auch immer, unter „Schottischer Maurerei" vermerkt selbiges Lexikon: „diese nahm in verschiedenstem Gewand, begünstigt durch alle möglichen Zeitströmungen, ungeahnten Aufschwung". Namentlich der latente Okkultismus unterstützte die rasche Ausbreitung der neuen Grade, ebenso die Phantastik der „immer reicher beflügelnden alchimistischen und kabbalistischen Ausdeutungen der Symbole." Erst nach der Französischen Revolution kam die Klärung: „Die Schottische Maurerei (...) erhielt für ihre Hochgrade gleich der englischen Maurerei ihre einheitliche Verfassung." Ein Geheimnis? Endlich ein Geheimnis?

## DER ALTE UND ANGENOMMENE SCHOTTISCHE RITUS ...

... baut auf den drei Graden der Johannis-Maurerei auf. Mellor schreibt von der „Aristokratie der Freimaurerei". Den Hochgraden des Schottischen Ritus ist vorgeblich der Apostel Andreas heilig, deshalb wird sie als Andreasmaurerei bezeichnet. Hier herrscht nicht mehr die Farbe blau, sondern rot. Die Logen der Hochgradfreimaurerei, genannt Ateliers, bearbeiten die Grade vom 4. bis zum 33. und haben ihre eigene, souveräne Oberbehörde, die „Jurisdiktion". Mitglieder des Schottischen Ritus sollen keinem Bruder der blauen Logen zu erkennen geben, dass sie den Hochgraden angehören. Diese „Geheimen Meister" (Ritus-Ritual) glauben fest daran, dass man sie nicht sieht. Lehren und Riten der Schottischen Maurerei sollen dem Durchschnittsfreimaurer unbekannt bleiben. Doch die „Eleusis", die Zeitschrift des „AASR", zumindest gelegentlich für den Normalo-Maurer erhältlich, outet Namen, Grade und Atelierzugehörigkeit sowie die Themen, die die Schottenwelt bewegen. Vorgeblich will der Schottische Ritus symbolisch die Entwicklung der Menschheit durchwandern, wobei deren ganze Entwicklung in drei Perioden eingeteilt wird: die „jüdisch architektonische", die „religiös christliche" und die „freiheitlich aufgeklärte" Periode. Nicht alle Grade des Ritus werden rituell bearbeitet, sondern die meisten mündlich mitgeteilt. Das Freimaurerlexikon verrät uns die Grade:

Zuerst die drei Johannisgrade, die nur in den blauen Logen abgearbeitet werden:

1. Lehrling
2. Geselle
3. Meister

Die Perfektionsgrade sind die Grade 4 bis 14. Außer in den USA werden in den meisten Ländern nur die Grade 4 und 13 rituell bearbeitet.

4. Geheimer Meister – hier geht es wie im 3. Grad um die Hiramlegende
5. Vollkommener Meister
6. Geheimer Sekretär
7. Vorgesetzter und Richter
8. Intendant der Gebäude
9. Auserwählter Meister der Neun
10. Erlauchter Auserwählter der Fünfzehn
11. Erhabener Auserwählter Ritter
12. Großmeister-Architekt
13. Meister des königlichen Gewölbes (Royal Arch)
14. Großer Auserwählter Vollkommener und Erhabener Maurer

Als wichtigster Grad gilt der 13., die Erkenntnisstufe des Königlichen Gewölbes. Hier findet der Blick auf den unaussprechlichen Namen des hebräischen Gottes (ה ו ה י = IOD HE VAU HE = JHWH) statt. Bausymbolik und Bausage der Freimaurerei erreichen im 13. Grad einen esoterischen Höhepunkt.

Die „religiös christlichen Grade" umfassen den 15. bis 18. und werden Kapitelgrade genannt. Das ihnen zugrunde liegende Ritual soll die christliche Periode der Menschheitsgeschichte versinnbildlichen, wobei die Kreuzzüge als Kulisse dienen.

15. Ritter des Degens
16. Prinz von Jerusalem
17. Ritter vom Osten und Westen

18. Ritter vom Rosenkreuz

In den meisten Ländern wird nur der 18. Grad rituell bearbeitet. Hauptsächlich gehen die Themen, Motive und Symbole der Kapitellogen auf biblische und christliche Traditionen zurück. Statt Christus steht der Mensch im Mittelpunkt, was sich auf dem Weg zum 30. Grad noch deutlicher herauskristallisiert.

19. Groß-Pontifex

20. Großmeister aller Symbolischen Logen

21. Noachite oder preußischer Ritter

22. Ritter der Königlichen Axt oder Prinz von Libanon

23. Meister des Tabernakels oder des Allerheiligsten

24. Prinz des Tabernakels bzw. des Allerheiligsten

25. Ritter der Ehernen Schlange

26. Schottischer Trinitarier oder Prinz der Gnade

27. Ritter-Kommandeur des Tempels

28. Ritter der Sonn oder Prinz-Adept

29. Großschotte des heiligen Andreas von Schottland

30. Ritter Kadosch (von *qadosch*, hebr.: „heilig")

Jeder der Grade vom 19. bis zum 29. wird durch mündliche Mitteilung und Ausdeutung während des Rituals verliehen. Nun folgt nur noch eine Erhöhung, die in den 32. Grad

31. Großrichter oder Großinspektor Inquisitor Kommandeur (wird nicht bearbeitet)

32. Prinz des königlichen Geheimnisses

Mit diesen freiheitlich aufgeklärten Graden finden die kultisch rituellen Arbeiten der regulären Freimaurerei ihren Abschluss.

33.Souveräner General Großinspekteur

Der höchste Grad, der 33., ist ein Verwaltungsgrad, in den Brüder nur berufen werden können. Auch dort gibt es ein Ritual.

Viele Maurerrituale sind schlichtweg eine Nachahmung des Messritus. Im Grunde nur eine schlechte Parodie, besonders auffällig im 18. Grad, wobei es dort bei der sogenannten Agape-Feier sogar zu einer „Ersatz-Eucharistie" kommt, allerdings nicht zur Ehre Gottes, sondern zur Ehre des Menschen. Dieses esoterisch aufgepeppte Picknick besitzt durchaus einen blasphemischen Charakter. Unabhängig davon, dass die freimaurerischen Rituale ein einziges rituelles Tohuwabohu darstellen, dieser Ritualklamauk führt böse in die Irre. Ebenso die hochtrabenden Amtsbezeichnungen. Im Schottischen Ritus gibt es noch ehrenvollere Anreden und weitaus bombastischere Orden. Wer als Erlauchter Generalbezirksinspekteur eine Schärpe trägt, schwebt eigentlich schon acht Meilen über dem Boden. Gerade das Protzige ist es, weshalb einige Johannisbrüder dem Schottischen Ritus äußerst skeptisch gegenüberstehen. Sie sind der Ansicht, die blaue Maurerei reiche völlig aus, um das freimaurerische Wesen zu begreifen. Solche Maurer blenden die Hochgrade einfach aus, weil sie ihnen unangenehm sind. So betonen sie fröhlich, umstrittene Figuren wie der Reformator des Schottischen Ritus, Südstaatengeneral Albert Pike, spielten für die Johannismaurerei keine Rolle. Sicher, seine schillernde Persönlichkeit biete Verschwörungstheoretikern eine große Projektionsfläche, Kunststück, er könne sich schließlich nicht mehr wehren. Ansonsten vertritt man die Ansicht, die Beschäftigung mit Pikes Satanismus oder solchen Themen seien verschwendete Zeit. Mit solchen Begründungen wird Mister Pike in die große Pyramide freimaurerischer Legenden eingemauert. Im Schottischen Ritus selbst sieht man das anders. Der obskure Südstaatengeneral erfährt hohe Verehrung als symbolische Gestalt. Man zitiert ihn gern, obwohl sein Standardwerk „Morals and Dogma" bis dato nicht ins Deutsche übersetzt ist. Pikes Ansichten lassen sich durchaus mit der Johannismaurerei in Einklang bringen. Wie heißt es im Freimaurer-Katechismus: „Was ist die Bestimmung des Menschen?"– Antwort: „Mensch zu sein". Die Katalysatorfunktion der Maurerei besteht darin, alles zu vermenschlichen. Das ist das ganze Geheimnis. In den Hochgraden geschieht das allerdings in konkreterer Art. „Vom Symbolismus zum Aktivismus" lautet der Slogan.

## AUFNAHME IN DEN SCHOTTISCHEN RITUS

Inzwischen war ich „Redner" meiner Mönchengladbacher Loge geworden. Dessen Aufgabe besteht darin, das geistige Leben der Loge federführend mitzugestalten. Diese Aufgabe festigte meine freimaurerische Überzeugung. Soviel ist klar, wer über eine Sache redet, muss daran glauben – oder wird zum Zyniker. Die Freimaurerei begann mein Herz zu gewinnen. Fand ich bisher immer ein Haar in der masonischen Bettelsuppe, durfte ich jetzt am Kochtopf stehen – und es sollte kein Instant-Brei mehr angerührt werden. Wenn Freimaurerei ein ständiger Prozess war, so meine Überzeugung, musste ich nur aktiv in diesen Prozess eingreifen. Was lag näher, als die Kenntnisse im Hochgradsystem auszubauen? Unterschiede zwischen blauen und roten Logen gibt's etliche. Beispielsweise das Fehlen von Arbeitsteppich und Schurz. Für die Ritusarbeiten reicht das Tragen der im 4., 18., 30. und 32. Grad verschiedenen Bijous, die nun ein Gradabzeichen sind. Nur die Brüder des 33. Grades tragen bei allen Arbeiten dasselbe Bijou, eins mit weißem Band. Die Bibel spielt im Schottischen Ritus keine Rolle, jedenfalls nicht mehr als Buch des Heiligen Gesetzes, ganz so, wie Wolfgang es in unserem Gespräch nach meiner Aufnahme vorhergesagt hatte. Von ihm hatte ich lange schon nichts mehr gehört. Ich dachte, auch Freundschaften haben ihre Zeit. Deshalb mied ich meinerseits den Kontakt. Lebte ich nicht glücklich in meiner Freimaurerwelt? Schließlich kletterte ich die esoterische Hühnerleiter weiter hinauf. Ganz nebenbei sprach mich nach einer Tempelarbeit ein „Geheimer Meister" an, so wurde ich selber einer, knapp ein Jahr nach meiner Meistererhebung. Natürlich hatte ich mich im Vorfeld mit dem Ritus beschäftigt.

Ebenfalls mit dem verschrieenen Südstaatengeneral. Deshalb vorab ein paar Worte von und zu General Pike. Sein größtes Verdienst war es, die Rituale des ASSR zu einem geschlossenen System gestaltet und logistisch erläutert zu haben. „Das Freimaurertum ist eine Bruderschaft innerhalb einer Bruderschaft ... es ist notwendig, die Existenz dieser beiden unterschiedlichen aber dennoch voneinander abhängigen Orden zu etablieren. Die sichtbare Gesellschaft ist eine Kameradschaft von ‚freien und anerkannten‘ Männern, die sich im Zusammenschluss ethischen, erzieherischen, brüderlichen, patriotischen und humanitären Belangen widmen. Die unsichtbare Gesellschaft ist eine geheime Bruderschaft von höchster königlicher Größe, deren Mitglieder dem Dienst eines *arcannum arcandrum* (eines absoluten Geheimnisses) verschworen sind" (Albert Pike, Lectures on Ancient Philosophy).

Das klingt, als hätten alle Verschwörungstheoretiker der Welt gar nicht unrecht. Wer war dieser freimaurerische Mister Seltsam? Das „Freimaurerlexikon" teilt dazu mit: „Pike, Albert, General, im amerikanischen Bürgerkrieg auf seiten der Südstaaten, vorher Journalist und Generalanwalt von Arkansas, geb. 1809, gest. 1891, war seit 1859 Großkommandeur des Obersten Rates der Südlichen Jurisdiktion des A.u.A. Schottischen Ritus von Nordamerika. Er erwarb sich um diesen, aber auch um eine größere geistige Fundierung der amerikanischen Freimaurerei große Verdienste. Pike, dem ein reiches Wissen eignete – er war unter anderem vortrefflicher Sanskritkenner –, bearbeitete mit großem Geschick die Rituale des Schottischen Ritus und brachte dieses System und dessen Organisation erst auf die heutige Höhe. Eine große Anzahl den Durchschnitt überragender maurerischer Dichtungen und mehrere Bücher über Freimaurerei haben Pike überlebt, vor allem sein Hauptwerk ‚Morals and Dogma‘, das, teilweise allerdings stark kompilatorisch [charmanter Ausdruck für: aus anderen Büchern zusammengeklaubt, d. V.], eine umfassende ethische und philosophische Gradlehre des Schottischen Ritus gibt."

Zweifellos eine schillernde Persönlichkeit mit vielseitigen Talenten. Während des amerikanischen Bürgerkrieges rekrutierte der Brigade-General der Konföderierten aus verschiedenen Indianerstämmen eine Spezialarmee, deren barbarische Kampfeslust sich in Orgien der Grausamkeit entlud. Ein Umstand, der selbst die in Menschenrechtsfragen nicht zimperlichen Engländer dazu veranlasste, mit einem Einschreiten aus humanitären Gründen zu drohen. Was tat Pike dagegen? Nichts. Der kryptische General, Harvardabsolvent von besonderer Intelligenz, beherrschte angeblich nicht weniger als 16 antike Sprachen in Rede und Schrift. Übrigens stand er in enger Beziehung zu Guiseppe Mazzini, einer der führenden Persönlichkeiten der Carbonari. Welcher Art diese Beziehungen waren, berichtet die Legende: Ein Brief, den Mazzini 1870 an Pike schrieb, verdeutlichte, man müsse die Existenz aller masonischen Gruppierungen fördern, gleich nach welchen Systemen sie arbeiten, wie sie auch organisiert seien, jedoch müsse man darüber hinaus einen Super-Ritus schaffen, der unbekannt bleiben soll und in den Maurer hoher Grade nach unserer Wahl berufen werden. Aus Rücksicht auf die „normalen" Brüder müssen sich diese Männer der strengsten Geheimhaltung unterwerfen. Verschwörungskauderwelsch? Die offizielle Johannismaurerei weist solche Aussagen weit von sich. Doch lauschen wir auf die Aussagen des Meisters in „Morals and Dogma": „Die Vorstellung, dass die wahren Initiaten und Getreuen Könige und Priester werden, ist zugleich persisch, jüdisch, christlich und gnostisch." Deshalb soll sich der wirklich eingeweihte Bruder vergegenwärtigen: „Die Maurerei befindet sich auf einem Kreuzzug ..." Notwendig sei es, den Kern und die inneren Mysterien der Maurerei ganz zu enthüllen, denn: „Zu allen Zeiten ist die Wahrheit unter Symbolen verborgen worden und oft auch in einer Folge von Allegorien, wo Schleier auf Schleier zu durchdringen war ..." Wichtig sei, „jene alten, seltsamen, geheimnisvollen Glauben und Bekenntnisse, eingehüllt in die Schleier der Antike" zu studieren. In die großen Wahrheiten, die die Maurerei bewahrt habe, teilten sich viele der alten religiösen Philosophien, die Maurerei habe „die vom Irrtum getrennte Wahrheit in ihrem innersten Herzen durch das Feuer der Verfolgung und die Stürme des Unheils hindurchgebracht und uns überliefert ..." Wortreich teilt uns Pike mit, woran und wie der Maurer zu glauben hat, sein „Glaube ist die verhüllte Isis, die Ergänzung des Verstandes in den Schatten, die dem Verstand vorausgehen oder folgen." Ebenfalls benennt Pike die Aufgabe der Maurerei: „Gestützt auf ihre Traditionen, die bis in die frühesten Zeiten zurückreichen, und ihre Symbole, die älter sind als die großartige Geschichte Ägyptens, ruft sie die Männer aller Religionen auf, sich unter ihrem Banner zum Kampf gegen das Böse, die Unwissenheit und das Unrecht zu vereinigen. Du bist jetzt ihr Ritter, und dein Schwert ist ihrem Dienst geweiht. Mögest du dich als ein würdiger Kämpfer für eine würdige Sache erweisen."

Drei rituelle Begebenheiten sind es, die die Aufnahme in den Alten und Angenommenen Schottischen Ritus kennzeichnen: Der Johannismeister bekommt einen Schleier über den Kopf, dann wird ihm vor Beginn der symbolischen Reisen die Schlinge eines Seils um den Hals gelegt. Wir Brüder Johannismeister standen nun da, der eine das Seil des anderen in seiner rechten Hand. Nun drückte man uns für unsere Reisen eine Fackel oder Kerze in die Linke. So wurden wir hintereinander hergeführt, wie die mit Schwanz und Rüssel verbundenen Elefanten im Zirkus. Ein Bild für die Götter. „Dennoch betreten Sie nicht blind und unwissend diesen Tempel, wie einst als Lehrling. Wir haben Ihr Haupt mit einem durchsichtigen Schleier bedeckt, geschmückt mit dem Zeichen des Meister, dem Winkel", heißt es im Ritualtext.

Der Brauch, bei religiösen Festen oder rituellen Zusammenkünften Kopfbedeckungen zu tragen, ist sehr alt und verbreitet. Nach Auffassung der Menschen des Altertums schützte und verbarg die Kopfbedeckung ihren Träger vor bösen Geistern und schädlichen Einflüssen. Zugleich machte die Kopfbedeckung den Träger auch zum Mitbruder. Im Mithras-Kult finden wir die Phrygische Mütze, die erst in einem höheren Grad verliehen wurde. Ursprünglich war die Phrygische Mütze ein gegerbter Stier-Hodensack samt der umliegenden Fellpartie. Nach der mythischen Vorstellung der Griechen sollte ein solches Kleidungsstück die besonderen Fähigkeiten des Tieres auf seinen Träger übertragen. Während der Französischen Revolution wurde die Phrygische Mütze von den Jakobinern als Ausdruck ihres politischen Bekenntnisses getragen. Sie glaubten irrigerweise, die phrygische Mütze sei in der Antike von freigelassenen Sklaven getragen worden – die Freimaurer unter ihnen wussten es möglicherweise besser.

Das Seil soll unter anderem auf den Wiedergeburtsvorgang hindeuten. Die Schlinge um den Hals stellt eine vereinfachte Form des Ankh, des ägyptischen Henkelkreuzes dar. Wie der Zeremonienmeister den Aufzunehmenden in den 4. Grad auf seinen symbolischen Reisen am Seil führe, so werde im profanen Leben der Mensch geleitet, gedrängt und beeinflusst, sagt das Ritual. Der Führende sei seinerseits selbst ein Geführter, ein, wenn auch unsichtbares, Seil verbinde ihn mit dem Logenmeister, dem „Dreimal mächtigen Meister". Damit sei das Ende der luziden Seilschaft noch nicht erreicht, denn er wiederum sei nämlich an die Vorgaben und Weisungen des Rituals gebunden. Das Seil symbolisiert also eine enge Abhängigkeit des einen vom anderen.

Und die Fackel? Sie stelle eine Verbindung des Oberen mit dem Unteren dar. Wichtig ist festzuhalten, dass der Johannismeister bereits im Besitz des Lichtes ist. Wir erinnern uns, dass wir bereits im 1. Grad der Johannismaurerei bei der Aufnahme zum Lehrling das Licht empfingen. Wir erinnern uns an die Erklärung des 2. Aufsehers bei der Aufnahmehandlung im Lehrlingsritual: „Nur der Sehende kann das Ziel erreichen." Der Freimaurer ist Lichtträger in der Tradition von Lichtträger: Hephaistos, Luzifer, Prometheus.

So trotteten wir dahin, eine verschleierte Seilschaft mit Fackel. Ein surrealistisches Bild mehr in der surrealistischen freimaurerischen Bilderreihe, angefangen vom Lehrlingsritual, wo die sich Brüder in den Kolonnen auf Geheiß des Meisters erheben und in Ordnung treten, das heißt den linken Fuß in die Höhlung des rechten stellen, den rechten Arm auf Schulterhöhe heben. Brüder mit Halswirbelsäulensyndrom verziehen dabei schmerzhaft ihr Gesicht, was sie nicht daran hindert, die flache Hand mit abgespreiztem Daumen an ihren Hals zu setzen, um sie wie ein Messer an ihrer Kehle vorbeigleiten zu lassen. Ein kollektiver gedanklicher Suizid. Irgendwie wirken in allen Graden die Harakiri-Zeichen der Freimaurer possierlich. Im Schottischen Ritus werden sie sogar zur regelrechten Turnübung, beispielsweise wenn im 30. Grad die rechte Hand vom Herzen aus über Bauch und Hüfte hinunter zum Knie geführt wird. Bei manchen Brüdern sieht das aus, als hätten sie plötzlich einen Hexenschuss bekommen.

„In Ehrfurcht vor dem Großen Baumeister der Welten", begann der Dreimal Mächtige Meister (im Ritus heißt es nicht mehr „aller Welten", sondern „der Welten" – man achte auf die Feinheiten), „weihe ich euch ..." Er hielt einen Lorbeer- und Ölzweigkranz über unsere Köpfe. Wem galt nun diese Weihe? Das Bindeglied zwischen der symbolischen und schottischen Maurerei ist die Hiram-Legende. Doch hier erfolgt keine Grablegung mehr, sondern nur eine langatmige Legende, in der Regel von nuschelnden Rednern vorgetragen.

Die Rituale im Schottischen Ritus sind über weite Strecken noch erheblich sinnfreier als die der Johannislogen. Es fehlt an allen Ecken und Enden irgend etwas, als hätte jemand das Ritual zu einem Beliebigkeitsquark zusammengestaucht. Es wirkt wie ein Thriller, aus dem wesentliche Teile herausgeschnitten wurden, um ihn für die Kinderstunde tauglich zu machen. Überall klaffen Lücken, dramaturgische Ungereimtheiten allenthalben. Entweder hat Ritualspezialist Pike einen Riesenpopanz aufgeblasen – oder wieder mal hat eine Ritualkommission Hand angelegt, um allen Verschwörungstheorien die Grundlage zu entziehen. Viele Johannisbrüder wenden sich enttäuscht vom Schottischen Ritus ab, weil sie statt des erhofften elitären Clubs nur ein Schwindelunternehmen voller Klischees erleben.

Doch solange ich auf den masonischen Weg geeicht war, versicherte ich mir, wie wertvoll die Freimaurerei sei. Ich war Überzeugungstäter. Deshalb verfasste ich auf Anregung eines Bruders eine Broschüre. Dazu muss man wissen: Freimaurer lesen wenig. Im umgekehrten Verhältnis steht dazu die Masse masonischer Publikationen. Viele fühlen sich berufen, alles, was bereits mehrmals gesagt wurde, noch einmal in eigenen Worten publik zu machen. Diese Eitelkeit hatte auch mich erfasst. Im Januar 2001 hatte ich die Broschüre „Freimaurerei – Fragen und Antworten" fertiggestellt. Was ich damals schrieb, kommt mir heute wie ein Spuk vor, aber es war das, was ich glaubte, wo ich zu 100 Prozent dahinterstand, trotz mancher Zweifel. Dieses Heft wurde in der Freimaurerzeitschrift „Humanität" positiv besprochen, infolgedessen gingen viele Bestellungen ein. Ein älterer Bruder aus Berlin bat mich, den Text in seiner Freimaurerzeitschrift „treue information" abdrucken zu dürfen. Nach einiger Überlegung stimmte ich zu. Und das waren meine damaligen Glaubenssätze: „Die Freimaurerei bietet die Heimat des guten Gesprächs, also den ‚dritten Ort': ein Ort der Begegnung, irgendwo in der Mitte zwischen Arbeitsplatz und dem Kreis der Familie (...) Hier kommen Menschen zusammen, die im ‚normalen Leben' keinen Kontakt miteinander pflegen. Der Kontrast zwischen gelebter Freimaurerei und äußerlichen Vorurteilen erklärt vielleicht, weshalb menschlicher Anstand an diesem dritten Ort höher bewertet wird als Reichtum oder brillante Leistungen."

Ich hatte mir ein Idealbild geschaffen, an das ich selbst felsenfest glaubte. Stolz war ich mir der masonischen Tradition bewusst und betätigte mich als Traditionsbewahrer in einem Traditionsbewahrungsverein: „Eine häufig gestellte Frage lautet: ist die Freimaurerei noch zeitgemäß? Anlässlich der gesellschaftlichen Entwicklung der letzten Jahrzehnte lässt sich feststellen, dass der Freimaurerei eine bedeutende Aufgabe zukommt, liegt es doch in ihrem Selbstverständnis, als Hort und Anlaufstelle für Humanität und Toleranz zu dienen."

Nach kurzer Mitgliedschaft war ich so sehr im Thema, dass ich jeden an die Wand argumentieren konnte, wohlgemerkt mit den handelsüblichen Argumenten. Als Bruder Redner genoss ich die Anerkennung, die mir zuwuchs. Mir ging es nicht anders als den anderen, ich fühlte mich als etwas. Interessant ist die Beobachtung, wie sehr man sich im Lauf der Zeit das Maurerrotwelsch zu eigen macht und es für seine eigene Sprache hält. In diesem Bewusstsein fuhr ich zu meiner Weihe in den 18. Grad. An die belustigten, zum Teil verächtlichen Blicke hatte ich mich gewöhnt. Klar, einen Mann im schwarzen Anzug mit Buster-Keaton-Gesicht vermutet man eher in einem Bild von René Magritte als in einem Nahverkehrszug. Mehr berührten mich die Worte, die irgendein Unbekannter ein paar Sitzplätze weiter sprach: „Wer mit Gott gebrochen hat, kann immer wieder zurück. Jeder hat die Kraft, sich zu bekehren." Sätze, die mir einen Stich versetzten, als hätte sie just in diesem Moment jemand für mich gesprochen.

In der roten Maurerei beginnen die Rituale ähnlich wie in der blauen. Allerdings finden die Arbeiten des 18. und des 30. Grades in verschiedenen Tempeln statt, das heißt in einem Tempel der in einen roten und einen schwarzen Raum aufgeteilt ist. Wir befinden uns im roten Tempel, dem Versammlungsort der Ritter vom Rosenkreuz. Der Ritenführer, im 18. Grad „Weiser Meister" genannt, fragt: „Was ist unsere Aufgabe?", worauf sein Pendant im Westen, der „Erste Großaufseher" antwortet: „Wir bauen den Tempel der Humanität". An dieser Aussage erkennen wir gleich, dass das Gerede von der unterschiedlichen Ausrichtung der blauen oder roten Maurerei Unfug ist. Nur Titulierungen wie „Dreimal Mächtiger Meister" (4°), „Weiser Meister" (18°) oder „Dreimal Mächtiger Großmeister" (30°) und „Weiser Großmeister" (32°) lassen auf einen per Ordre de Mufti verordneten Größenwahn schließen. Später, als ich mein Amt als Atelierpräsident des 4. Grades niederlegte, sollte ich sagen: „Ich habe mich nie mächtig gefühlt. Schon gar nicht dreimal mächtig, und ein Meister war ich auch nicht. Ich hoffe nur, dass ihr mich nicht als neunmalklug in Erinnerung behaltet."

Als ich in den 18. Grad eingeweiht wurde, war ich noch voller Hoffnung. Hier sollte aus freimaurerischer Sicht gezeigt werden, dass die christlichen Aspekte im Ritual als Teile einer symbolischen und esoterischen Sprache verstanden werden. In der Tat beruht jedes maurerische Ritual auf dem „Ausdruck von Wahrheiten oder generellen Aussagen zur menschlichen Existenz durch symbolische erdachte Figuren und Handlungen", wie die Alten Pflichten en passant sagen. Albert Pike betont diese Idee in seiner Erklärung an den Kandidaten vor Beginn der Aufnahmezeremonie. In des Generals Opus Magnum heißt es: „Alle Zeichen, Formen und Handlungen der Freimaurerei stehen sinnbildlich für gewisse große einfache Wahrheiten, die jeder frei in Übereinstimmung mit seinem eigenen Gewissen interpretieren kann." Gerade unter Berücksichtigung dieser Aussage wollen die Pike-Fans den Text des Rosenkreuzgrades als Allegorie ansehen. Die Annahme, dieses Ritual als maurerische Übersetzung der Passion Christi zu verstehen, zeigt einmal mehr die Chuzpe, mit der freimaurerische Vordenker à la Pike die Wahrheit des Neuen Testaments für eigene Zwecke verfälschen. Immer wird dem Initianten eingetrichtert, dass er seine geistigen Fähigkeiten benutzen kann, um aus dem Dunkel zum Licht zu gelangen. Dieses Licht der freimaurerischen Gegenwelt verschattet allerdings jede Möglichkeit wirklicher Selbsterkenntnis. Jesus Christus wird lapidar als eine Lichtgottheit bezeichnet. Nun wird klammheimlich der Bogen zum INRI geschlagen. Damit kommen wir zu einem wesentlichen Identitätsfaktor des 18. Grades. Dessen auffälligstes Symbol ist fraglos das Akronym INRI. Es wird heute noch als „heiliges" Wort im Rosenkreuzerritual des AASR erwähnt. Die erste Reaktion des Initianten ist, der Buchstabenfolge INRI eine rein christliche Bedeutung zu geben. Fehler! Er macht nämlich rasch die eigentümliche Entdeckung, dass der 18. Grad eine Vielzahl von Erklärungen bietet. Um nur einige zu nennen: „Insignia Naturae Ratio Illustrat" (der Verstand erleuchtet die Symbole der Natur), „In Neci Renascor Integer" (im Tod wird vollständig wiedergeboren), „Igne Natura Renovatur Integra" (die Natur wird vom Feuer völlig erneuert). Es ist wie so oft, der Teufel steckt im Detail, denn falsch ist nicht, dass Feuer die Natur zur Gänze erneuern kann. Doch es ist in diesem Zusammenhang die bewusste Vorspiegelung falscher Tatsachen, die die christliche Bedeutung des INRI durch eine alchimistische Interpretation ersetzt. Ein Schelm, wer Böses dabei denkt. Eine weitere Interpretation bietet Pike, dem nach die Buchstabenfolge als Unendlichkeit, Natur, Vernunft und Unsterblichkeit beschrieben wird, was in englischer Sprache dann wiederum INRI ergibt. Wie sagt das Lehrgespräch zum 18. Grad: „Für einen religionsgebundenen, eher laizistisch eingestellten Bruder kann unter Glaube die Identifizierung mit dem Auftrag des Bauens des Tempels der Humanität verstanden werden. Es ist die Bereitschaft, an die Sinnhaftigkeit des eigenen Handelns zu glauben". Hier endet jeder Ansatz zum Christentum, da in dieser Aussage des Pudels Kern der Freimaurerreligion benannt ist. Böse Zungen könnten behaupten, die Freimaurerei sei tatsächlich älter als der „römische Adler" und das „Goldene Vlies", sie scheint ins Paradies zurückzureichen. Die Maçonnerie verspricht wie die Schlange, dass der Mensch werde wie Gott. Spiegelfechterei anderer Art betreibt der ritenführende „Weise Meister" in den Lehrgesprächen des 18. Grades: „Aus dem kubischen Stein wird ein Kreuz, das Rosenkreuz. Nur in so einem Raum kann diese Wandlung stattfinden". Wie jetzt? Im Raum des Würfels transformiert sich das Kreuz? Quantenphysiker wissen solche Transformationen in einem Karton zu schätzen – „Schrödingers Katze" nennt man ein solches Modell. Die böswillige Irreführung besteht darin, das Kreuz zu entchristlichen, um es als Symbol der Alchemie und gnostischer Kulte zu missbrauchen. Die Botschaft, die der 18. Grad enthält, steht für die Analogie zwischen Natur und Seele – nicht für die Beziehung zwischen Gott und Mensch. Das Kreuz symbolisiert für den Freimaurer den menschlichen Körper mit ausgestreckten Armen als ein Gruß an die aufgehende Sonne. Die Rose in der Mitte des Kreuzes wird als Seele des Menschen gesehen. Das Rosenkreuz ist für Pike das Symbol der Morgendämmerung und des ewigen Lebens. Aus einem Objekt der Geometrie, der Welt der Ratio, werde ein Gegenstand der Empfindungswelt, heißt es auf gut Freimaurerisch. Soviel zu Rosen und Neurosen.

Wie in allen Maurerritualen, wird auch im 18. Grad gereist. Die Tour beginnt im schwarzen Tempel. Lapidar heißt es dazu, „um damit eine Zeit des Chaos" dazustellen. Nun werden bei den Rundgängen die Dinge zwar mit Blick auf die Bibel benannt, doch wieder in arglistiger Verfälschung. Statt „Glaube, Hoffnung, Liebe" heißt es im Ritual: „Glaube, Liebe ... und die Hoffnung ist die stärkste von allen". Die Lehrgespräche dieses Grades bestätigen es: „Aus der Liebe heraus definiert sich das Objekt unseres Strebens, aus dem Glauben heraus die Möglichkeiten und aus der Hoffnung das Ziel." Horchen wir genau hinein! Aus dem Glauben definieren sich die Möglichkeiten! Kein Glaube kann demnach die Form des ausgereiften, höchsten Zustandes enthalten. Er wäre ein Mittelding zwischen Schizophrenie und Ironie. Beweis gefällig? „Der christliche Ritter erhält direkt von Jesus seinen Auftrag. Das ist sein Weg. Der nichtchristliche Ritter wird ebenfalls auf Jesus gelenkt. Doch in diesem Falle auf Jesus als Befreier, als Verkünder einer neuen Anschauung der Menschlichkeit" (Lehrgespräche zum Ritual des 18. Grades).

Es gibt eine weitere Anleihe beim Christentum: das Abendmahl. Im masonischen Sinne schenkt der „Weise Meister" Wein aus. So wandert der Kelch von Bruder zu Bruder, ebenso bricht man Brot mit dem jeweiligen Nachbarn. Prost Mahlzeit. Der Mensch erhöht sich selbst zum Guten Hirten. Noch weitere christliche Symbole schlachtet der 18. Grad für eigene Zwecke aus: Das Symbol der Aufopferung bis zum Letzten ist ein goldener Pelikan, der sich mit seinem Schnabel die Brust aufreißt, um mit seinem Herzblut die hungernden Jungen zu nähren.

Betrachtet man diese Anmaßungen genauer, erkennt man, alle geben im großen Freimaurertheater falsches Zeugnis. Und doch bleibt man dabei im Zickzack der Dämonendienerei, der Menschendienerei. „Ist mein Weg die Geschichte eines Irrtums?" fragte ich in einem Tagebuchnotat. In mancher Nacht lag ich lange wach und dachte über das „Außerhalb-der-Welt-Sein" nach. Ich versuchte Gestalt anzunehmen durch die Arbeit am rauhen Stein und der Schaffung des „Tempels der Humanität". Hier tritt ein unüberwindlicher Gegensatz zum Christentum ans Licht. Zum christlichen Menschsein gehört die Selbsthingabe, ein Stehen als Mensch bei Gott. In der Freimaurerei jedoch verschließt sich der Mensch der Entwicklung nach oben hin. Dabei mag in der ersten Phase der Logenzugehörigkeit der Eindruck entstehen, die Fähigkeiten der eigenen Persönlichkeit nähmen sogar zu, da sich der Schwerpunkt vom Inneren weg aufs Diesseits verschiebt, also veräußerlicht wird. Der Maurer bewegt sich in einem Reich reiner Subjektivität.

Augustinus berichtet von einem ähnlichen Denken bei den Manichäern. „Ich selbst bin sicherlich der eine und fühle, dass mein Leib hier an dieser Stelle steht, dennoch begebe ich mich in meiner gedanklichen Vorstellung, wohin es mir beliebt, und unterhalte mich, mit wem es mir beliebt. Aber das ist eben falsch, und niemand erkennt Falsches. Wenn ich dies also betrachte und ihm Glauben schenke, erkenne ich nicht wirklich, denn was ich erkennend betrachte, muss wahr sein. Sind das nicht vielmehr Phantasiebilder, wie man es nennt? Wie kommt es denn, dass meine Seele von solchen Einbildungen erfüllt ist? Wo ist das Wahre, welches der Geist erblickt? Dem, der hierüber nachdenkt, kann man antworten: Wodurch du erkennst, dass das vorhin Erwähnte nicht wahr ist, das ist das wahre Licht. In diesem Lichte siehst du das Eine, das dich zum Urteil befähigt, das andere, das du siehst, sei zwar auch eines, aber nicht jenes Eine, weil es wandelbar ist" (Von der wahren Religion, XXIV). Herausgeber Wilhelm Thimme fügt in der Fußnote hinzu: „Die Vorstellung kann als solche richtig sein. Sie wird falsch, wenn man sie für Wirklichkeit nimmt. Das taten die Manichäer mit ihren Hirngespinsten. Gegen sie richten sich diese und die folgenden Ausführungen."

Ganz ähnlich stellt sich die Freimaurerei als hohle Ideologie dar. Man kann Augustinus ohne weiteres folgen, wenn er beschreibt, wie die Illusion zu einer geistigen Verarmung führt, mehr noch zur völligen Verblendung. Größtenteils wird diese Ich-Zerstörung nur passiv während des Rituals erlebt. Der Freimaurer erscheint schlichtweg nur als Objekt, hieraus entsteht dann jene platte Uniformität des Denkens. Die ganze Arbeit trägt dazu bei, das Individuum durch einen roboterähnlichen Zombie zu ersetzen – den neuen Menschen. In der masonischen Werkstättelandschaft zählt nicht mehr das Individuum, nur noch der steingewordene Mensch, der im Kollektiv die Pläne des Zeitgeistes erfüllt. Da liegt es gar nicht so fern, wenn die Maurerpostille „Humanität" ein Titelblatt druckt, auf dem Playmobil-Männchen mit aufgemaltem Maurerschurz abgebildet sind. Überschrift: „Ziel Zehntausend". Abgrundtief ehrlich. Das Ziel, den Mitgliederstand zu heben, kann nur dadurch erreicht werden, indem man Freimaurer-Klone macht. Dieses Titelblatt verrät somit einen unfreiwilligen Sinn für die Realität, der dem freimaurerischen Relativismus entspringt. Auf dieser Ebene darf man nicht den Grad der Manipulation mit Entseelung verwechseln. Man muss ihn als Logik des freimaurerischen Weges begreifen. Ohnehin wird es schwer für diesen überalteten Verein, der etliche unrentable Logenhäuser am Hals hat.

Manchmal kam es mir vor, als bestünde in der Freimaurerei der Glaube fort, nur ohne die gnadenvolle Erwartung eines Himmels. „Und wenn es gewiss ist, dass du zweifelst, so forsche, woher diese Gewissheit kommt", schreibt Augustinus, „Da wird dir nicht, ganz gewiss nicht, das Licht dieser unserer Sonne begegnen, sondern das ‚wahre Licht, das alle Menschen erleuchtet, die in diese Welt kommen' (Johannes 1,9). Das aber kann nicht mit unseren leiblichen Augen gesehen werden, auch nicht mit denen, die sich Phantasiegebilde vorstellen". Freimaurerei bleibt ein Phantasiegebilde. Eine Schimäre, zum Teil mit den dunkelsten Spielarten des aufklärerischen Pessimismus durchmischt. Im letzten Ergebnis kann sie deshalb nur zum Scheitern führen. Es handelt sich um eine Geisteshaltung, durch die sich der Mensch nicht mehr als Gottes Kind sieht, sondern als Teilerscheinung aus dem animalischen Bereich, der sich in der Welt des Großen Demiurgen rein zufällig entwickelte. So gesehen ist die Verwendung des Spruchs von Angelus Silesius im Meisterritual „Mensch werde wesentlich ..." purer Zynismus.

Völlig unerwartet kam Wolfgang am Wochenende nach meiner Weihe in den 18. Grad zu Besuch. Ich war außerordentlich erstaunt. Wir hatten uns wirklich lange nicht mehr gesehen. Seine Mutmaßungen erwiesen sich als richtig, ich hatte nicht von der Freimaurerei gelassen und war angehender Logenmeister der Mönchengladbacher Loge. Wir tranken Tee und aßen Biskuits, plauderten über unsere Schulzeit und kamen irgendwann wieder auf die Maurerei.

„Du gibst auch nie auf", sagte ich. „Jede Mühe ist vergeblich."

Offenbar hatte er etwas Hartes und Unnachgiebiges aus meiner Stimme herausgehört. „Denkst du Freundschaft besteht nur darin, dem anderen zuzustimmen?"

„Sicher nicht. Ich habe mich sogar mit deiner Thematik beschäftigt, das müsste dir doch gefallen, hör zu: Im 18. Jahrhundert hat man in voller Absicht eine Schicht Christlichkeit über die Maurerei gestrichen, so wie man ein Haus streicht, um ihm nach außen ein anderes Gesicht zu geben. Ist es eigentlich verwunderlich, dass dank dieser Mixtur zahllose Geistliche der anglikanischen Kirche ein Logenamt innehaben? Sonntags predigen sie das Wort der Gottes, und werktags behandeln sie es wie ein Märchen aus 1001 Nacht. Im ‚Schwedischen System' des Freimaurerordens sind schließlich etliche hochrangige protestantische Theologen in den Logen vertreten."

„Du wirst langsam zum Zyniker. Ich hatte es befürchtet."

Da spürte ich wieder meinen inneren Widerstand, und die Lust ihn zu provozieren. „Das freimaurerische Gottesbild beschreibt der französische Anarchist Pierre Joseph Proudhon: ‚Der Gott der Freimaurer ist nicht Substanz, nicht Ursache, nicht Seele, nicht Monade, nicht Schöpfer, nicht Vater, nicht Wort, nicht Liebe, nicht Erlöser, nicht Nation, nichts von dem, was einer transzendentalen Auffassung entspricht; alle Metaphysik schaltet hier aus. Er ist die Personifikation des universellen Gleichgewichts: Er ist der Baumeister, erhält Zirkel, Setzwaage, Winkelmaß, Hammer als Werkzeuge der Arbeit und des Meisters. In der sittlichen Ordnung ist er die Gerechtigkeit. Das ist die ganze freimaurerische Theologie.‘ Wie klingt das?"

„Nach einer Freimaurerreligion, die die Freimaurer immer in Abrede stellen."

„Wir wollen eben das Himmelreich schon auf Erden errichten", antwortete ich spöttisch.

„Mit der menschlichen Selbstüberschätzung ist das so eine Sache. Anders gesagt, immer wenn der Mensch versuchte, das Himmelreich auf Erden zu errichten, entstand die Hölle", entgegnete Wolfgang.

„Gib dem Humanismus die Zeit, die das Christentum hatte – und nach 1500 Jahren wird die Welt anders aussehen."

Wolfgang lachte bitter. „Das fürchte ich auch: kalt, technokratisch und geprägt von unmenschlicher Menschlichkeit, denn der Humanismus kennt keinen Gott."

„Dafür eine hohe Ethik."

Der gradlinige Strahl seines Blicks stach in meine Augen. „Ist der christliche Ethikunterricht nicht der beste, den man sich vorstellen kann? Ist unser Lehrer nicht Jesus?"

„Unser Lehrer ist das Leben."

Wolfgang lehnte sich zurück, mit seiner Hand die Teetasse umschließend. „Du hast deine innere Freiheit verloren. Unsere Zeit verlangt ein klares, offenes Bekenntnis zu Gott."

„Weißt du, wen ich im Moment gerne lese? Deinen Augustinus."

„Mir gehört er nicht."

„Aber deiner Kirche."

„Die auch deine ist."

„Jedenfalls erinnert er sich auf literarisch höchstem Niveau in brillanter Dialektik seiner Sünden, bevor er sich zu Christus bekennt."

„Vielleicht bekennst du auch, wenn du erkennst."

So sah ich ihn im Sommerlicht, das einen sanften Lichtschein durch die Fenster warf und ihn überströmte. Seine Ansichten wollte ich nicht teilen.

## WAHL ZUM MEISTER VOM STUHL IN MÖNCHENGLADBACH

Ein weiterer entscheidender Schritt in meinem Maurerleben. Die alte Garde wollte nicht mehr. Ein anderer, nicht jung an Lebensjahren, aber jung an denen seiner Zugehörigkeit zur Freimaurerei, stellte Bedingungen. Davon hielt die Seilschaft der Alten nicht viel. Generationswechsel hieß das Zauberwort. Mit 43 Jahren sollte ich dafür stehen. Der amtierende Stuhlmeister fragte mich, ob ich bereit sei, falls doch eine andere Konstellation entstünde, weiter als Redner zu fungieren. Selbstverständlich wollte man mich zum Stuhlmeister machen. Solche Zusagen gehörten zu den freimaurerischen Basics. Im April stand die Meisterwahl an. Zuvor hatte ich mich mit Alfred getroffen. Er war noch immer mein engster Vertrauter. Mit ihm analysierte ich den Zustand der Loge. Kritisch betrachtete er die Mitgliederliste. „Die Schere zwischen alt und jung klafft weit auseinander. Ihr habt vier junge Brüder, zwei davon unter dreißig."

„Beim Johannisfest wird ein neuer Bruder aufgenommen."

„Gratuliere, kannst du direkt deine erste Aufnahme durchführen."

„Irrtum."

„Verstehe, will sich dein Vorgänger noch als Verdienst an die Brust heften."

Bei unserer Analyse stellte sich heraus, dass die Mitgliederzahl von 40 Brüdern reine Illusion war. Viele kamen aufgrund hohen Alters oder zu großer räumlicher Entfernung nicht mehr. Genau betrachtet belief sich die Zahl der aktiven Brüder auf 15. Davon drei Neuaufgenommene, die noch nicht Meister waren. Das hieß, wie in meiner alten Kölner Loge musste man im Winter Hustenbonbons verteilen. Alfred hob mahnend seine Stimme: „Du musst innerhalb deiner zweijährigen Amtszeit mindestens zehn Leute aufnehmen, um den Bestand der Loge mittelfristig zu sichern. Wie viele Suchende habt ihr in der Pipeline?"

Da ich die Suchendenarbeit schon während meiner Zeit als Redner mitgestalten und intensivieren konnte, hatte ich genauen Einblick. „Vier."

„Ernsthafte Kandidaten?"

„Wenigstens zwei."

„Du brauchst Konzepte. Suchendenarbeit will im Medienzeitalter professionell betrieben sein."

„Ich halte Ende des Jahres einen Vortrag über die Freimaurerei bei der VHS und im kommenden Jahr in der Fachhochschule."

„Gute Idee. Reicht das?" Er hob seine Stimme: „Du wirst viel Zeit investieren müssen. Wenn du nicht aufpasst, wird aus dem Stuhlmeisteramt schnell ein Fulltimejob. Als erstes musst du den Jungs zeigen, wo der Hammer hängt. Sonst geht die Sache für dich schlecht aus."

Ich ließ seine Bemerkung in der Luft hängen.

Durchsetzungsvermögen, das lernte ich an jenem Tag, war im Leben von Alfred Cornelisen die Grundlage aller Dinge. Er hatte die leere, gefahrvolle Fläche der Macht in mehrere genau abgezirkelte Felder zergliedert und die Grenzen bestimmt. So hielt er jeden Widersacher zunächst einmal auf Distanz. Hätte ich meine Lehrjahre als Meister vom Stuhl zu dieser Zeit bereits hinter mir gehabt, wäre mir sicherlich klar gewesen, dass es begründete Angst war, die Alfred beherrschte. Tatsächlich habe ich nie einen Menschen in einer führenden Position erlebt, egal, ob bei den Freimaurern oder anderswo, der nicht von der Angst vor Prestige- und Imageverlust geprägt war. Dass so etwas in einer Gruppierung möglich ist, die für sich in Anspruch nimmt, dass alle gleich sind, sich alle gleich auf der Winkelwaage begegnen, erschien mir dabei als Entlarvung eines Lügengespinstes.

„Wie sicher bist du, dass du gewählt wirst?" fragte Alfred.

„Ziemlich sicher."

„Schlechte Antwort", tadelte Alfred, „du musst zusehen, dass du deine Bataillone hinter dich bringst. Weniger als 80 Prozent der Stimmen erschweren dir den Einstieg. Du wirst sehen, dann kommt schneller Kritik an dir auf, als du erwartest."

Die Wahl gewann ich mit 20 Ja-Stimmen, bei sechs Nein und meiner eigenen Enthaltung. Also weniger als 80 Prozent. Ich nahm an, bedankte mich artig und versprach, meine Kraft der Loge zu widmen. Dieselbe Aussage, nur in Form eines Gelöbnisses, legte ich später beim Johannisfest ab. Der Altstuhlmeister überreichte mir den Hammer und wünschte mir Glück. Nun saß ich auf dem Stuhl im Osten. Wie viele neideten mir diesen Job, den fast jeder Maurer anstrebt, als läge darin das höchste Glück der Welt? Wieder verspürte ich eine innere Glättung. Vom Altar aus sieht der Tempelraum plötzlich weiträumiger aus. Es schien, als ob eine andere Zeit gelte, zugleich fühlte ich mich in eine Art höheren Dienst gestellt und war gründlich bemüht, bloß keinen Fehler zu machen. In diesem Zustand verstärkt sich das Gefühl, es sich selbst und den anderen beweisen zu wollen. Ein Umstand, der viele auf dieser Position verkrampfen lässt. Die Tatsache, dass man hier sitzt, „durch die freie Wahl der Brüder", wie es im Ritualtext heißt, gibt den meisten das Gefühl von Macht. Die innere Winkelwaage gerät aus dem Gleichgewicht. Wenn man für seine Ritualführung gelobt wird, verströmt das einen Hauch von Erhabenheit. Bei etlichen Vorturnern am Meistertisch geriet die Logenführung zur Lebensaufgabe. Es gibt Stuhlmeister, die sich immer wieder wählen lassen – eine Wahlperiode dauert normalerweise zwei Jahre, in der Regel ist eine einmalige Wiederwahl möglich. Erst nachdem ein anderer ein Interregnum geführt hatte, konnte man wiedergewählt werden. Ich erlebte Ex-Stuhlmeister, die nach ihrer Amtsaufgabe regelrecht unter Entzugserscheinungen litten. Sie fühlten sich plötzlich als ein Niemand, waren Vergangenheit. Bei manchen ruft dieser masonische Cold Turkey hartnäckige körperliche Reaktionen hervor.

Die ersten Schwierigkeiten ließen nicht lange auf sich warten. Querelen gehören zum Alltagsgeschäft eines Logenmeisters. Ein Amtsbruder verriet mir lapidar: „Ein Meister vom Stuhl ist wie eine Straßenlaterne, oben muss er leuchten, unten kommen die Köter und …" Angefangen hatte alles ganz harmlos. Im September 2001 stand die erste Arbeit des neuen Maurerjahrs an. Die erste, die ich komplett leiten durfte. Entsprechend nervös war ich. Als erster im Logenhaus hatte ich alles vorbereitet. Später stießen die jungen Brüder dazu. Von den erforderlichen Beamten waren zu wenige erschienen. Mich wurmte, dass sie sich nicht bei mir gemeldet hatten, dann hätte ich umdisponieren können. So musste ich die Brüder bitten, die keine offizielle Funktion hatten, einzuspringen. Kein Problem. Nur der Bruder, der vormals als Logenmeister zur Diskussion stand, reagierte verschnupft. Ich fuhr ihn an, er weigere sich, dem Hammerschlag des Meisters Folge zu leisten, was im Freimaurerischen einer ehrrührigen Haltung gleichkommt. Er entgegnete, er habe im Vorfeld gesagt, kein Amt übernehmen zu wollen. Blamiert stand ich da, insbesondere vor den besuchenden Brüdern. In ihren Reihen fand sich allerdings jemand, der den Part übernahm, so dass wir die Arbeit ordnungsgemäß durchführen konnten.

Deutlich trat das Dilemma hervor. Es gab zwei kleinere deutsche Logen, neben zwei britischen. Jede arbeitete für sich. In der Maurerei galt das ungeschriebene Gesetz, dass Logen, sobald sie eine Größe von 80 Brüdern erreicht haben, eine Deputationsloge gründen, aus der im Laufe der Zeit eine neue Loge hervorgeht. So wollte man vermeiden, dass das Logenleben ab einer bestimmten Größe unpersönlich wird. Öfter als aus diesem Grund trennen sich Brüder im Streit. Aus solchen Gegensätzlichkeiten war die Loge, in die ich in Köln aufgenommen wurde, entstanden, und ebenfalls die Mönchengladbacher als zweite deutschsprachige Loge. Vor der Trennung, hieß es, war die Loge „Vorwärts" mehr Skat- und Schachverein denn Freimaurerloge. Die „Brüderlichkeit" achtete penibel darauf, freimaurerisch zu arbeiten. Die Wunden von damals verheilten scheinbar nie, obwohl die Trennung bereits mehr als 20 Jahre zurücklag. Beide Logen darbten vor sich hin. Die Mitgliederzahlen lagen bei etwa 30, davon 15 bis 20 Aktive. Ein Zustand wie bei den meisten deutschen Logen.

Nach der Arbeit folgte ein brüderliches Beisammensein. Wir ließen die wunderbare masonische Idee hochleben. Nachdem die meisten gegangen waren, nahmen mich zwei ältere Brüder beiseite und baten mich, den Vorfall von vorhin nicht zu hochzuspielen. Man wollte den inneren Frieden bewaren und brüderlich über solche Dinge hinwegsehen.

„Wollt ihr euch wegducken und die Probleme weiter aussitzen?"

Mein Vorgänger sah das als persönlichen Angriff. Er könne sich nicht erinnern, Probleme ausgesessen zu haben. Da spürte ich erstmals deutlich die Schwierigkeiten, die sich aus einem permanenten Beleidigtsein ergaben. Eine Stimmungslage, die in der Freimaurerei ausgeprägt ist. Brüderliche Befindlichkeiten sind ein ewiger Eiertanz. Brüder, die sich missverstanden fühlen, Brüder, die mit der Satzung unter dem Arm herumlaufen, immer in Versuchung, Ehrengerichtsverfahren anzustrengen oder Satzungsverfehlungen anzuprangern, Brüder, die sich als Erfinder der Maurerei fühlen. Die beiden älteren Brüder fragten unmissverständlich, ob ich verstanden hätte. Ich hatte verstanden. Noch am gleichen Abend rief ich Alfred an. Wir diskutierten die Sache, und er sagte schließlich: „Wenn das so ist, kannst du nur das machen, was deine Amtsvorgänger mit großem Erfolg getan haben: nichts."

So schnell wollte ich mich nicht geschlagen geben. Am nächsten Tag rief ich den Meister vom Stuhl der Konkurrenzloge an. Zwei Tage später trafen wir uns unter dem Siegel der Verschwiegenheit im kleinen Kreis. Drei Brüder aus der „Brüderlichkeit", aus meiner Loge hatte ich zwei jüngere Brüder als meine Vertraute mitgenommen. Wir spielten die Möglichkeiten durch, beide Logen zusammenzuführen. Natürlich blieb das Treffen nicht geheim. Damit war eine Zusammenarbeit erst mal gestorben. Wer uns verraten hatte? Das bleibt für immer im Dunkel des freimaurerischen Intrigenkosmos.

Nach dem holperigen Start beruhigte sich die Lage. Die Suchendenarbeit verlief erfolgreich. Innerhalb meines ersten Amtsjahres konnten wir sieben Neuzugänge verbuchen. Nur eine Sache erregte noch Aufsehen. Nach den islamistischen Terroranschlägen auf das World-Trade-Center in New York am 11. September 2001 ließ ich bei der Tempelarbeit eine Gedenkminute für die Opfer einlegen. Darüber mokierten sich einige Brüder, weil sie es für unangebracht hielten, eindeutig Stellung zu beziehen, als Freimaurer spreche man doch nicht über Politik, schon gar nicht bei einem Ritual. Darüber beschwerten sie sich bei der Großloge. In Wahrheit ging es um etwas anderes, sie waren antiamerikanische Verschwörungskritiker.

Um es gleich zu sagen, Ansgar war ein ausgezeichneter Schatzmeister. An der Tatsache, dass er den Job übernehmen musste, obwohl er 200 Kilometer entfernt wohnte, zeigte sich einmal mehr, wie sehr die Aufnahmepolitik der Loge in den letzten Jahren vernachlässigt worden war. Ärger stand ins Haus, weil er sich standhaft weigerte, den Großlogenbeitrag, wie vorgeschrieben, vierteljährlich zu entrichten. Allein die Tatsache eines Großlogenbeitrages führte zu völlig irrationalen Kommentaren: „Wir finanzieren den bürokratischen Wasserkopf der Großloge." „Wir finanzieren die Reisen der Großlogenbeamten." „Wir kommen für den Luxus der Großloge auf." Die übliche Wir-da-unten-ihr-da-oben-Mentalität. Die Rechtslage war eindeutig. Alle Logen des Dachverbandes hatten sich auf diesen Überweisungsmodus geeinigt. Da lag es auf der Hand, dass nicht für eine Loge das komplette Abrechnungssystem umgestellt werden konnte. Ansgar argumentierte, durch sein Prinzip würde die Loge Geld sparen. Statt vier Überweisungen tätigte er schließlich nur eine. Die Ersparnis belief sich auf schlappe 1,50 Euro. „Entweder, ihr ändert euren Zahlungsmodus", teilte mir der Großkanzler telefonisch unmissverständlich mit, „oder wir werden weitere Maßnahmen ergreifen. Das kann bis zum Ausschluss aus der Großloge führen."

War das nun brüderlicher Druck von oben oder normale Vereinspolitik? Was auch immer, solche scholastischen Haarspaltereien raubten mir Nerven und Zeit. Dennoch habe ich damals nicht sehr glücklich agiert. Statt das Gespräch mit Ansgar zu suchen, stellte ich ihn schriftlich vor die Wahl, sich entweder bei der Großloge zu entschuldigen oder vom Amt zurückzutreten. Er entschied sich für letzteres. Die älteren Brüder waren verstimmt. Mein Telefon stand nicht still. Die freimaurerische Kundschaft ließ ihren Frust ab: „Du musst noch viel lernen." „Vielleicht wäre es besser gewesen, einen erfahreneren Bruder mit dem Amt zu betrauen." „Du bist großlogenhörig." Worte wie diese klingelten in meinen Ohren. Entsprechend heftig fiel die nächste Mitgliederversammlung aus. Die Jungs diskutierten heftig und herzhaft, so dass ich mehrfach lautstark gegensteuern musste, ehe der Fight in die nächste Runde ging. So erlebte ich die vielbeschworene Streitkultur der Freimaurer erstmalig hautnah, allerdings muss man die Vokabel um den Bestandteil „Kultur" kürzen. Der potenteste Karikaturist der Weimarer Republik hätte seine Freude daran gehabt. George Grosz hätte sie gezeichnet, die hochroten Männerköpfe, die Nettigkeiten austauschten, ihre Finger krampfhaft um Bier- oder Wassergläser gegriffelt. „Wir sind doch Brüder", rief ich aus. Wir traten in die Kette und sangen das Vereinslied: „Brüder, reicht die Hand zum Bunde".

„Wunderbar, ist es nicht wunderbar, dass man sich trotz des Streites wieder versöhnen kann", bemerkte mein Amtsvorgänger. Alle applaudierten ihm zu, und man trank auf seine Gesundheit. Als neuer Schatzmeister wurde ein junger Bruder gewählt, der geziert von sich gab, er würde seinen Posten zum Besten der Freimaurerei im allgemeinen und der Loge im besonderen ausführen. Der Abend war gerettet. Hatte ich meine erste Bewährungsprobe bestanden? Denkste! Anderntags stand das Telefon erneut nicht still. Die Älteren mussten mir doch sagen, ich hätte bei der Diskussion autoritärer durchgreifen müssen, und im übrigen wurde man nicht müde zu betonen, es sei ein Skandal, dass Ansgar wegen des Briefes der Großloge geschasst worden sei. „Wenn wir nicht reinen Tisch gemacht hätten, wären wir Gefahr gelaufen, dass die Großloge unsere Loge schließt. Dann wäre die alte Loge ‚Vorwärts' irregulär geworden", sagte ich.

„Dann hätten wir uns eben einer anderen Großloge angeschlossen", antwortete mein Amtsvorgänger.

Ein alter Schauspielerwitz geht so: Ein Fan trifft einen in die Jahre gekommenen Schauspieler. „Schön, dass ich Sie hier treffe", beginnt er.

Der in die Jahre gekommene Schauspieler nickt wohlgefällig.

„Ich habe Sie gestern in der Straßenbahn gesehen."

Darauf richtet sich der in die Jahre gekommene Schauspieler auf: „Und, wie war ich, war ich gut?"

Gut, manche Witze sind angestaubt. Hingegen nicht die Spiegel des Smokings und der Glanz von Lackschuhen. Sie sind für manche Freimaurer das Spiegelbild der Realität. Einmal nach einer Tempelarbeit kam ein Bruder mit exakt gezwirbeltem Schnauzbart auf Alfred und mich zu. „Ich bin ein Nachfahre des großen Freimaurers Claudius."

„Wie schön für dich", konterte Alfred. „Wir sind nur von niederem Adel."

„Ich schreibe auch Gedichte", sprach der Bruder ungerührt weiter, während er mit einer Hand seinen Schnauzer zwirbelte, mit der anderen ein Buch aus seinem Aktenköfferchen nahm, das dort neben einigen anderen Büchern und den masonischen Kleinodien lag. „Mein Buch kostet 20 Euro."

Ich besah das Exemplar: Eigenverlag.

„Die Gedichte müssten in Hollywood verfilmt werden."

„Gedichte?"

„Sind auch Geschichten darin."

Ich gab ihm das Geld.

Wir Nachfahren litten nicht nur unter epigonalem Verschleiß, wir kultivierten ihn. Sobald ein heutiger Promi-Maurer eine Loge besuchte, hielten die Logenbrüder eine angemessene Distanz zu ihm. Er wurde betrachtet wie ein kunterbuntes Nilpferd, das permanent seine Ohren dreht. Sobald er den Raum verließ, zog man geflissentlich über die Arroganz dieses Mannes her. In einigen Fällen war sogar etwas dran. Doch es gab die vielen und vielzuvielen, für die die Freimaurerei nichts als ihre persönliche Bühne war. Mit Vorträgen drängten sie ins Rampenlicht, boten sie wie Sauerbier an, um auf Gästeabenden pfauenhaft masonischen Phrasendrusch zum x-ten mal wiedergekäut unters Volk zu streuen. Später fragte ich die wenigen prominenten Brüder, weshalb sie trotz alledem von den hehren Idealen und der Freimaurerei als Elite redeten. Manche sagten, im Ausland, zum Beispiel in Österreich, sei die Maçonnerie weniger heruntergekommen; andere sagten, für die Idee lohne es sich zu kämpfen. Je nun, dieser Ansicht war ich auch. Über mondsüchtige Auswüchse blickte man selbstgefällig hinweg. Über manches konnte man sich sogar unbrüderlich gut amüsieren. Über den alerten Bruder beispielsweise, der bereitwillig Fotos vom Johannisfest verteilte: „Der da direkt neben dem Großmeister steht, bin ich." Das klang hohl wie der Ritterschlag mit einem Plastikschwert. Einen leisen Hang zur Selbstüberhöhung verriet auch jener Referent, der in seinem Vortrag über Goethes „West-östlichen Diwan" meinte: „Goethe sagt mit meinen Worten ..." Ihrer sind Legion. Verwechslungen ausgeschlossen. Viele erfinden das Rad neu oder die Maçonnerie, etliche können nur sich selbst reden hören. Alle sind wichtig, alle im Recht. Vorhang auf, Applaus für jeden. Bitte keine Selbstkritik. Wie schrieb August Horneffer in seinem Opus „Symbolik der Mysterienbünde": „Alle kultische Arbeit ist eigentlich Magie ..." Schwarze, graue, weiße? Der Freimaurer hat den Glauben verloren und merkt es nicht einmal.

Neben der Monty-Python-Freimaurersatire gibt es eine weitere, die buchstäblich die Comichaftigkeit des Vereins darstellt. In Folge 115 der Zeichentrickserie „Die Simpsons" wird Negativheld Homer Simpson in die Bruderschaft der „Steinmetze" aufgenommen. Diese Organisation weiß angeblich um die geheime, wahre Weltgeschichte. Alle Gründungsväter der USA waren Steinmetze. Nach Gründung der

Nation feierten sie eine große Party, bei der sie sich betranken, gegenseitig ihre Perücken anzündeten und ihren Versammlungsort zerstörten. Zu Aufnahme bedarf es einiger Prüfungen. Dem künftigen Mitglied werden die Augen verbunden, man sagt ihm, er müsse aus dem fünften Stock springen, um seinen Charakter zu beweisen. Tatsächlich wird er nur von einer kleinen Erhöhung geschubst, worauf alle Mitglieder ihn auslachen. Bei mehreren Prüfungen dreschen die Steinmetzen mit Paddeln auf den Kandidaten ein. Später muss das neue Mitglied beim „heiligen Pergament" und mit einer Hand auf dem Buch mit dem Zeichen der Steinmetzen schwören. „Bei diesem heiligen Pergament schwöre ich, wenn ich die Geheimnisse der Steinmetze verrate, möge mein Magen sich aufblähen, und es sollen mir sämtliche Haare vom Kopf fallen bis auf drei." Hauptgrund des Treffens der Steinmetzen sind Saufgelage. Immerhin, deren Weltrat besteht aus illustren Persönlichkeiten, mit von der Partie Ex-US-Präsident George Bush sen. und Hollywood-Darsteller Jack Nicholson.

Diese Parodie trifft auf die ganze esoterische Szene zu, gleich ob Rosenkreuzer oder Pythagoräer, alle brüsten sich mit angeblich uralten Ritualen. Wer nur etwas genauer hinschaut, entdeckt, dass es sich dabei um absurdes Laienspiel handelt. In der gesamten Esoterikszene schaffen sich Menschen ihre eigene Welt und machen sich darin unentbehrlich. So einfach ist das in manchen Köpfen.

## JOSEPH

Nach dem Johannisfest stand für mich ein Krankenhausaufenthalt an. Ich nutzte die Sommerpause, um mich einer nicht unbedingt schwierigen, dafür um so schmerzhafteren Operation zu unterziehen. Die Operation war weniger schlimm als die Tatsache, dass der Operateur nach einer Methode arbeitete, bei der die Wunden nicht vernäht, sondern geklammert werden. Offenbar waren ihm auch bei anderen Patienten mehrere Fehler unterlaufen, denn später las ich in der Zeitung, dass er seine Praxis aufgeben und sich mit etlichen Klagen auseinandersetzen musste. Aus dem Krankenhaus zurück, verlor ich soviel Blut, dass ich zusammenbrach. Ein langwieriger Heilungsprozess setzte ein. Mein erster Weg nach dem Krankenhausaufenthalt führte mich in die Sankt Cornelius Kirche meiner Heimatstadt. Ich kam mir denen, die dort saßen, haushoch überlegen vor, weil ich durch meine Logenmitgliedschaft über den Dingen stand. Jedenfalls dachte ich das. Ich setzte mich in die letzte Bank des Seitenschiffs. Am anderen Ende der Bank saß Joseph. Wie lange hatte ich ihn nicht mehr gesehen? Ich kannte ihn von Kindesbeinen an. Er war Milchmann gewesen. Viele hielten ihn für einen infantilen Spaßvogel. Freunde hatte er kaum. Er lebte allein, ein altgewordener Junggeselle. Ein Mann, der aussah wie ein armer Priester. Die braune Lederjacke saß spack um seinen untersetzten Körper. Die Kerzen spiegelten sich in den blanken Knöpfen, und man konnte nicht sagen, ob der Kragen gegerbt oder speckig war. Sein vom Schweiß glänzendes Gesicht sah käsig aus, ausgenommen da, wo rötliche Flecken die Backenknochen bedeckten. Flecken, die sich auf seiner langen, spitzen Nase verloren. Er sang nicht mit, er betete nur das Vaterunser laut und kniete, während alle anderen aufgestanden waren. Als ich 15 war, saß ich fast jeden Samstag in seinem Milchwagen und las ihm meine neuesten Gedichte vor. Er war einer der wenigen, die mir zuhörten. So etwas schätzt jeder, der sich in der Pubertät als verkanntes Genie fühlt. Nach meiner Rezitation schenkte er mir eine Packung Milch oder einen Joghurt. Irgendwann verloren wir uns aus den Augen. Ich hatte andere Zuhörer gefunden. Später überreichte ich ihm ein paar Gedichte von mir, „Undergroundverse". Nach der Lektüre bemerkte er: „Du brauchst Gott." Darüber machte ich mich lustig: „Gott braucht Verlierer", was ihn gekränkt haben muss. „Mach das mit dir aus", hatte er gesagt.

Nach dem Samstagabendgottesdienst sprach er mich an. Ich entzündete eine Kerze an der Pietà, vor der meine Großmutter immer gebetet hatte, als Mädchen, als junge Mutter im Ersten Weltkrieg, weil ihr Mann mit Diphtherie in einem Feldlazarett lag. Welche Schimären der Zeit, dachte ich, während ich die Pietà mit den Augen eines Kulturbesessenen betrachtete. Nein, ich kniete nicht. Ich stand über Demutsgesten. Neben mir Joseph, die Hände gefaltet, verklärter Blick. Er öffnete seinen schmallippigen Mund, gleichzeitig riss er seine Wasseraugen auf und betete. Magisches Denken ist ganz einfach, dachte ich in diesem Moment. Was wusste ich schon?

„Wenn du willst, gehen wir in eine Gaststätte", sagte Joseph, nachdem er sein Gebet beendet hatte.

„Heute nicht. Mir geht's noch nicht so gut."

„Vielleicht nächste Woche", bemerkte er.

Ich sah seinen traurigen Blick. „Nächste Woche", bestätigte ich.

Mein Weg, hatte ich mir vorgenommen, sollte mich zum Grab meiner Großeltern führen. Der Weg, normalerweise ein Fußmarsch von 15 Minuten, erwies sich als unangenehm schmerzhafte Angelegenheit. Aber ich stand am Grab und sagte, hier bin ich. Was wollte ich dort? Die Hiram-Legende finden? Ich hing in höchstem Maße an der Philosophie des Unfertigen, Unvollendeten und wollte mich vor dem Tod schützen wie ein Sucher in der Wüste. Zu Hause las ich in der Bibel, ich schlug eine Seite nach dem Zufallsprinzip auf: „Ein jeder nun, der sich zu mir bekennt vor den Menschen, zu dem werde auch ich mich bekennen vor meinem Vater im Himmel; wer mich aber verleugnet vor den Menschen, den werde auch ich verleugnen vor meinem Vater im Himmel" (Matthäus 10,32 ff.). Als Wohlfühlchrist mit allen Rechten und ohne Pflicht und Gebot, sah ich die Bibel mehr als Geschichtsbuch. Vom Glauben hatte ich alle Ecken und Kanten abgeschlagen, wie beim rauhen Stein.

In der darauffolgenden Woche in der Samstagabend-
messe saß Joseph wieder in der letzten Bank. Nach dem
Gottesdienst entzündete ich jeweils eine Kerze an der Immerwährenden Hilfe, der Pietà, dem Matthias-Altar und
dem heiligen Antonius. Dabei dachte ich daran, Lichter an
den vier Enden der Welt aufscheinen zu lassen. Ein typisch
esoterisches Hineingeheimnissen in alle möglichen Dinge.
Geschult durch den Symbolaberglauben der Freimaurer fä-
cherte sich, in immer bunteren Prismen gebrochen, ein ganzes Kaleidoskop an abergläubischen Interpretationsmög-
lichkeiten auf, die allesamt jeglicher Substanz entbehrten.

Diesmal folgte ich Josephs Einladung. Er bestellte einen
Cappuccino, ich zwei Kugeln Eis, Erdbeer und Haselnuss
mit Sahne. Daraus entwickelte sich eine Tradition. Jedes
Mal sprachen wir über die Predigt. Ein meistens recht wort-
karges Gespräch, das bei ihm in der Formel mündete: „Al-
les, was wir erkennen, ist Gnade. Die Gedanken sind das
Schlachtfeld, Junge, da trennt sich der Spreu vom Weizen.
Wir müssen immer wieder um den Heiligen Geist bitten."

Erst später verstand ich, was er mir damit sagen wollte.

## Weihe in den Rachegrad

Die Geschichte des Tempelordens übte insbesondere im
18. Jahrhundert auf die Freimaurerei einen ungeheuren
Einfluss aus. Dabei ist ein historischer Zusammenhang
zwischen Freimaurerei und Tempelrittern in keiner Weise
nachweisbar. An die Stelle Hiram Abifs tritt in den Areopa-
gen (den Werkstätten vom 19. bis zum 30. Grad) der letzte
Templergroßmeister Jacob Bernhard von Molay.

Die Zeitreise führt uns ins Jahr 1312. Der französische König Philipp der Schöne ließ die Tempelritter gefangenneh-
men. Kurz zuvor hatte Papst Clemens V. den Orden aufgehoben. Die Templer wurden gefoltert und hingerichtet. Man
rang ihnen das Geständnis ab, sie hätten Baphomet ange-

betet und das Kruzifix bespien. Am 18. März 1314 führte man den letzten Großmeister der Templer, Jacob von Molay, auf den Scheiterhaufen. Die Legende besagt, er habe ausgerufen: „Ich lade euch vor den Stuhl des höchsten Richters, dich, Clemens, in 40 Tagen; dich, Philipp, vor Jahresende!". Beides traf ein. Bei Legenden wird nie deutlich, was im nachhinein zur Bestätigung hinzukomponiert wurde. Entsprechend stolz klingen die Aussagen im 30.-Grad-Ritual: „Wir, die geistigen Erben der Tempelritter (...) haben mit Eifer danach getrachtet, ihre Rächer zu sein (...) Nicht solcher Art ist unsere Rache, wie sie an Philipp dem Schönen und nach ihm an anderen Tyrannen in Erfüllung ging. Ein Tag unserer Rache war es, als allen Machthabern zum Trotz die Menschenrechte proklamiert wurden. Aber unser Werk ist bei weitem noch nicht vollendet (...) Nicht der Dolch des Meuchelmörders, das Beil des Henkers, das Stilett des Verleumders sind unsere Waffen. Die Feder und das Wort, der Einfluss, den jeder von uns in seinem Kreise hat (...) das sollen unsere Waffen sein."

So weit, so löblich. Nichts spricht dagegen, die Menschheit aus den Niederungen, in die sie gesunken ist, durch die Verbreitung segensreicher Bildung, durch Erziehung zur Menschlichkeit zu entwickeln. Oder ist damit die revolutionäre Inbrunst gemeint, alle Lebensbereiche zu humanisieren, die radikale Abkehr von Offenbarungschristentum und Kirche zugunsten einer natürlichen Aufklärungsreligion mit eigenen Kultformen in einem totalen Staat zu erschaffen? Die Tatsache, dass Freimaurer die Französische Revolution nicht nur vorbereiteten, sondern aktiv gestalteten, widerspricht der im 30. Grad propagierten Idee, per Gedankenmacht die Welt zu verändern. Das ganze Auftreten der Freimaurerei, insbesondere des Grand Orient de France spricht dagegen. Wer die innere Welt der Freimaurerei nur einigermaßen kennt, sieht sie auch als geistige Vorreiterin des Materialismus, die eine absolute Herrschaft des Menschen vertritt. Die Maurer stehen auf dem Boden des Rationalismus und Laizismus und sind bestrebt, den Einfluss der Kirche aus dem öffentlichen Leben auszuschalten. Doch liegen die Verschwörungstheoretiker richtig, die insbesondere im 30. Grad eine gesteuerte geistige Revolution sehen, die das Ziel verfolgt, das Christentum zu entchristlichen? Freimaurerautor Charles von Bokor nimmt in seiner „Geschichte der Freimaurerei" (1980) zwar keinen Bezug auf die Templerlegende, wohl aber auf die erste Bannbulle von Papst Clemens XII: „Die Unfehlbarkeit des Papstes und der Ablasshandel stießen bereits im 14. und 15. Jahrhundert auf scharfe Ablehnung." Wieder einmal hat ein masonischer Katholikengegner schlecht recherchiert, die Unfehlbarkeit des Papstes gilt erst seit dem 19. Jahrhundert. Maliziös fährt er fort: „Die evangelischen Glaubensgemeinschaften (...) schlugen eine Bresche in die Festung der katholischen Kirche. Die Religion, die brüderliche Liebe predigte, konnte sich nicht mehr auf die Folter stützen, um sich zu behaupten." Sind damit die neuen Methoden raffinierter Beeinflussung gemeint, die der Freimaurerei erlauben, die Kirche zu infiltrieren, wobei sie in den Milieus der Progressisten tatkräftige Unterstützung findet? Um so verwunderlicher, dass Theologen wie Vorgrimler oder Alois Kehl wortgetreu so argumentieren wie er.

Weiter gefragt: Was meint Albert Pike, wenn er in „Morals and Dogma" schreibt: „Das Freimaurertum, wie all die Religionen, all die Mysterien, wie die Hermetik und wie die Alchemie, verbirgt seine Geheimnisse vor allen außer vor den Eingeweihten und Weisen, den Auserwählten, und benutzt falsche Erklärungen und falsche Interpretationen seiner Symbole, um jene irrezuführen die es verdient haben, nur irregeführt zu werden; um die Wahrheit zu verbergen, die Licht genannt wird, und um (die Unwürdigen) davon wegzuführen."

Man kann es als klares Bekenntnis zur Elite sehen. Man kann es auch als Statement für einen Geheimorden verstehen. Auf jeden Fall ist es eine Ablehnung des christlichen Weltbildes und propagiert einen Clash der Religionen.

Bevor der zu Weihende in den 30. Grad befördert wird, muss er vor der Tempeltür zwei Säulen umstoßen. Der Dreimal mächtige Großmeister sagt: „Indem du das Göttliche in dich aufnimmst, dich mit ihm eins fühlst, lässt du alles hinter dir, was bisher deines Lebens Halt auf dieser Erde war. Mit diesem Schritt löst du auch jene Fesseln der Unfreiheit des menschlich Bedingten."

Auf dieses Geheiß stieß ich die Säulen um, und der Zeremonienmeister führte mich über die Trümmer hinweg zurück in den Tempel.

Das Ritual fordert die Überwindung aller Religion, denn die verschiedenen Religionen gäben vor, „sie könnten die Führung in das Reich des Unerklärbaren und Unerreichbaren übernehmen. Das Ergebnis muss doch immer wieder Täuschung sein. Wie kann man mit menschlichem Maß Übermenschliches messen?" Was der Neophyt durch seine Tat verneine, sei vielmehr „der Glaube, solchen Symbolen komme – abgesehen von den Vorstellungen, die *wir* in sie hineindenken – eine absolute Bedeutung zu." In allen Religionen werde auf die Pflichterfüllung hingewiesen und dabei in der Regel eine Belohnung im Jenseits versprochen. „Wir aber – auf dieser Stufe der maurerischen Erkenntnis angelangt – sagen dir, dass man sich im Streben nach dem Guten weder von irdischen Interessen, noch von der Besorgnis um das, was nach dem Tode zu vergegenwärtigen ist, beeinflussen lassen sollte". Dieses irreführende Egoismus-Design endet im atheistischen Humanismus.

Die Grade 19 bis 29 werden im Ruckzuckverfahren vorgelesen. Schon der 19. lehrt den Kampf gegen religiöse Werte, die als Unwissenheit, Aberglaube, Dogmatik und Fanatismus gebrandmarkt werden. Im 20. wird mitgeteilt, der Hochgradmaurer sei berufen, Anweisungen zu geben, und stehe somit ab dieser Erkenntnisstufe souverän über der Johannisfreimaurerei. Der 21. Grad verweist auf die Menschenrechte, die vor allem anderen zu stehen haben. Beim 22. zerschlägt man mit Hilfe des Symbols der Axt Auswüchse, die das Zusammenleben der Menschen beeinträchtigen. Der 23. mahnt zur Wachsamkeit, der 24. gipfelt im Hinweis auf die Idee der Evolution, in der dem technischen Fortschritt Rechnung getragen wird. Dem Besitzer materieller Güter zeigt der 25. Grad, dass er die Möglichkeit esoterischen Wirkens nutzen soll. Der 26. erklärt, dass sich maurerisches Denken über alle weltliche Schranken erhebe. 27. Grad, Verweis auf Ritterlichkeit, auch ohne Wappen und Waffen. Der 28. trägt die Etikettierung „Sonnenritter": „Ein einziger Schlüssel – das Symbol – öffnet dem Menschen das Tor zur Fühlungsnahme mit dem Absoluten". Der Übergang, der die „Ritter vom Rosenkreuz" des 18. vom 30. trennt, der 29. Grad, tituliert mit dem wundersamen Namen des „Groß-Schotten vom Heiligen Andreas". Die Lehre dieses Grades wird in vier Sätzen zusammengefasst: „Streng nach dem Gesetz der Logik zu denken, der Wahrheit zu dienen, die Tugenden zu fördern, für das Rechte zu kämpfen." So weit, so verschwommen. Man gelobt resolut, vom Gang durch die Grade ermüdet, die masonischen Grundsätze als Wohltäter der Menschheit überall und immer zu verwirklichen. Nein, der Eingeweihte muss nun nicht das Kreuz mit Füßen treten oder es bespeien. Ein eingetragener Bürgerverein wie die Maurer könnte sich diese Blasphemie gar nicht erlauben. Die Blasphemie ist symbolischer, wesentlich subtiler. Der philosophische Symbolismus des 30. Grades besteht wesentlich im Ritual des Ersteigens einer geheimnisvollen Leiter, deren sieben Stufen die sieben freien Künste bezeichnen. Nec plus ultra (Und nichts darüber hinaus). Die oberste Stufe zeigt an, dass der Kandidat die Höhe der freimaurerischen Einweihung erreicht hat. Im nun folgenden „Vergeltungsgrad" werden drei Totenschädel enthüllt. Man gelobt Gehorsam gegenüber dem Bund, dabei führt der Zeremonienmeister einen Degen gegen den Schädel, auf dem sich eine Königskrone befindet. Man gelobt Widerstand gegen „eine Diktatur", dabei sticht die Degenspitze auf den Totenschädel, der die Papstkrone trägt. Man gelobt, sich niemals mit der Knechtung des Geistes abzufinden. Die Degenspitze zielt nun auf den Schädel mit dem Lorbeerkranz. „Niemals werde ich (...) am höchsten Gut der Menschheit – an der Freiheit – Verrat üben", hört der Neuling den Redner sagen. Weiter klingt an, das Schwert, dass der 30.-Grad-Bruder trägt, überlegt zu gebrauchen, es jedoch erst dann wieder in die Scheide zurückzustecken, „wenn der Gerechtigkeit Genüge getan ist". Was damit gemeint ist? Zuvörderst wohl die hochlöbliche Verteidigung der Menschenrechte. Leider stoßen sich die Dinge da hart im Raum. Oder vielleicht legte der ehemalige US-Präsident und Freimaurer Truman die im 30. Grad explizit erwähnten Menschenrechte nur etwas weit aus, als er den Befehl zum Abwurf der Atombomben auf Nagasaki und Hiroshima erteilte? War die Verteidigung der Freiheit mit „Feder und Wort" damit gemeint? Oder die im Vergeltungsgrad geforderte Verteidigung humanistischer Ideale? Wie heißt es im Ritualtext des 30. Grades: „Die Menschheit [nicht Gott!, d. V.] führt ein Schuldbuch, in dem Missbrauch und Wohltat streng geschieden und unbestechlich vermerkt sind. Ob Dynamit oder Gas, Gift oder Atomzerfall in die Klauen des Hasses oder in die Hände der Liebe gelangen, entscheidet der Mensch."

Ob die ausgelöschten Opfer oder ihre verstrahlten Hinterbliebenen an die „Hände der Liebe" dachten, sei dahingestellt. Vielleicht gilt ein weiterer Ritualtext: „Wie alles Erkennbare, so ist auch das Menschenleben einer der unzähligen Kristallisationspunkte der Unendlichkeit in Raum und Zeit. In der Harmonie des Weltalls hat auch das den Menschen als das Böse, das Unglück und das unzulänglich Erscheinende seinen Platz". Zugegeben, der Vergleich wirkt auf den ersten Blick in seiner Provokation banal. Doch es ist die Banalität der Inkonsequenz. Kein manichäischer Dualismus wird bemüht zur Erklärung des Bösen, aus den Menschen allein steigt es auf und kommt in der Welt zur Machtentfaltung. Die freimaurerische Ethik behandelt bestenfalls das Problem der Unvollkommenheit und der Naturnotwendigkeit, mit keiner Silbe den Erlösungsgedanken Gottes. Authentisches Christentum ist schlichtweg unvereinbar mit dem Freimaurertum. Das sah ich immer noch nicht so, trotz der Weihe in den 30. Grad. Im Gegenteil, ich hätte dieses Argument mit dem Toleranzgedanken ausgekontert.

## Zweite Amtsperiode

Warum tat ich mir das an? Ich könnte sagen, die Brüder, insbesondere die Älteren, die inzwischen von meiner Arbeit angetan waren, überredeten mich. War ich nur Jasager aus Opportunismus und Bequemlichkeit? Ich habe mir diese Frage im nachhinein oft gestellt, ohne zu einem befriedigenden Ergebnis zu kommen. Im Grunde gibt es nur eine schlüssige Antwort: Es schmeichelte meiner Eitelkeit. Wenn mich die Selbstdarstellungsgesten einzelner belustigten, durfte ich über meine eigenen nicht minder belustigt sein. Ich fühlte mich heimisch in diesem Gefühls- und Gedankenchaos. Alles, was man erlebte, wurde ins eigene Leben hineingewoben – oder freimaurerisch gesagt, mit in die Arbeit am rauhen Stein hineingenommen. Eine Schule des Lebens der besonderen Art. Diesmal gab es keinen anderen Kandidaten. Dennoch bekam ich zwei Gegenstimmen mehr als bei meiner ersten Wahl. Das störte mich nicht weiter. Die Loge hatte inzwischen etliche Zugänge zu verzeichnen, durchaus lag eine gewisse Befriedigung darin, verschiedenartige Menschen zusammenzuführen.

Inzwischen hatte die Großloge meine Arbeit registriert. Der Großkanzler nahm Kontakt zu mir auf. Schuld daran war allerdings weniger meine Arbeit als Logenmeister. Alfred Cornelisen hatte Reklame für mich gemacht. Der damalige Großkanzler war ein redseliger Mann und schwerer Strippenzieher. Ihm wurden Infos aus allen Logen und Distrikten gesteckt. Er wurde in Entscheidungen einbezogen, verteilte Lob und Tadel. Eine graue Eminenz, und in dieser Position entscheidender als der Großmeister. In Köln sollte ein Freimaurerzentrum entstehen. Alfred schickte mir sein Konzept zu, nicht ohne Absicht. In der Kölner Loge war kein geeigneter Nachfolger in Sicht. Der Favorit des amtierenden Stuhlmeisters galt als zu jung.

„Du musst es machen", meinte Alfred.

Ich stimmte zunächst einer Doppelmitgliedschaft zu. Allein der aktuelle Stuhlmeister schien nicht davon begeistert. Als hätte ich in Mönchengladbach nicht genug zu tun. Es gab wieder Probleme. Statt miteinander zu reden, schrieben sich Brüder böse Briefe (immer einer in Kopie an den Logenmeister, der die Sache dann ausbaden soll). Man bezichtigte sich gegenseitig des unfreimaurerischen Verhaltens und formulierte seine Wut in der Ausschließlichkeitserklärung: „Mit diesem Bruder stelle ich mich nicht in eine Kette."

Andere Brüder schalteten sich ein, um zu vermitteln. In Wahrheit natürlich kein Vermittlungsversuch, sondern einseitige Parteinahme. Der Meister vom Stuhl ist oft ein Meister zwischen den Stühlen. Denn Vereinsmeier sind nachtragend, besonders wenn sie sich in der Tradition von Lessing, Mozart und Goethe glauben. Jedes Mal muss man den Jungs gut zureden und ihnen versichern, dass „ihr Köpfchen nicht eckig, sondern rund ist". Diese Redewendung stammte vom damaligen Großkanzler. In einer süddeutschen Loge ist ein Stuhlmeister hinter dem Meistertisch zusammengebrochen und musste vom Notarzt behandelt werden, weil zwei Brüder sich während einer Tempelarbeit wütend beschimpften. Aus dem 19. Jahrhundert ist der Satz überliefert, eine Freimaurerloge sei schwerer zu hüten als ein Sack Flöhe. Manche verstehen das als Lobhudelei auf die Individualität. Jedenfalls sind die Entschuldigungsmechanismen gut geölt. Unter dem Aspekt der Ehrengerichtsverfahren macht der Tempelbau der Humanität große Fortschritte.

Braucht deshalb der selbsternannte humanistische Freundschaftsbund zur sittlichen Vervollkommnung gnostische Rituale? Nebbich. Zumal man berücksichtigen muss, dass das heutige Ritual abergläubischer Elemente nicht gänzlich beraubt ist, sondern diese nur auf Humanität gebürstet wurden. Auf Hohlformen dieser Art sind alle esoterischen Vereine geeicht. Zwangsläufig ergeben sich Berührungspunkte in diesem Spektrum. Die freimaurerische Geschichte kennt etliche Abspaltungen, Neugründungen, sektiererische Wege. Fraglos, die „reguläre" Freimaurerei wird nicht müde zu betonen, dass „Loge" kein geschützter Begriff sei. Doch es ist kein Zufall, dass im maurerischen Kielwasser andere mystische Organisationen segeln. Theosophen und Anthroposophen, Rosenkreuzer und Neu-Pythagoräer, aber auch offenkundig satanistische Sekten wie der crowleysche „Ordo Templis Orientis" (OTO) oder die „Fraternitas Saturni", fühlen sich als wahre Hüter des Steins der Weisen. Eine skizzierende Übersicht der okkultistischen Gedanken fällt schwer, weil sie nicht systematisch geordnet auftreten. Dass es sich bei den ganzen esoterischen LSD-Trips in Wahrheit um vergorenen Wein in alten Schläuchen handelt, liegt zum Teil an der Absurdität der Rituale, beziehungsweise den miserablen Laienspielern, die schon der Geheime Rat Goethe, selbst Illuminat und Freimaurer, beklagte. Vielleicht ist es schlicht so, wie die ‚Alten Freien und Angenommenen Maurer' auf ihrer offiziellen Website mitteilen: „Allerdings verwenden die Freimaurer Symbole, die dem religiösen Bereich entlehnt sind, wie zum Beispiel das Symbol ‚Großer Baumeister aller Welten'. Dieses Symbol verkörpert jedoch keinen eigenen freimaurerischen Gottesbegriff, den es nicht gibt." Der Eindruck trügt nicht. Wer derartige sprachliche Katastrophen produziert, erträgt auch einen rituellen Super-Gau. Die Freimaurer, die sich in der Öffentlichkeit gern auch mal als Helden der „Verschwörung zum Guten" abfeiern lassen, sind, ritualistisch betrachtet, dem Habadababa näher als der Magie des fiktiven Raums. Nicht von ungefähr wimmelt es in der okkultistischen Esoterikszene von Großmeistern, Erleuchteten, Erlauchten und Souveränen Großkommandeuren. Der Aberglaube ist letztlich überall derselbe, nur unterschiedlich aufgebauscht. Immer hat irgendein Bruder mit Spökenkiekerei zu tun. Horoskopie, Chiromantie oder Kartenlegen. Natürlich lehnt man Aleister Crowley ab, benutzt aber sein Tarot zur Zukunftsdeutung. Von Crowley hatte ich bis zu meiner Logenzugehörigkeit nur am Rande gehört. Ein Bruder, ein begabter, sensibler junger Mann mit Neigung zum Extremen, gestand mir eines Tages, er unterhalte Kontakt zur Satanssekte „Fraternitas Saturni". Ich informierte umgehend die Großloge und bat um Amtshilfe. Mir war allzu klar, zu welchen Verdächtigungen eine solche Gemengelage führen konnte. Merkwürdig, dass die Paranoia bezüglich Verschwörungstheorien bei Freimaurern noch extremer ausgeprägt ist als bei den Verschwörungstheoretikern selber. Später, als ich ein Großlogenamt innehatte, erfuhr ich, dass man großlogenseits eher lax mit dem Thema Satanismus umging. Immerhin gab es im Freimaurerorden sogar einen Logenmeister, der ein hochrangiges Mitglied bei der Fraternitas-Sekte war. Um das Ganze noch zu toppen: Der Hauptsitz des Freimaurerordens in Berlin stand mehrfach dieser Satanisten-Loge für deren Jahrestagung inklusive Tempelarbeit zur Verfügung. Der auf Abwege geratene Bruder berichtete, wie Fraternitas-Leute im Tempel des Freimaurerordens schwarzmagische Rituale durchführten, wobei sie „den Drachen, die alte Schlange" anriefen. Nur zur Erinnerung, der Freimaurerorden (FO) bezeichnet sich als „christlich". Warum öffnet der Freimaurerorden einer solche Satanistengemeinschaft, die immerhin aufgrund des Verdachtes von Kinderschändungen polizeilich beobachtet wurden, die

Tempeltüren? Liegt es daran, dass dieser Orden in seinen höheren Graden übermannshohe ägyptische Kultfiguren aus Pappmaché verwendet? Was Isis-Figuren oder eine Pharaonengestalt mit dem Christentum zu tun haben, konnte mir keiner der FO-Brüder logisch beantworten. In meiner Mönchengladbacher Loge hatte sich das Thema Satanismus rasch erledigt. Der junge Bruder legte dem Logenvorstand sein Austrittsschreiben und die Austrittsbescheinigung von der „Fraternitas Saturni" vor. Vieler persönlicher Gespräche bedurfte es, um ihn zu diesem Schritt zu bewegen. Nicht auszudenken, was aus ihm in den Fängen der Satanssekte geworden wäre. Später verließ er die Freimaurerei, um sich dem Katholizismus zuzuwenden. An ihm wird deutlich, wie schmal der Grad ist, auf dem Freimaurer sich bewegen. Immer in Kontakt mit rituellen Ungereimtheiten, aufgerufen zur Selbsterhöhung, erliegen sie schnell einem anderen Aberglauben, der ihnen verspricht, tiefer in die esoterischen Untiefen vorzudringen. Weshalb ausgerechnet der heroinabhängige Sodomist Aleister Crowley in weiten Teilen der Esoterikszene als großer Magier gehandelt wird, kann nur mit einer gewissen Hartleibigkeit der Spökenkieker erklärt werden. Selbst die Beatles widmeten ihm einen Platz auf dem Cover des Albums „Sgt. Pepper's Lonely Hearts Club Band". Crowley hätte das als Ehrung empfunden, gleichwohl als kleine. Denn der Junkie, der sich – in Anspielung auf die Apokalypse des Johannes – mit dem Titel „The Great Beast" versah, gab sich als der verheißene Antichrist aus. Die böse Banalität Crowleys zeigt sich an einem Satz, der in Esoterikkreisen gern als Grundgesetz zitiert wird: „Tu was du willst", vollständig lautet er: „Tu was du willst, soll sein das Ganze des Gesetzes." Das Copyright liegt allerdings nicht bei Crowley. Er hat nur einen ursprünglich heiligen Satz schnöde verfälscht. Beim Kirchenvater Aurelius Augustinus lautet dieser Satz richtig: „Liebe, und dann tu, was du willst." Augustinus schreibt ihn in Anlehnung an das Matthäusevangelium, wo Jesus sagt: „Alles nun, was ihr wollt, dass euch die Leute tun sollen, das tut ihnen auch! Das ist das Gesetz und die Propheten" (Matthäus 7,12). Die Goldene Regel also, an der sich nach Crowley und Konsorten auch noch andere vergreifen sollten. Was sich bei der selbsternannten Bestie wie eine knappe Zusammenfassung des Originals anhört, ist in Tat und Wahrheit dessen böswillige Verkehrung. An die Stelle einer Ausrichtung auf den Nächsten tritt Selbstvergottung, an die Stelle einer Verantwortungsethik selbstsüchtige Gesinnungsethik. Der Crowley'sche Satz ist auch in Michael Endes Jugendbuch „Die unendliche Geschichte" zu finden. Ende war zwar kein Freimaurer, aber sein anthroposophischer Urgroßvater stand der Maurerei nahe. Rudolf Steiner fabuliert in „Die Tempellegende und die goldene Legende über das Wesen und die Aufgabe der Freimaurerei": „Wir haben es im wesentlichen zu tun mit einem besonderen Ritus, nämlich mit dem, den man als vereinigten Ritus von ‚Memphis und Misraim' bezeichnet." Damit meint Steiner ein Hochgradsystem von 99 Graden, das immer noch in Deutschland, vorwiegend in Norddeutschland, in irregulären Winkellogen bearbeitet wird. Steiners Poesiealbenmystik geht noch weiter: „Etwa vom 87. Grad angefangen, beginnen die eigentlichen okkulten Grade, in die nur diejenigen eingeweiht werden können, welche sich dem wirklichen Okkultismus widmen (...) Aber das schadet bei der Maurerei nicht besonders viel, weil sie ihre Aufgabe erst wieder erhalten wird, und dann werden auch die Organisationen da sein, die Hülle wird da sein, die man braucht, um das zu erreichen, was erreicht werden soll."

Wie anders wirkt die Addition von „Liebe" und „wahrem Willen" beim Augustinus-Wort: „Liebe, und dann tu, was du willst." Darin steckt die Summe christlichen Lebens, die Überwindung jeder materialistischen Sklavenmoral. Orakelschauungen, Rituale, all das führt die Menschen auf gefährliche Irrwege.

Oktoberlicht tanzte auf den Rheinwellen und senkte sich kaum später in der Ferne in den rotdurchfluteten Fluss. Eine Möwe, eigentlich nur verfolgt von plötzlich aufkommenden Windböen, prallte mit vollem Schwung gegen die getönten Fensterscheiben des Hyatt, hinter denen noble Gäste auf einen Shuttle-Bus warteten. Der Aufprall, deutlich hörbar, ließ sie ihren Blick dorthin wenden, und von dort auf mich, der draußen vor der Tür unschuldig auf den Vogel sah. Es schien so, als klebe er fest, bis er mit heftigen Flügelschlägen aufflatterte, um nicht abzurutschen. Bald fiel er doch zu Boden, hilflos taumelnd, wie ein verirrter Satellit, ehe er mit unsicheren Schwüngen kreischend davonflog. Wir sind noch einmal davongekommen, dachte ich. Die Augen der Hotelgäste, die dieses Unglück wie ein Foto festgehalten hatten, wandten sich wieder wichtigeren Dingen zu.

Was wollte mir dieser Vorfall eigentlich sagen? Ich fand keine Antwort, beschloss deshalb sibyllinisch, dass die Sache durch meine abergläubischen Augen mehr Bedeutung bekam, als sie tatsächlich hatte. Um fünf war mein Termin mit dem Distriktsmeister. Er wollte mich sprechen. Worum es ging, lag auf der Hand. Falls ich tatsächlich die Stuhlmeisterschaft in Köln übernehmen sollte, wollte ich in gleichzeitig in Mönchengladbach Meister vom Stuhl bleiben. Das hatte ich mir ausbedungen, der Großkanzler hatte mir diese Option zugesichert. Kurz darauf nahm der Distriktsmeister von Nordrhein-Westfalen mit mir Kontakt auf. Natürlich hatte ihn der Großkanzler informiert. Wie er ihn unterwiesen hatte, blieb ein Geheimnis. Wir trafen uns zu einem Gespräch in einem Café im Kölner Hauptbahnhof. Der Distriktsmeister kam umgehend auf den Punkt: „Du hast in deiner ersten Amtszeit in Mönchengladbach gesehen, welche Klippen es zu umschiffen galt. Vergiss nicht, die letzten vier Stuhlmeister vom ‚Ewigen Dom' sind im Unfrieden ausgeschieden oder über Ehrengerichtsverfahren ausgeschlossen worden. Köln ist ein verdammt glattes Parkett. Nicht, dass ich es dir nicht zutraue, nur, zwei schwierige Logen gleichzeitig zu führen, ist ein unmöglicher Spagat."

„In Mönchengladbach habe ich schon einen Nachfolger im Auge", entgegnete ich, „Im nächsten Maurerjahr wird er sukzessive an die Aufgabe herangeführt. Das wird mich entlasten."

Den Distriktsmeister schienen meine Gedankengänge nicht zu überzeugen. „Gut, du hast keine Familie, kannst dich auf deinen Beruf und die Freimaurerei konzentrieren. Vergiss nicht, es gibt die Gefahr, Berufsmaurer zu werden."

Die Mitteilungen des Distriktsmeisters ließen sich leichter ausdeuten als der Vorfall mit der Möwe. Ich hatte seine Warnung vernommen. Der Rest des Gespräches erschöpfte sich in Höflichkeitsfloskeln. Wir versicherten uns der gegenseitigen Brüderlichkeit und trafen eine Stunde später im Logenhaus ein, in Vorfreude auf ein gelungenes Ritual. In der Loge „Zum Ewigen Dom" legten sie großen Wert auf Tempelarbeiten. Man musste nicht Christophers Meinung teilen, der sich in „priesterlicher Funktion" sah. Kein Logenmeister wird geweiht, keiner steht in einer priesterlichen Sukzession – und Selbsterhöhung ist kein ausreichender Ausweis.

Christopher Wirtz war ein machtbewusster Mann. Stattlich und stramm stand er am Tresen des Kölner Bankettsaals, eine dicke Zigarre in der Rechten – wobei er den kleinen Finger abspreizte, wie feine Damen es tun beim Anheben einer Kaffeetasse. Er lächelte zufrieden, den schwammigen Kopf gerötet, Schweißperlen auf der glatzenwunden Stirn, die nur wenige Haarsträhnen unregelmäßig bedeckten. „Mein Bruder, ich weiß nicht, ob du schon gehört hast, ich habe das bronzene Ehrenabzeichen der Deutschen Freimaurer für meine besonderen Verdienste bekommen. In Köln Stuhlmeister zu sein ist so, als würde man ein mittleres Unternehmen führen."

„Glückwunsch", sagte ich. „Übrigens, von Alfred weiß ich, dass ihr Interesse daran habt, mich in die Loge aufzunehmen. Wenn ich dein Nachfolger werden soll, müsste das rasch geschehen, damit die Brüder und ich uns kennenlernen."

Er sah mich durchdringend an. „Ich habe mich nicht umsonst in der Freimaurerei von unten nach oben gearbeitet. Du wirst sehen, ich werde noch in der Großloge eine Rolle spielen."

„Was willst du mir damit sagen?"

„Dass ich hier das Sagen behalten werde. Ich werde als Supervisor das Projekt Freimaurerzentrum begleiten. Das Silberne Ehrenzeichen ist dafür das Mindeste."

„Christopher, ich dränge mich nicht auf. Die Idee, dass ich nach Köln komme, stammt vom Großkanzler und von Alfred."

Er hob verächtlich seine Augenbrauen. „Eben, von mir stammt sie nicht."

Damit ließ er mich stehen.

## Ins Gebet nehmen

Leise fiel die Tür hinter mir ins Schloss. In der Kirche war ich der erste, eine halbe Stunde vor Beginn des Gottesdienstes. Ich entzündete eine Kerze an der Pietà und dachte dabei an die Lichtgebung bei einer Tempelarbeit. Ich hatte das Christentum nach meiner persönlichen Interpretation gefunden, aber noch keinen rechten Glauben. Das lag daran, dass ich die Madonna mit Jesuskind einer antiken Statue der Isis mit dem Horusknaben gleichsetzte. Vor allem neigte ich zum Vergleich. Ich sah den Priester als „Ritenführer" und achtete mitunter weniger auf das Wort, das er verkündete, sondern mehr auf die Art und Weise, wie er die Messe zelebrierte. Es gab in manchen Gemeinden Priester, die jagten durch die Messfeier, ließen Lieder aus, beteten das Vaterunser in zehn Sekunden herunter und schlugen das Kreuzzeichen nur halb. Das wirkte lustlos und färbte ab auf die Gemeinde. In Sankt Cornelius hatte ich das Glück, auf einen Pfarrer zu treffen, der eine gute Aussprache und eine gute Stimme hatte und sehr gewissenhaft die Messfeier gestaltete. Was mir imponierte, fast jedes Lied kannte er auswendig und sang laut mit, woran sich die Gemeinde orientieren konnte. Wenn ich nur daran dachte, dass in der Freimaurerei etliche Brüder selbst nach jahrzehntelanger Zugehörigkeit ihre Texte nicht auswendig beherrschten.

Ich entzündete eine zweite Kerze. Nein, ich fand noch immer nicht die Kraft, mich hinzuknien. Ein paar Tage zuvor hatte in unserer Loge ein Zen-Buddhist einen Vortrag gehalten und dem staunenden Publikum verkündet, dass er stundenlang knie, um zu sich selbst zu finden. Hin und wieder schlüge ihm ein anderer mit einer Pritsche fest auf seine Schultern, das diene dazu, wieder Konzentration zu erlangen. Hätte ein Christ so etwas erzählt, ich hätte ihn als mittelalterlichen Geißler verhöhnt. Die Schilderungen des Buddhisten wirkten hingegen logisch. Ich betrachtete die Pietà aus dem Nichts und entzündete eine dritte Kerze. Die Welt sollte ihre Masken fallenlassen, dachte ich. Das konnte sie nicht, weil mein Geist nicht rein war, aber daran dachte ich nicht. Kybele, Athene, Maria, zeig mir dein Antlitz. Mein Gedankenkarussell hatte so viel Fahrt aufgenommen, dass ich den Beginn der Messe nicht mitbekam. Erst nach der Lesung setzte ich mich in die Bank, wo Joseph schon auf mich wartete. Er begrüßte mich flüsternd: „Warst wohl sehr im Gebet vertieft."

„In Gedanken", verbesserte ich, ebenfalls im Flüsterton.

Verstand ich das Geheimnis des Glaubens? Nein, ich hielt es für eine Floskel, wohingegen ich meinen Einweihungsweg für den erleuchteten Weg der Weisheit hielt. Hier sangen sie: „Tauet Himmel den Gerechten". Ich sang nicht mit. Sang nie mit. Messbesuch, ja – richtig mitmachen, nein. Ich fühlte mich dem entwachsen, aus oben genannten Gründen. Und wenn ich noch hundertmal dachte, uns fehlt es weder an Wissen, noch an Intelligenz – nur an Demut dachte ich nicht. Da war sie wieder, die giftgetränkte Pflanze des Stolzes, von Buhlteufeln gereicht. Wahrheit? Darunter verstand ich die Zusammenführung aller Religionen zu einer neuen Weltreligion. Eine Zusammenführung auf niedriger Basis, dem kleinsten gemeinsamen Nenner (die Goldene Regel) – Gott dabei ausklammernd, beziehungsweise als Großen Baumeister aller Welten definierend. War das ein schleichendes Gift?

Einen schlichten Vergleich brachte der Priester in seiner Predigt: „Stellen Sie sich einen Wetterfrosch in einem Einmachglas vor. Gemütlich wandert er an seiner Leiter nach oben, wenn es gutes Wetter gibt – wenn es schlechtes gibt, bleibt er unten. Das geht so tagaus, tagein, bis ein böser Mensch auf den Gedanken kommt, ihn zu beseitigen. Nun könnte er einfach heißes Wasser in das Einmachglas einfüllen, und der Frosch wäre auf der Stelle tot. Der böse Mensch denkt aber, es sei effektiver, ihn langsam zu töten, damit ihm andere keine Vorwürfe machen könnten. Deshalb gießt er warmes Wasser nach. Jede Stunde etwas mehr, am anderen Tag wieder. Der Frosch, könnte man meinen, gewöhne sich langsam an die permanent steigende Temperatur. Nein, er geht langsam daran zugrunde. So langsam, dass ein Außenstehender, der um die Pläne des bösen Menschen nicht weiß, denken müsste, wie gut, dass er tot ist, am Ende war er nur noch lethargisch, das Leben war für ihn nur noch eine Qual. Liebe Christinnen und Christen, Sie werden zu Recht bemerken, dieser Vergleich hinkt. Aber schildert er nicht doch etwas, das mit uns geschieht? Durch die Jahrzehnte verlieren wir nach und nach den Glauben an Gott. Wir werden laue Christen. Wir besuchen zuerst noch einmal im Monat die Messe, dann einmal im Quartal, später nur noch an Weihnachten, Ostern und Pfingsten. Auch das wird uns lästig,

und wir beruhigen uns damit, schließlich noch Kirchen-
steuern zu bezahlen, bis uns alles zuviel wird und wir aus-
treten. Damit sind wir zwar keine Atheisten geworden, doch
das Christsein haben wir aufgegeben."

Nach der Messe gingen wir nach wie vor ins Eiscafé. Joseph bestellte seinen Cappuccino, ich die zwei Kugeln Eis
mit Sahne.

„Warum gehst du zur Kommunion?" fragte er.

Eine richtige Antwort darauf hatte ich nicht – und die
Wahrheit: „Weil man das als Katholik tut", erschien mir zu
banal, so verlegte ich mich darauf, eine Gegenfrage zu stellen: „Was spricht dagegen?"

Joseph, der Milchmann, fiel auf diese Strategie nicht herein. Er nahm aus seiner Jackentasche ein kleines Heftchen
mit dem Titel „Magnificat". „Hat mir ein Freund geschenkt",
und las daraus vor: „Dennoch leben alle Christen in der An-
fechtung und bedürfen der ständigen Stärkung und Neuorientierung durch die Feier der Eucharistie. Wie die Taufe den
einmaligen Existenzwechsel des einzelnen bewirkt, so ist die
Feier der Eucharistie die regelmäßig wiederkehrende Feier
der Christusbegegnung, um Stärkung und Orientierung am
Leben zu erfahren."

„Joseph, von mir aus verstehst du es als Magie", sagte ich,
„für mich ist es das nicht."

Er las ungerührt weiter. „Die Eucharistie schenkt sakra-
mentale Gegenwart Christi im Leben jedes Christen wie der
Kirche als ganzer (...) Das Ziel der Feier ist nicht bereits mit der
leiblichen Gegenwart unter Brot und Wein erreicht, sondern
das eigentliche Ziel ist die Feier der Kommunion, durch die
wir selbst ‚gewandelt' werden. Erst wenn alle Anteil an Christi Leib und Blut erhalten, begegnet nicht nur jeder und jede
Christus selbst in innigster Weise, sondern werden wir alle zu
einem geistlichen Leib mit Christus verbunden (...) Wir werden hineingenommen in Tod und Auferstehung Jesu Christi,
um in unserem Glauben gestärkt und erneuert zu werden."

„Sieh es wie du willst."

„Nicht wie ich will. Das ist Wissen", insistierte er.

„Das ist relativ", entgegnete ich.

„Es ist definitiv", konterte er, wobei er das Heftchen zuklappte. „Du bist sicher ein helleres Köpfchen als ich, ein ehemaliger Milchmann. Vielleicht verstehe ich nicht mal einen einzigen Satz ganz richtig. Aber was ich in aller Bescheidenheit überhaupt nicht verstehe, wieso kannst du zur Kommunion gehen, obwohl du diesem komischen Verein angehörst."

„Ich habe hochrangige katholische Theologen gehört, die äußern sich absolut positiv zu diesem, wie du es nennst, komischen Verein."

„Vielleicht glauben sie nicht mehr an Jesus Christus, sondern an die Dämonen des Relativismus."

„In welchem Jahrhundert lebst du? Was Sünde ist, weiß jeder selbst ganz gut ..."

„Du meinst, was schlecht für ihn ist ..."

Ich schüttelte den Kopf. „Mein alter Klassenkamerad versucht mich auch mit solchen Fragen weichzuklopfen. Tu mir einen Gefallen und vergiss es."

„Der Weg ist bekannt. Lies bei Paulus nach."

„Willst du darauf anspielen, dass aus Saulus Paulus wurde?"

Er wiegte den Kopf. „Vordergründig dachte ich daran, dass die Gedanken das Schlachtfeld sind."

„Das sagst du mir immer." Ich lächelte ratlos und hob die Schultern wie zum Schutz.

Zum Abschied sagte Joseph, „Ich werde deine Bedenken mit ins Gebet nehmen."

Das verunsicherte mich für einen Moment.

Am 1. Januar 2004 fuhr ich erstmalig nach Kevelaer. Obwohl der Wallfahrtsort nur 50 Kilometer von meinem Wohnort entfernt lag, kannte ich ihn nur aus Erzählungen meiner Großmutter. Worin bestand der Anlass für diese Fahrt? Ich folgte einem inneren Impuls. Es gab keinen besonderen Grund. Ich wollte Kevelaer sehen. Erklärbar war es nicht.

Das neue Jahr hatte mit Regen begonnen. Seit ein paar Wochen grassierte eine Grippewelle. Auch meine Mutter litt an einer Erkältung und fühlte sich nicht wohl. Einen Arzt wollte sie nicht. Zwischen den Jahren war ohnehin kaum einer zu bekommen. Dabei waren Erkältungskrankheiten bei ihr mit Vorsicht zu behandeln. Direkt nach dem Krieg hatte sie als junge Frau an Lungentuberkulose gelitten. Ihr Sanatoriumsaufenthalt im hessischen Naurod brachte nicht die erhoffte Besserung, obwohl bei einer schwierigen Operation der erkrankte Lungenflügel mittels eines Pneus stillgelegt wurde. Am Ende war ihre Heilung dem Umstand zu verdanken, dass sie sich als Versuchsperson für ein von Professor Domagk neu entwickeltes Medikament, TB I, zur Verfügung stellte. Als Kind interessierte mich besonders, dass in diesem Sanatorium zwei ebenfalls tuberkulosekranke Schauspieler untergebracht waren. Zwei Einzelgänger, die für sich blieben, andauernd irgendwelche Rollen lernten und sich über das Rauchverbot hinwegsetzten. Der eine, dessen Name meiner Mutter entfallen war, spielte in der 50er-Jahre-Verfilmung von „Peterchens Mondfahrt" den Sumsemann. Als Kind fand ich es ungeheuer spannend, dass meine Mutter Sumsemann kannte. Der andere, Hans Müller-Westernhagen, Vater des deutschen Rockstars Marius Müller-Westernhagen, arbeitete in den 50ern unter Gustav Gründgens am Düsseldorfer Schauspielhaus.

Von diesem Sanatorium aus zog sich über Umwege meine erste Begegnung mit der Freimaurerei. Thomas Manns

„Zauberberg", der in einem Sanatorium bei Davos spielt, gehörte selbstverständlich zur Lektüre meiner Mutter. Mit 13
entdeckte ich das Buch zwischen den „Buddenbrooks" und
Stefan Zweigs „Schachnovelle". Eine Romanfigur, der redse-
lige Freimaurer Ludovico Settembrini, führt Gespräche über
Vernunft und Toleranz mit dem zum Katholizismus kon-
vertierten Leo Naphta. Der asketische Jesuit predigt gegen
Kapitalismus und Liberalismus und propagiert eine Vision,
in der humanistische Ideale mit der Utopie eines Gottes-
staates verquickt sind. Ein Disput, der mich bei der ersten
Lektüre nicht sonderlich beschäftigte. Einen besonders
großartigen Eindruck hatte der Roman seinerzeit nicht auf
mich gemacht. Mehr begeisterte mich Stefan Zweigs geniale
„Schachnovelle", die in ihren facettenreichen Abschattun-
gen die Schwarzweiß-Darstellungen von Charakteren und
Handlung wie ein buntes Kaleidoskop erscheinen ließen.
Beim „Zauberberg" blieb die Anhaftung, dass ich meine
Mutter mit in die Handlung hineinlas. Später, bei nochma-
liger Lektüre, entdeckte ich, dass sich im Disput zwischen
Freimaurer und Christ eine unsichtbare Wand aufbaut.
Thomas Mann bringt dem Maurer wesentlich mehr Sympa-
thie entgegen als der halsstarrigen Figur des Jesuitenpaters.

Die Dunkelheit fiel noch früher als sonst. Mit den Bind-
fäden des Winterregens driftete ich durch Tagträume. Es
schien so, als wolle das neue Jahr gar nicht herauskommen.
Tief senkten sich die Wolken über Kopfweiden und Pappel-
alleen. Das Auto schlingerte unter den Stößen des Seiten-
windes. Straßensalz und Schotter spritzten gegen die Windschutzscheibe. Im Rückspiegel hielt ein niederländischer
LKW das Tempo. Auf der Hinweistafel stand Kevelaer in
zwei Richtungen ausgeschildert. Das kam mir wie eine kryptische Botschaft vor, vielleicht weil ich dachte, dass mehrere
Wege zum Ziel führten. Die Hinweisschilder schienen unsere
Machtlosigkeit zu bezeichnen, selbst einen Weg zu finden.
Mit seiner Mischung aus weißen und schwarzen Wolken sah

der Himmel aus wie eine mit Muttermalen bedeckte Haut. Der Hagelschauer, der plötzlich niederprasselte, verzog sich genauso schnell, wie er gekommen war. Automatisch fuhren alle Autos langsamer. Das Licht des LKWs blieb hinter mir, bis ich abbog. Kahl und menschenleer die Straßen hinter dem Ortseingangsschild. Die Parkplätze in Kevelaer waren leer. Immerhin einige Besucher in der Fußgängerzone, und ein paar Geschäfte hatten geöffnet. Im Schaufenster eines Antiquitätenladens eine große Holzstatue, die heilige Maria mit Jesuskind. Laut Angabe auf dem Etikett aus dem 17. Jahrhundert. Wo mochte sie gestanden haben? Irgendwo. Das war in einer ganz anderen Zeit, und nun blickte sie in aller Seelenruhe in eine Welt, die es damals noch gar nicht gab. Ich sah im Halbdunkel mein Gesicht im Schaufenster gespiegelt. Augen, die nach einer Orientierung in Raum und Zeit suchten. Plötzlich begriff ich, dass es sich bei der Aussage, im Maurertempel würden Zeit und Raum aufgehoben, um einen fürchterlichen Irrtum handeln musste.

Eher, weil ich irgend etwas kaufen wollte, kaufte ich einen Rosenkranz aus hellem Holz und ein Geschäft weiter ein Früchtebrot für meine Mutter. In der Marienkapelle nahm ich ein paar Kerzen mit und entzündete sie vor der Wallfahrtskirche, deren Wand schwarz vor Ruß hinter den flackernden Lichtern stand. Was tat ich hier? Wahrheitssucher? Nur ein Gast auf Erden? Ich kam mir wie ein Tourist vor, der herkam, um auch einmal hier gewesen zu sein. Wirkte eine besondere Kraft an diesem Ort auf mich? Wollte ich sie spüren? Lange blieb ich nicht. Betete rasch ein paar Fürbitten herunter. Ein neuer Hagelschauer prasselte nieder. Benutzung des Regenschirms nutzlos. Die wenigen Passanten nahmen wie ich Zuflucht in einen Café. Kevelaer war schnell verlassen. Lichterketten, aneinandergefesselt wie hintereinandertrottende Tiere, zogen sich stadtauswärts. Ein Polizeiwagen stand mit eingeschlagenen Rädern am Bordstein. Im Dunkeln fuhr man ohnehin vorsichtiger. Im Radio lief die „Berliner Messe" von Arvo Pärt. Sehr schön. Harmonien im Widerhall ihrer selbst. Der Chor ein Spiralnebel am Abendhimmel.

Als ich nach Hause kam, die Katastrophe. Meine Mutter klagte über Atemnot. Ihr Gesicht war aufgedunsen und rot. „Keine Luft. Keine Luft." Sie wurde ohnmächtig. Panik überfiel mich. Was jetzt? Panik, ehe ich meine Gedanken zusammenfasste und den Notarzt rief. Er kann nicht lange gebraucht haben, obwohl ich mindestens zehnmal ans Fenster zur Straße lief, um zu schauen, wo er blieb. Zwei Rot-Kreuz-Männer stapften mit einer Bahre hinein. Kurz darauf der Notarzt. Sie verwandelten das Wohnzimmer in ein Schlachtfeld. Kanülen, ein Sauerstoffgerät, Blutdruckmesser.

„Vergessen Sie nicht, die Kerzen am Weihnachtsbaum zu löschen", rief der Arzt mir zu, während sie meine Mutter in den Krankentransporter brachten. Ich fuhr hinter dem Notarztwagen her. Meine Augen zitterten, als ließen sie sich von den Scheibenwischern hypnotisieren.

Wenige Minuten später saß ich auf den harten Plastikstühlen vor dem Röntgenzimmer. Der Rosenkranz befand sich noch in einem Papiertütchen, das beim Herausholen zerriss. Früher hatte meine Großmutter mit mir gebetet. Ob ich noch wusste wie? Was wusste ich überhaupt noch? Dennoch ließ ich die Perlen durch meine Finger gleiten und betete abwechselnd: „Heilige Maria, steh meiner Mutter bei. Jesus Christus, mach meine Mutter gesund. Heilige Maria, lass deine Gnadenkräfte auf meine Mutter strahlen. Jesus Christus, steh meiner Mutter bei." Beim „Ave Maria" stockte ich bei der Zeile: „Jetzt und in der Stunde unseres Todes". Ich bat darum, den Tod noch einmal an meiner Mutter vorbeigehen zu lassen.

An die Freimaurerei dachte ich in diesen Augenblicken nicht, nicht an ihr Todesüberwindungsspiel im Meistergrad, nicht an Begriffe wie „Ewiger Osten", nicht an die Zeichnung, die ich zur Trauerloge im November aufgelegt hatte, als ich davon sprach, wir seien die Saat und die Ernte. Das ganze freimaurerische Vokabular erschien mir im Ernst des Lebens überflüssig. Leerformeln. Nonsens.

Der diensthabende Arzt kam zu mir. „Es steht schlecht", sagte er. „Der intakte Lungenflügel ist befallen. Wir verlegen Ihre Mutter auf die Intensivstation. An die Herz-Lungen-Maschine anschließen werden wir sie nicht, nur an das Sauerstoffgerät. Gehen Sie jetzt nach Hause. Hier können Sie im Moment nichts mehr tun."

Ohnmächtig stand ich eine Weile vor dem Krankenhaus und atmete die schwere, kalte Luft ein. Zu Hause fand ich in der Schublade des Vertikos ein Bild der „Immerwährenden Hilfe", auf Holz aufgezogen. Nach dem Tod meiner Großmutter war es aus dem Schlafzimmer entfernt worden. Jetzt stellte ich es vor den Weihnachtsbaum und entzündete die Kerze davor. Jetzt konnte ich knien. Meinen Atem spürte ich – und Fremdheit. Wohin nur? Angst zerfetzte die Verschnürung meiner Seele. Für Sekundenblitze tauchte das Antlitz der Maria aus sich selbst empor. Da sah es mich an, aber ich fand keine Kraft, ihren Blick zu erwidern, und weil ich nirgends anders hin blicken wollte, sah ich auf die brennende Kerze vor ihr. Meine Gedanken waren ein Ameisenhaufen geworden. Fülle, die gleichzeitig Leere war, schmeckte bitter in meinem Mund. „Du musst jetzt klar denken", sagte ich zu mir. Dann gab sich die blinde Angst philosophisch; jeder muss sterben, dachte ich. Mit diesem Gedanken stieg die Vernunft in mein Herz hinab und nahm die Form eines Sarges an. Denken? Alles war von Angst zerwütet. Tränen zwangen die verklebten Lider auf. Du öffnest dich Erde, deinen Mund voller Wasser. Ich hatte Angst – und wenig Vertrauen. Die nicht vergehen wollende Zeit bestimmte meinen Gang durch die tiefe Nacht der Seele. Irgendwann hörte ich auf, bewusst zu beten, die Namen „Jesus" und „Maria" kamen in dieser endlosen Litanei selbsttätig über meine Lippen. Da spürte ich Wärme, den Zipfel von Vertrauen. Erstmalig seit langer Zeit.

# Teil IV

# Kölner Kabale

## Abschied von Mönchengladbach

Der Mann mittleren Alters, der durch diese Erinnerungen geht, zwischen freimaurerischem Karriereweg und nie ganz unterdrückter Suche nach dem wahren Ich, weiß, dass dieser ganze Rückblick auch ein Gang durch die dunkle Nacht der Seele ist. Das beschreibt jenen angstvollen Zustand, wenn sich Ideen zerstreuen und die Welt aus dem Lot gerät. Spürte ich nicht, dass die Freimaurerei mir nichts mehr geben konnte?

Der Zustand meiner Mutter blieb kritisch. Die Skala reichte von den schlimmsten Befürchtungen bis zur Hoffnung, sie könne sich weitgehend erholen. Nach Stand der Dinge musste ich davon ausgehen, selbst einen Großteil der häuslichen Pflege übernehmen zu müssen. Das hätte eine völlige Neuorganisation meines Leben zur Folge. Für Freimaurerei blieb da kaum Zeit. Meine Entscheidung fiel schweren Herzens; ich rief den Logenvorstand zusammen und teilte meinen Brüdern mit, dass ich das Amt als Logenmeister aufgebe. Ich musste so schnell wie möglich eine geordnete Hammerübergabe herbeiführen, allein um meinen Kopf freizubekommen. Es fehlte nicht an Überredungsversuchen. Niemand fragte nach meinen persönlichen Empfindungen. Nur einer fragte, ob er mir irgendwie helfen könne. Nein, es gab noch einen Bruder! Derjenige, der vor drei Jahren mein Konkurrent als Stuhlmeister gewesen war. Er besuchte mich, sprach mir Mut zu. Dafür bin ich ihm über den Tag hinaus dankbar.

Als ich wieder halbwegs klar denken konnte, unterrichtete ich Alfred und den Großkanzler, ich würde nicht für das Logenamt in Köln zur Verfügung stehen. Der Großkanzler schlug vor abzuwarten. Alfred, der mehr und mehr mein persönlicher Berater geworden war, entwickelte ein Modell, wonach sich durch eine Satzungsänderung Christophers Amtszeit um ein Jahr verlängern sollte. „Denk daran, du bist ein wichtiger Mann für das Freimaurerzentrum."

„Wenn ich mich jetzt nicht ausschließlich um meine Mutter kümmere, begehe ich einen Fehler, den ich nie wieder korrigieren kann", entgegnete ich.

Alfred blieb die Ruhe selbst. „Lass uns zuwarten."

Ende Januar erfolgte die Entlassung meiner Mutter aus dem Krankenhaus. Ihr Zustand hatte sich stabilisiert. Der Chefarzt war von ihrer Heilung überrascht. Eigentlich sei es ein Wunder, denn eine über 80jährige Frau mit dieser Krankengeschichte erhole sich normalerweise nicht – oder wenigstens nicht in diesem Maße. So glücklich ich über die wunderbare Genesung war, für mich standen neue Aufgaben an. Ich musste ihren Haushalt mitversorgen und Essen bereitstellen. Am Anfang kam die Haushaltshilfe öfter. Mit der Zeit spielte sich die Sache ein. Doch die ersten Tage verliefen sehr unruhig. Mehrmals stand ich nachts auf und sah nach ihr. Jederzeit konnte es zu einem Rückschlag kommen. Davor hatten die Ärzte gewarnt. Zu dieser Zeit besuchte ich die Logenabende aus Zeitmangel nicht. Haushalt und Pflege nahmen mehr Zeit in Anspruch als anfangs befürchtet. Deshalb ärgerte mich, dass ich nach wie vor mit Logen-Lappalien belästigt wurde. Eine ältere „Schwester" beschwerte sich, sie könne keine Termine für das „Schwesternkränzchen" planen, weil ich ihr keinen Arbeitsplan zugesandt hätte. Diese „Schwesternkränzchen" existieren in etlichen Logen. Wir Jüngeren machten uns darüber lustig, der Name klang nach Realsatire. Da ich beim besten Willen keine Zeit fand, ihr den Arbeitsplan zuzusenden, brachte sie den Vorfall bei einigen älteren Brüdern zu Gehör. Mein Telefon stand nicht still, bis ich den Stecker herauszog. So ging es nicht weiter, eine Mitgliederversammlung musste unverzüglich einberufen werden. Immerhin hatte sich ein älterer Bruder bereiterklärt, kommissarisch das Amt zu übernehmen. Mir fiel ein Stein vom Herzen. Damals wurde mir die Freimaurerei erstmals fremd. Ich betete in dieser Zeit viel. Den in Kevelaer erworbenen Rosenkranz hatte ich zwischenzeitlich vom Pfarrer von Sankt Cornelius segnen lassen, einen weiteren ebenfalls, den ich meiner Mutter gab. Ich betete auch mit ihr, allerdings nicht den Rosenkranz, dessen Gebetsfolge ich damals nicht kannte. Im Krankenhaus hatte ein Priester meiner Mutter ein kleines Büchlein geschenkt. Den 23. Psalm daraus betet sie seither jeden Abend: „Der Herr ist mein Hirte ...“

Wider Erwarten schritt ihr Genesungsprozess weiter voran. Im März, neun Wochen, nachdem die Ärzte mich auf das Schlimmste vorbereitet hatten, brauchte sie schon viel weniger Hilfe. Jeden Tag ging ich mit ihr spazieren. Zuerst auf dem Balkon einige Schritte. Später auf der Straße bis zur Ecke. Dann eine Runde um den Häuserblock. Immer ein Stück mehr. Nach Ostern konnte sie wieder allein Spaziergänge unternehmen. Das empfand ich als Gnade, als Zeichen erkannte ich es nicht.

Obwohl ich mein Amt abgegeben hatte, lief die Logenleitung noch immer über mich. Die ganzen administrativen Dinge blieben an mir hängen. Einleuchtend, dass der kommissarisch eingesetzte Logenmeister nicht alles erledigen konnte, trotzdem hätte es genug Brüder gegeben, die sich in der Materie auskannten. Irgendwann platzte mir der Kragen. Ich rief meinen Vorgänger an. Er erklärte lapidar, ich hätte sicherlich noch Kraftreserven. Schließlich hätte ich bei der Aufnahme versprochen einen Teil meiner Freizeit der Freimaurerei zu widmen.

„Das gilt für andere genauso. Übrigens auch für dich.“

„Ich, mein Lieber, bin Pensionär. Als du dich zum zweitenmal wählen ließest, wusstest du, was auf dich zukam.“

„Die Erkrankung meiner Mutter ließ sich nicht voraussehen", entgegnete ich.

„Man muss lernen, seine Zeit mit Weisheit einzuteilen."

Es war unser letztes Telefonat. Zwei Wochen danach trat ich aus. Am Logenleben nahm ich seitdem weder in Mönchengladbach noch in Köln teil. Die Stuhlmeisterfrage in Köln war allerdings noch immer virulent. Alfred nahm den Weg von Köln nach Viersen auf sich. Wir führten ein langes Gespräch. Überraschenderweise war Christopher inzwischen bereit, mit mir zu kooperieren. „Der Großkanzler hat ihn weichgeklopft", sagte Alfred mit triumphierendem Lächeln.

Ich schüttelte den Kopf. „Alfred, meiner Mutter geht es besser, und mein Leben verläuft weitgehend wieder in den normalen Bahnen. Aber ich habe nicht in Mönchengladbach eine Hammerübergabe gemacht, um in Köln anzutreten."

Es schien, als habe Alfred mit meiner Ablehnung gerechnet. Er zog aus einer Kollegmappe einen Brief des Großkanzlers. „Lesen kannst du selbst."

Offenbar war man sehr daran interessiert, dass ich das Amt in Köln übernehme. Der Inhalt schmeichelte meiner Eitelkeit. Alfred hob belehrend seinen Zeigefinger: „Aus meiner Managertätigkeit weiß ich, manche Chancen kommen im Leben nur einmal. Man muss das Eisen schmieden, solange es heiß ist."

So sehr ich diese seltsame Mischung aus Pflichterfüllung und Eitelkeit in den letzten Wochen hatte abstreifen können, nun ergriff sie mich wieder. Alfred redete noch eine Stunde auf mich ein. Ganz wohl war mir bei der Sache nicht. Kaum war meine Mutter wieder halbwegs gesund, warf ich mich erneut in den Rachen der Freimaurerei. Ich hatte das Gefühl, eine unerlaubte Abkürzung genommen zu haben, um meinen masonischen Karriereweg fortzusetzen. Hatte ich nicht am eigenen Leib erfahren, dass alles Gerede von brüderlicher Hilfe Floskelkram war? Offenbar nicht deutlich genug.

Einerseits flehte ich Gott und Maria um Hilfe an. Anderrerseits hätte ich das in der Öffentlichkeit als Aberglauben dargestellt. Die Werke des Fleisches sind deutlich erkennbar, doch der Geist ist schwach. Die Umkehr erschwerte ich mir aus Angst vor der eigenen Courage. Statt dessen das Festhalten an Äußerlichkeiten als untauglicher Versuch, sich neu einzuloten. Ich hatte die Warnsignale gehört. Leider nicht deutlich genug. Ausgerechnet, als ich mich an einem entscheidenden Wendepunkt befand.

## EIN STUHLMEISTER NORDET MICH EIN

Christopher meldete sich mit zweiwöchiger Verspätung bei mir. Er tat, was die meisten Menschen tun, um ein Gespräch in die gewollte Richtung zu lenken, er redete von sich selbst. „Stell dir vor, der Großmeister hat mir auf dem Großlogentag in München mitgeteilt, dass ich zu den zehn wichtigsten Stuhlmeistern in Deutschland gehöre. Was würdest du an meiner Stelle tun?"

„Ich würde an deiner Stelle auf der Domplatte Autogramme verteilen."

Zugegeben, meine Antwort war alles andere als diplomatisch. Ich fand sie sehr amüsant. Christopher offenbar nicht. Ich merkte es an seinem stockenden Atem. Er ging nicht weiter darauf ein. Statt dessen sprach er über den Distriktsmeister. „Wie schätzt du seine Arbeit ein?" Meine Einschätzung schien ihn allerdings nicht sonderlich zu interessieren. „In Berlin ist man nicht zufrieden mit ihm. Ich und der Großkanzler haben besprochen, dass ich bei der nächsten Wahl sein Gegenkandidat bin, wen er nicht freiwillig das Handtuch wirft."

Ich sagte ihm meine Unterstützung zu, merkte aber gleich, dass er meine Stimme dafür als zu geringfügig erachtete.

„Aufgrund meiner hervorragenden Arbeit bin ich natürlich bei der Großloge im Visier. Man will den Großlogenvorstand verjüngen. Solltest du in Köln so erfolgreich wie ich arbeiten, wäre das auf Dauer auch etwas für dich."

„Darüber habe ich nie nachgedacht."

„Man schätzt dich als Redner. Wenn ich ein Amt in der Großloge bekomme, würde ich dich selbstverständlich nachziehen."

Daraufhin erteilte er mir wortreich eine Lehrstunde, wie notwendig Karriereplanung sei. Bei einem Autor spiele das vielleicht keine so gravierende Rolle, er wisse jedoch aus seinem Berufsleben, „wie man solche Dinge anzugehen hat. Manchmal mit harten Bandagen, manchmal mit guten Worten." Wichtig sei, hart am Mann zu bleiben. Hörte ich da nicht Alfreds Lebensweisheiten heraus? Ich wusste, sie telefonierten täglich, mitunter mehrere Stunden. Alfred hatte sich das Kölner Machtgefüge ganz offensichtlich als eine Art Triumvirat ausgedacht, in dem er selbst den Spiritus rector spielte. Es gab Stimmen, die mich warnten. Ein Freund, der selbst in der Großloge eine Rolle spielte, sprach seine Bedenken offen aus. Meine innere Stimme schwieg ebensowenig. Nicht „Nein" sagen zu können, es nicht wirklich zu wollen, das waren die Stolpersteine, über die ich immer wieder fiel.

Augustinus schildert in seinen „Bekenntnissen" den inneren Kampf mit den Dämonen der Gegenwart, die ihm immer neue Hirngespinste eingeben. Die Freimaurerei kann als zeitgenössischer Beweis für diese These herhalten. Sie gebiert aus sich selbst heraus immer wieder neue Schimären, so dass ein selbstgeschaffenes Paralleluniversum entsteht, von dem viele glauben, es sei die wirkliche Welt. Nur so lässt sich erklären, dass viele Freimaurer bis zur Resignation betriebsblind werden. Das nimmt sogar physische Formen an. Das grundsätzlich nicht zu lösende Problem besteht darin, dass sich alle für Meister halten, doch kein Meister auftritt, der einen Weg weist.

Für das Entstehen eines Paralleluniversums dient die Gründung der Vereinigten Großloge als Paradebeispiel. Direkt nach dem Zweiten Weltkrieg versuchten einige Tausend Freimaurer, die Logen in der Bundesrepublik Deutschland zu etablieren. Zur Gründung einer Großloge trafen deren Stuhlmeister 1949 in der Frankfurter Paulskirche zusammen. Es dauerte dann neun Jahre, bis es endlich gelang, die beiden großen Lehrarten der deutschen Maurerei, die humanitären („Alte Freie und Angenommene Maurer") und die sogenannten „christlichen" Logen des „Freimaurer-Ordens" zu den „Vereinigten Großlogen von Deutschland" (VGLvD) zusammenzuschließen. Schon bald erfolgte die erste Führungskrise. Dem Gründungsvater und Altgroßmeister Theodor Vogel warfen unzufriedene Brüder vor: „Eitelkeit, die sich gleichermaßen in leerem Posieren und hektischer Betriebsamkeit äußere; Machtmissbrauch, der bis zur persönlichen Verunglimpfung von Brüdern gehe, die im Wege stehen (...) sowie schließlich die Stagnation der deutschen Freimaurerei überhaupt, an der Vogel insofern schuld sei, als ihn nur Freimaurer-Politik, nicht aber die praktisch Freimaurerarbeit in der Stille interessiere" (Der Spiegel, April 1963).

Die Kritik entbrannte aufgrund der personellen Notlage: Über die Hälfte der zirka 400 deutschen Logen konnten im Zeitraum von 1960 bis 1961 keinen Neuzugang verbuchen. Etliche Logen existierten nur pro forma. Der Nachkriegsmaurerei gelang es einfach nicht, Mitglieder für die Königliche Kunst zu werben. Die stereotypen Formeln der angestaubten Freimaurersprache kamen schlichtweg nicht an. Logen, die an Universitäten errichtet worden waren, mussten kurz nach Gründung das Licht wieder löschen. Hinzu kam herbe Kritik an Vogels Führungsstil. Tatsächlich hatte sich der eherne Großmeister verschanzt und blieb Präsident des Großmeister-Amtes der Vereinten Großlogen. Seine Hausmacht dirigierte er über den sogenannten Distriktsmeistertag, einer Konstruktion, die er sich selbst zurechtgemauert hatte. Im Bewusstsein seines Einflusses versuchte

sich der Altgroßmeister schließlich an einem anderen Reiß-
brett: Er wollte „Souveräner Großkommandeur", also Chef
der Schottischen Hochgrad-Freimaurer werden und setzte
zu diesem Zweck durch, dass die Großloge ihre brüderlichen
Beziehungen zur atheistischen „Grande Loge de France" ab-
brach. Bei den humanitären Logen, auf deren Bauplätzen
Theodor Vogel nach wie vor operierte, drohten die Maurer
mit Streik. Auf dem Berliner Freimaurer-Konvent 1961 ver-
weigerten ihm fast 80 Logen die Gefolgschaft. Nur mühsam
konnten die entstandenen Risse verputzt werden. Wie brü-
chig der Mörtel war, zeigte sich ein Jahr später. Das damalige Zentralorgan der Freimaurer, „Bruderschaft", beschrieb
den Streit beschwichtigend: „Es hatten sich in den letzten
Monaten innerhalb der Großen Landesloge AFAM divergie-
rende Kräfte geltend gemacht, die über deren Reihen hinaus
die Einheit der Vereinigten Großlogen mit einer Hypothek
zu belasten schienen (...) Die Einsicht und die Arbeit einer
Reihe von Brüdern, die sich für die Einheit verantwortlich
fühlten, hat die lastende Bürde noch während des Fünften
Konvents von der Bruderschaft genommen."

In Wirklichkeit bekriegten sich die Gruppen, nachdem sie
mittags im Hotel keinen Konsens gefunden hatten, abends
erneut. Das Gespräch endete im Morgengrauen und wird
bis heute als eines der bestgehütetsten freimaurerischen Geheimnisse gehandelt. Dieses Stück Zeitgeschichte deutscher
Freimaurerei zeigt, wie sehr die Eitelkeiten einzelner kleiner
Sonnenkönige das Maurertreiben bestimmt.

## Ankunft in Köln mit Verspätung

Der Zug war unpünktlich wie so oft. Der Grund meiner
Verspätung lag allerdings in der Tatsache begründet, dass
ich inzwischen vom Freimaurervirus befallen war und nicht
mehr richtig las. In der Einladung stand, Beginn der Mitgliederversammlung: 19.00 Uhr, fett ausgedruckt. Dank meiner

Angewohnheit, immer einen Zug früher als nötig zu fahren, erreichte ich das Logenhaus um 19.15. Alfreds tadelnder Blick streifte mich – und Christophers spöttisches Lächeln.

„Wer zu spät kommt, den bestraft das Leben", strafte er mich mit einem gern genommenen Gorbatschow-Zitat ab. „Wir warten noch zehn Minuten, dann fangen wir an."

Laut Verzeichnis hatte die Loge „Zum Ewigen Dom" 70 Mitglieder. Nur 20 waren anwesend. Ein Grund, weshalb Christopher mit der Eröffnung wartete. Zur Beschlussfähigkeit musste ein Drittel der Mitglieder anwesend sein. Gegen 19.40 Uhr wurde die volle Zahl erreicht. Christopher machte seinem Unmut Luft, bevor er mit einem Hammerschlag die Versammlung eröffnete. Die Anwesenheitsliste ging rund, während verschiedene Rechenschaftsberichte abgegeben wurden. Der Grund mangelnder Teilnahme ist Langeweile, dachte ich. Das stimmte nicht, die Gründe lagen woanders. Etliche Brüder erschienen absichtlich nicht. So konnten sie später Kritik üben, schließlich hatten sie mich nicht gewählt. Diese Absicht durchschaute ich zu diesem Zeitpunkt nicht. Christopher zog eine positive Bilanz seiner Amtszeit. Er führte die Kilometer auf, die er für die Loge gefahren war, die Stunden, die er für die Logenarbeit verbracht hatte, das Geld, das er hatte aufwenden müssen. Summa summarum 10.000 Euro. Doch: „Geliebte Brüder, der Einsatz hat sich gelohnt. Denkt daran, in welchem Zustand sich die Loge befand, als ich sie übernahm." Darauf ließ er die üblichen Redewendungen folgen von gelebter Brüderlichkeit, unzertrennlicher Gemeinschaft und freimaurerischen Tugenden. „Ich werde mit meinem Nachfolger so zusammenarbeiten, wie es sich für gestandene Männer gehört. Deshalb bitte ich euch, den neuen Meister vom Stuhl so zu unterstützen, wie er mich unterstützt habt. Ich werde mich selbstverständlich weiterhin mit aller Kraft engagieren. Mir bedeutet die Loge unendlich viel." Er machte eine Pause, schaute in die Runde. „Bei mir werdet ihr immer ein offenes Ohr finden. In den nächsten Jahren werden wir in Köln ein Freimaurerzentrum errichten. Der Grundstein dafür ist gelegt. Der Erfolg hängt von unserem gemeinsamen Einsatz ab. Ich werde weiterhin den Weg der Loge mitbestimmen."

Hatte ich nicht gelernt, genau hinzuhören?

Die Wahl der Logenbeamten verlief problemlos. Christopher und Alfred hatten ihn zusammengestellt, da ich die meisten Brüder kaum kannte. Darin lag ein unkalkulierbares Risiko. Das war von mir nicht hinreichend bedacht worden. Ebensowenig war mir klar, welche gegensätzlichen Kräfte in der Loge wirkten. Christophers Gesicht erstarrte, als zur Wahl des neuen Stuhlmeisters aufgerufen wurde. Ich wurde einstimmig gewählt. Ein absolutes Traumergebnis, mit dem ich nicht gerechnet hatte. Alfred hatte nicht zuviel versprochen, Christopher und er hatten die „Bataillone auf die richtige Seite" gebracht". Ein Machtbeweis für die beiden. Während ich aufstand, um mich für das Vertrauen zu bedanken, schossen verschiedene Gedanken durch meinen Kopf: die Krankheit meiner Mutter, ihr langer Weg der Genesung, der mir wie ein Wunder vorkam. Die Verwerfungen in Mönchengladbach, mein stiller Weggang von dort. Die Aufgabe, die mir bevorstand. War das recht? Ich nahm die Wahl an. Glücklich war ich nicht. In Köln geschah es wie in Mönchengladbach, im Grunde erhielt ich jedes Amt ohne großartiges Zutun meinerseits. Dieser Dynamik wohnte neben Eitelkeit eine Portion Fatalismus inne. Nachdem ich die Wahl angenommen hatte, entstand ein Augenblick der Stille. Es war die Stille des Anfangs, durch den die Welt kurz einen neuen Dreh bekommt, dachte ich. Wie sollte ich wissen, dass es die Ruhe vor dem Sturm war. Nach der Wahlprozedur wurde Christopher gebeten, den Saal zu verlassen. Alfred hielt eine wortreiche Lobrede auf ihn, bevor er ihn für die goldene Ehrennadel der Loge vorschlug. Einstimmiger Beschluss.

Die Tage nach der Wahl verliefen ruhig. Alfred stimmte mich auf die Zusammenarbeit mit Christopher ein. Gleichzeitig warnte er mich vor zu großer Vertrauensseligkeit, Christopher sei sehr auf seine Karriere in der Freimaurerei fixiert. Ich ließ seine Worte verklingen. Auf mich wartete die ganz normale Logenarbeit. Meine ersten Besuche bei den Gralshütern der Loge wurden von Alfred vorbereitet. Wie in jeder Loge gab es in Köln die älteren Brüder, die Wert darauf legten, dass sich der neue Meister vom Stuhl ihnen widmet. Auch dieses Procedere lief überall nach dem gleichen Muster ab. Jeder erzählte seine Geschichte, wusste Interna zu berichten und hatte einen besonders guten Draht zu irgendeinem Bruder aus der Großloge. Am wichtigsten war die Präsentation von Ehrenabzeichen und Urkunden. Die Großloge hatte die Notwendigkeit begriffen, auch geringere Orden als die bronzenen, silbernen und goldenen Ehrenabzeichen zu verteilen, denn der Ruhmsucht sind keine Grenzen gesetzt. Die Wichtigkeit des Ordensträgers einer Schützenbruderschaft reicht von einem Bierzelt zum anderen. Die des Freimaurers will bis zum Horizont Goethes reichen. Das führte zum Teil zu körperlichen Schmerzen. Vor allem bei denjenigen, die noch keinen Orden besaßen und sich waidwund zur Decke streckten, um wenigstens den Rocksaum eines Ordensträgers zu erhaschen. Dieser Vorgang setzt sich nach oben beliebig fort. Auch ein Grund, weshalb der selbsternannte humanitäre Freundschaftsbund in den letzten Jahrzehnten in sich zusammengesackt ist. Zugleich zeigt es die Art und Weise, wie Bürger und Kleinbürger die Perlen der Geistesaristokratie unter sich verteilen, als seien sie Trödlerware.

Meine erste Tat als Meister vom Stuhl bestand darin, einen der älteren Brüder, freimaurerischer Würdenträger und Weltenbummler, vor den Kopf zu stoßen. Bruder Markmanns Vorträge, von einigen anderen als langweilig kritisiert, strich ich nach Rücksprache mit Christopher aus dem Arbeitsplan. Christopher lobte mich dafür, dieser Bruder habe schon lange auf der Abschussliste gestanden. Auch Alfred lobte mich.

Das Patrizierhaus auf der Erlenallee lag nicht weit vom Stadtwald. Platanen säumten links und rechts die Straße. Dazwischen Parknischen, den Anwohnern vorbehalten. Die flirrende Luft tanzte über Asphalt und Bürgersteig. Dahinter lagen Vorgärten, einige gepflastert, andere mit Blumenkübeln versehen. Vor dem Haus des Bruders standen zwei auffallend große Bäume. Eine Trauerweide, deren seidige Zweige weit bis auf die Straße ragten und ein schattiges Zelt bildeten. Der zweite Baum, eine Blutbuche, glänzte purpurrot durch die Sonnenstrahlen, die sein Laubwerk durchdrangen und es heller erscheinen ließen, als es eigentlich war. Bäume wie Säulen, Jachin und Boas, doch der Maurer, der hier wohnte, konnte sie nicht gepflanzt haben. Obwohl selbst alt, übertrafen sie sein Alter, die Buche auf jeden Fall.

Seine Frau öffnete. Ich war fünf Minuten zu früh, doch Bruder Eckert wartete bereits. Vor ihm auf dem Tisch seine Ordensammlung. „Ehrenmedaille der Englischen Großloge." Er redete militärisch knapp. Ein Borusse, was in Köln nicht unbedingt gern gesehen war. Doch der alte Herr verkehrte in jenen gehobenen Kreisen, in denen der Karneval eher eine Art Ablenkungsmanöver darstellt, für das „Volk den großen Lümmel" (Heine). Man machte Geschäfte auf Kölsch – und jeder, der nicht von hier war, „is eene Immi", ein Immigrant eben, wie im Kölschen Jeckenschlager besungen, der keine echte Chance hat, in den inneren Kreis vorzustoßen – bestenfalls als nutzbringender Günstling. Was Bruder Eckerts Lebensauffassung, sein Stil, sein ganzes Auftreten ausdrückte, war der Gesinnung nach Puritanismus. Es gibt eine spezifisch preußische Art, der englischen verwandt, allerdings mit einigen charakteristischen Unterschieden, diente Preußens Gloria doch nicht einem calvinistischen Prinzip, sondern dem „Roi de Prusse", den Idealen des Alten Fritz. Sekundärtugenden oder nicht, der düstere

freimaurerische Asket Fridericus, privat Flötist und Freigeist, Protégé und Vertrauter Voltaires, ist Erfinder einer
Art schizophrener Disziplin, die sich bei Bruder Eckert so
ausdrückte: „Als Beiratsmitglied der Forschungsloge sage
ich dir, du lieferst gute Beiträge. Als Mensch und Freimaurerbruder weise ich darauf hin, dass ein Stuhlmeister wissen
muss, wie man Kriege führt."

„Plätzchen und Kaffee." Seine Frau stellte die Porzellan-
tassen auf die Unterteller, achteckig, Mariaweiß. Alte bür-
gerliche Gastlichkeit. Zuckerdose und Milchkännchen mit
gilbem Ausguss.

„Vielen Dank, ich trinke Kaffee schwarz."

„Ist entcoffeiniert", sagte die Frau mit Blick auf ihren
Mann. „Wegen des Herzens."

Sein Blick verjagte die Frau. Wir befanden uns in einer
Männergesellschaft. Dazu gehört das männliche Impo-
niergehabe. Bruder Eckert gab mir zu verstehen, er sei die
graue Eminenz der Loge, und nicht Alfred, wie ich vielleicht
dächte. Damit war er bereits der vierte, der sich selbst so ein-
schätzte. „Über die Jahre sammelt man so seine Verbindungen bis in die Großloge hinauf."

Ich nickte.

„Das Amt des Meisters vom Stuhl der ältesten Kölner
Loge ist etwas besonderes. Darum waren wir von Christopher nicht unbedingt erbaut. Von dir erwarten wir, dass du
die Loge geistig wieder vorwärtsbringst. Dazu gehören meiner Meinung nach im übrigen die Vorträge unseres Bruders
Markmann."

Das war zwar ein Solidaritätsbeweis für den von mir Geschassten, doch im „Ewigen Dom" bestätigte sich, was ein
Bruder im Scherz gesagt hatte: Unter Freimaurern gibt es
weniger Solidarität als in einem Karnevalsverein. Wenn einer bei den roten oder blauen Funken in Geldsorgen steckte,
käme irgendein Obernarr und helfe. War ein Logenmitglied finanziell klamm, schauten die Brüder mitleidig auf

ihn herab: „Schaut, er kann sich nicht mal den Logenbeitrag leisten." In der Tat gab es einige, die Schwierigkeiten hatten. Manche sparten sich den Logenbeitrag regelrecht vom Mund ab, andere kamen diskret auf mich zu und baten um Beitragsstundung. Das ging, soviel hatte ich gelernt, nur mit Zustimmung des Logenvorstandes. Das Problem dabei: Kaum war die Sache besprochen, kursierten Gerüchte hinter vorgehaltener Hand, welcher Bruder sich in finanziellen Kalamitäten befand. Das vertraute man sich „auf Maurerwort" an. Diese Verpflichtung bedeutete absolute Verschwiegenheit. In Wahrheit war es für etliche Brüder die Aufforderung zur Geschwätzigkeit. Im Rheinland, wo ohnehin eine etwas gewöhnungsbedürftige Laxheit im Umgang mit Informationen gepflegt wird, führte das zu regelrechten Klatschrunden.

Zwangsläufig bildete ich eine skeptische Grundhaltung gegenüber allen heraus, die mir allzu brüderlich erschienen. Zum Wissen darum, dass Freimaurer vom Lehrling bis zum Großmeister Menschen und nichts weiter sind, dass sie Rollen in einem Spiel einnehmen, gesellte sich die Gewissheit, dass die Rolle jedes Vorsitzenden Machtbewusstsein bis zur Unbrüderlichkeit verlangte, aber ebenso Umsicht und Wohlwollen. Dass ein im kältesten Juristendeutsch formuliertes Ehrengerichtsurteil eigentlich mehr Menschenkenntnis erfordert hätte als Tucholskys polemische Weltsicht, konnte man zu den höheren Geheimnissen der Königlichen Kunst rechnen. Besteht man deshalb in der Maurerei darauf, dass der Großmeister wieder einen Lehrlingsschurz trägt? Man verzeihe mir das verquere Wortspiel: Diese Gratwanderung ist eben keine Wanderung durch die Grade, sondern ein Holzweg.

Wenn ich im nachhinein meine Kölner Zeit als Stuhlmeister betrachte, war sie ein reiner Parforceritt. Eine Katastrophe jagte die nächste. Kaum war ein Brandherd gelöscht, flammte woanders ein Feuer auf. Dabei lief es anfangs rund. Es gelang, neue Akzente zu setzen. Vielleicht kehren neue Besen gut, vielleicht ist es Unrecht, dass die Leistungen des Vorgängers so schnell vergessen sind. Auffällig fand ich, dass nur wenige zu den Ritualen kamen. Christopher beruhigte mich. „Das war bei mir am Anfang auch so. Du weißt, ich habe mein Ohr nahe an der Bruderschaft. Einige haben mir anvertraut, dass sie mit deiner Amtsführung nicht einverstanden sind."

„Warum sagen sie es nicht mir?"

„Du kannst dich auf mich verlassen. Aber ich muss dir sagen, die Sache mit unserer Hamburger Partnerschaftsloge hast du falsch angepackt."

Was war geschehen?

Wie bei etlichen Logen gab es auch beim „Ewigen Dom" Partnerschaften mit anderen Logen. Das diente dazu, wechselseitige Kontakte durch Besuche zu vertiefen. Die Hamburger Partnerschaftsloge feierte ein besonderes Jubiläum. Deshalb hatte Christopher noch in seiner Amtszeit einen Besuch vereinbart. Die Hamburger Brüder hatten sich viel Mühe gemacht: für die „Schwestern" ein Programm mit Museumsbesuch und Alsterfahrt und eine Sonntagsmatinee. Von diesen Aktivitäten erfuhr ich erst durch eine Einladung, die vier Wochen vor dem Termin bei mir eintrudelte. Christopher hatte im Arbeitsplan aber genau zu diesem Termin die jährliche Trauerloge angesetzt. Absicht? Jedenfalls erwies es sich als unmöglich, die Brüder kurzfristig zu einem Hamburg-Trip zu animieren. Der Zug war abgefahren. Ein einziger Bruder nahm die Einladung wahr, während ich in Köln die Trauerloge leitete. Die Hamburger waren zu Recht sauer. Ein Umstand, den Christopher nutzte, um Front gegen mich zu machen. Er brachte den Hamburger Logenmeister gegen mich auf. Damit nicht genug. Alfred wusste zu berichten, dass Christopher mit dem von mir geschassten Bruder Markmann lange und ausführliche Gespräche geführt hatte, um ihm zu versichern, unter seiner Hammerführung wären seine Vorträge erwünscht gewesen. Alfred wusste noch mehr, Christopher hatte zwischenzeitlich etliche Brüder davon überzeugt, man solle ihn wieder aufs Schild heben.

Nach der letzten Arbeit des Jahres 2004 umarmte mich Christopher brüderlich. „Die Brüder sind enttäuscht, weil du sie mit leeren Händen ins neue Jahr schickst. Ich habe ihnen zum Jahresabschluss immer ein kleines Präsent überreicht. Hätte ich dir vielleicht vorher sagen sollen."

In der Freimaurerei ist alles symbolisch, auch das Führen des Brutusdolches.

## INTRIGENSTADL – ODER WAS DEN LOGENALLTAG AUSMACHT

Die großen freimaurerischen Dichter, mit denen ich leidenschaftliche, stumme Diskussionen geführt hatte, zierten zum Schweigen verdammt das Deckenfries des Bankettsaals, in dem mich Christopher nach allen Regeln der Königlichen Kunst auflaufen lassen wollte. Doch es kam anders. Die Versammlung fand am 19. Januar 2005 in jenem Keller statt, in dem ich acht Jahre zuvor in die Loge „Albertus Magnus" aufgenommen worden war. Thema: Vorwürfe gegen den amtierenden Meister vom Stuhl. Gekommen waren mehr Brüder, als ich bei irgendeiner Tempelarbeit des letzten halben Jahres gesehen hatte. Dank Alfred konnte ich ein Programm erstellen, das darauf abzielte, Christophers Intrigen bloßzustellen. Nicht ohne Risiko. Was hatte ich zu verlieren? Ich kämpfte mit dem Rücken zur Wand. Christopher wusste die Mehrheit des Beamtenrates hinter sich. Man spürte es an der Stimmung. Ich hielt mich an mein Redeskript und wies meinem Vorgänger sein Intrigenspiel nach. Ungeheuerliche Gerüchte, unbrüderliches Verhalten, mieses Mobbing. Während ich ihn angriff, sah ich ihn an. Er sah weg, Arme und Beine verschränkt. Unruhig rutschte er auf dem Sitz hin und her.

„Christopher, sag etwas zu den Vorwürfen", forderte ein älterer Bruder.

Die Stimmung kippte.

„Christopher, sag etwas zu den Vorwürfen", wiederholte ein anderer Bruder.

Christopher schwieg. Fast den ganzen Abend. Nur einmal ließ er sich die Bemerkung entlocken, da müsse wohl etwas falschgelaufen sein, das alles basiere auf einem Missverständnis, persönlich habe er nichts gegen mich. Alfred hatte ein Papier vorbereitet, das Christopher entlarvte. Das hatte er clever gemacht, aber ohne mich zu informieren. Seine Vorwürfe gipfelten darin, Christopher sei „kein Mann von gutem Ruf". Selbst darauf erwiderte mein Vorgänger nichts. In sich zusammengesunken starrte er ins Leere. Die Stimmung war zu meinen Gunsten gekippt. Nach Beendigung der Sitzung kam Christopher auf mich zu und fragte, ob er mich brüderlich umarmen dürfe. Ich verneinte.

„Unternimm nichts weiter gegen mich, ich bin schon gestraft genug", sagte er.

Empfand ich das als Sieg? Bestenfalls als Sieg meiner Eitelkeit. Gab es einen anderen Beweggrund? Ich wollte nicht als Verlierer das Feld verlassen, sonst hätte ich den Hammer niedergelegt und das Amt Christopher überlassen, wie er es wollte. Was hatte ich gewonnen?

Vier Wochen nach der ominösen Kellersitzung trat Christopher aus. Als die Ereignisse bekannt wurden, kochte die Logenseele auf. Also musste ich die Jungs meines Vereins nach bester Entertainermanier bei Stimmung halten. Ein Meister vom Stuhl muss in Krisenzeiten vor allem die Nummer des Gute-Laune-Onkels spielen. Ein anderes Problem entstand durch Christophers Austritt. Er war der gewählte Atelierpräsident des 4. Grades im Schottischen Ritus. Die Personaldecke war sehr dünn. Mit einem Freund, der im Ritus eine bedeutende Rolle spielte, ging ich die Mitgliederliste durch. Wir fanden keine Alternative, bis Roger sagte: „Du musst es machen."

Man muss nein sagen können, lautet eine der plattesten Volksweisheiten, die leider allzu wahr ist. Ich hörte sie in jenen

Tagen wieder einmal. Alfred war da völlig anderer Meinung: „Wir müssen jetzt alles tun, um deine Bataillone zu sichern."

Es gab einige, die etwas dagegen hatten. Ein älterer Bruder, reich geehrt und reichlich ehrpusselig, selbsternannter Förderer von Christopher, trieb dessen Kabale weiter. Heinz Streicher telefonierte und intrigierte und brachte die Brüder auf seine Seite. Die neuen Vorwürfe? Der hat die Mönchengladbacher Loge im Stich gelassen. Der hat als Logenmeister in Köln versagt. Der ist kein richtiger Freimaurer. Der, der, der ... Wenige Tage vor der Wahl zauberte er einen Gegenkandidaten aus dem Hut.

Der Bankettsaal war zum Bersten voll, als der Souveräne General Bezirksinspekteur die Sitzung eröffnete. Als erster ergriff Heinz Streicher das Wort, zitierte einen Vers von Goethe, erwähnte seine Ehrungen und dass er kein einfach dahergelaufener Bruder sei. Um so mehr bekümmere ihn, dass ein maurerisches Leichtgewicht wie ich, ja, er schäme sich nicht zu sagen, maurerisches Leichtgewicht, neben dem Stuhlmeisteramt in der blauen Loge den Vorsitz in einer roten Loge anstrebe. Das sei wohl zuviel des Guten, beziehungsweise, er bedaure, sich verbessern zu müssen, zuviel des Schlechten. Zu den Vorkommnissen in der Loge „Zum Ewigen Dom" wolle er sich nicht äußern, man rede in *rot* nicht über *blau*, dennoch habe er mit Besorgnis zur Kenntnis genommen, dass ein verdienter Bruder ohne Grund aus der Loge verjagt worden sei. Darauf gab es wütende Proteste der Brüder, die ich zu meinen Bataillonen zählen durfte, die von der Gegenseite mit dem lautstarken Hinweis gekontert wurden, man möge den „Alt- und Ehrenpräsidenten, unseren Bruder Streicher bitte ausreden lassen". Eine Aussage, die dieser sichtlich genoss, worauf er sich in einen förmlichen Redeschwall hineinsteigerte, bis Roger aufstand und in einer flammenden Rede Partei für mich ergriff. Nur dieser Rede war es zu verdanken, dass mein Gegenkandidat drei Stimmen weniger als ich bekam.

„Guck nicht so traurig", sagte Roger, der mir ostentativ gratulierte. „Sie haben dich gewählt."

Die Freimaurerei ist ein seltsames Hobby. Fast jeder, der einmal durch ein Logenamt angefixt wurde, strebt ein weiteres an. Ich hatte alles bekommen, was Christopher sich ersehnte. Ich musste immer nur zustimmen – und ich stimmte zu. Nach all diesen Ergebnissen brauchte ich eine andere Meinung. Ich schrieb Wolfgang eine Mail. Zwei Wochen ließ seine Antwort auf sich warten. Dann wenige Sätze: „Soll ich dir zu deinem Multifunktionärstum gratulieren? Was ist deine Schule des Lebens? Hatte ich es dich schon einmal gefragt? Verzeih, Wiederholungen sind manchmal nötig. Der Christ ist ein Lehrling Gottes. Er lernt durch beständiges, wiederholtes Hören auf Gottes Wort. Ebenso durch das treue Gebet und das Wiederholen von Gottes Weisung. Klingt wahrscheinlich altbacken in deinen Ohren. An welchem Widerstand wächst du?"

Ich mailte prompt zurück: „Alles was du schreibst, klingt nach Moralpredigt."

Am Abend des gleichen Tages besuchte er mich völlig unerwartet. „Ich hoffe, du hast Zeit – und etwas zu essen, meine Frau und die Kinder sind in den Staaten. Ich habe seit heute früh nichts mehr gegessen."

„Dem Bettler soll man nicht die Tür weisen", sagte ich.

Er brachte ein Buch als Geschenk, „Der Gott des Glaubens und der Gott der Philosophen" von Joseph Kardinal Ratzinger. „Du musst es lesen. Ehrlich."

In der Küche stellte ich binnen weniger Minuten eine Käseplatte mit Gouda-Würfeln, Brie und Zaziki zusammen, nahm ein paar Brotscheiben und schnitt zwei Tomaten in kleine Stücke. „Reicht das?"

Er schnitt sich ein Stück Brie ab und führte es mit dem Messer zum Mund. „Alles bestens. Man merkt, auch ein Single-Haushalt kann mit etwas gutem Willen funktionieren. Wie geht es übrigens deiner Mutter?"

„Sie hat sich wieder vollständig erholt."

„Du glaubst nicht an Wunder – oder?" Er dippte Brot in das Zaziki und aß hastig eine zweite Schnitte.

„Manchmal vielleicht doch."

„Christus ist immer unterwegs in dieser Welt, um die zu finden, die ihn suchen."

„Hilft das jemandem, der in der heutigen Zeit mitten im Leben steht?"

„Die Passion Christi zeigt, dass die stumme Anwesenheit des Todes uns unser Leben lang begleitet. Doch sie zeigt auch die Überwindung des Todes. Wenn du es schaffst, die leergewordenen Worthülsen von Brüderlichkeit, Toleranz und Humanität mit Leben zu füllen ..." – er machte eine Pause – „... mit deinem Leben, wirst du kein Freimaurer mehr sein, sondern Christ."

„Ich hatte eigentlich nach etwas anderem gefragt."

„Tatsächlich?" Er hob die Brauen. „Jetzt weiß ich, was fehlt, zu Zaziki braucht es Oliven!"

Während ich ihm das Glas aus dem Kühlschrank brachte, was er mit einem Nicken dankend hinnahm, sagte ich: „Momentan bin ich mit Aufräumarbeiten in meiner Loge beschäftigt. Ist wohl ein Gesetz der Erde, dass jeder, der nur im entferntesten Macht besitzt, sich die Hände schmutzig macht."

„Bist du glücklich dabei?"

„Die Fans meines Vorgängers müssten abserviert werden, damit Ruhe herrscht."

„Servietten", sagte er.

Ich sah ihn verwirrt an.

„Leider hatte ich keine Gabel, sonst hätte ich die Oliven damit gegessen."

Ich riss ein Blatt von der Küchenrolle und reichte es ihm. Penibel reinigte er sich die Finger, faltete das Blatt ebenso penibel zusammen und seufzte. „Bisher habe ich deine Hochs und Tiefs verfolgt und glaube nicht, dass du ausgerechnet jetzt Ruhe findest. Wenn ich sage, Ruhe findest du nur in Gott, wirfst du mir Floskelhaftigkeit vor. Ein schwieriger Fall. Hast du eine Bibel zur Hand?"

„Im Arbeitszimmer."

„Lass nur. Ich empfehle dir die Lektüre des Buches Jesaja. Genau gesagt, Jesaja 42. Dort wird ein von Gott erwählter und eingesetzter Herrscher geschildert. Nach deinen Kriterien bewertet, fehlt ihm alles, was man zur Machterhaltung benötig: Durchsetzungskraft, Coolness, einflussreiche Freunde. Der Glaube geht von anderen Dingen aus, zum Beispiel, was dient der Gerechtigkeit und dem Recht Gottes."

Ich schüttelte den Kopf. „Glaubst du allen Ernstes, in dieser Welt heilig werden zu können? Im übrigen, die Kirchengeschichte spricht da eine ganz andere Sprache. Ich will erst gar nicht die Kreuzzüge anführen."

„Doch, führe sie an. Niemand wird ernsthaft behaupten, dass die Kirche auf dem Weg durch die Zeit keine Fehler beging. Man muss nur unterscheiden zwischen wirklichen Fehlern oder arglistigen Unterstellungen. Zwischen Menschenwerk und Gottes Wort."

„Und zwischen Selbstkritik und Selbstbetrug."

„Lass es mich so sagen, die Hoffnung des Christen besteht nicht im irdischen Glück, sondern in den Verheißungen Christi, deshalb verlässt er sich nicht nur auf seine Kräfte, er verlässt sich auf die Gnadenhilfe des Heiligen Geistes. Schaff in deinem Leben mehr Raum für Gott, dann wird er dir begegnen, so wie er dem jungen Paulus begegnet ist, dem heiligen Augustinus, der heiligen Hildegard und vielen anderen, deren Namen vielleicht nur Gott kennt."

„Da finde ich den Slogan des Schottischen Ritus ‚Vom Symbolismus zum Aktivismus' aber griffiger. Das beschreibt das freimaurerische Mysterium."

„Mysterium des Nonsens", meinte er lakonisch.

„Lass uns realistisch bleiben", entgegnete ich barsch, „eigentlich müsstest du meinen Gedanken verstehen, eine neue Weltordnung und die Weltreligion sind die letzte Rettung."

„Gibt es längst."

„Reden wir von derselben Idee?"

„Wenn du Idee sagst, meinst du einen Religionsmischmasch aus allen Weltreligionen? Der alte freimaurerische Lügenschnack? Nein, mein Lieber, ich meine keine Religion ohne Gott, sondern das Christentum, das seit jeher Weltreligion ist."

„Durch die Freimaurerei wurde mir bewusst, dass es keine alleinseligmachende Religion gibt."

„Du willst eine Insel der Utopie, wo man alles hat, Zerstreuung, Wohlstand und Whiskey. Brechts ‚Mahagonny' lässt grüßen. Doch bleibt auf dieser Insel stets das vernichtende Gefühl innerer Leere zurück."

„Wolfgang", sagte ich, „wir haben gemeinsam Platons ‚Staat' gelesen und Aristoteles ‚Poetik'. Komm mir meinetwegen mit dem ‚Hohelied Salomos', von mir aus mit den Evangelien, die nach meiner Ansicht an einigen Stellen im süßlichen römischen Historienstil abgefasst sind. Von mir aus komm mit den Paulinischen Briefen, die ich wenig für Religion, sondern vielmehr für Machtpolitik halte. In Ordnung. Nur verschone mich mit mittelalterlicher Heiligenbildlyrik. Für mich als Christ ist Freimaurerei eine Schule des Lebens, die mir ermöglicht, mystische und spirituelle Erfahrungen zu sammeln."

„Ich bete für dich, dass du wirklich frei wirst."

Es waren Auseinandersetzungen dieser Art, die mein maurerisches Selbstverständnis ins Wanken brachten. Mein damaliges Christentum war, nimmt man es bildlich, eher ein Bunker als eine Kirche. Ein Bunker wie der Tempel der Humanität, verborgen vor dem Licht Gottes. Geradezu zwanghaft filterte ich mein Christentum durch die Philosophie der Aufklärer. Warum? Weil es mir nicht gelang, das Kind in mir aufzurufen, das zum Glauben bereit war, sondern es in den Schlaf sang mit Dopingparolen von Humanität und Toleranz. Erst in der Meditation, beim Ablegen des übergroßen

Ich, gelang es mir, das Einverständnis mit dem In-Gott-Sein zu erlangen, mich aus der gut geölten Maurermaschine herauszunehmen. Was darauf folgte? Stärkere Zweifel, bis hin zum körperlichen Unwohlsein. Also Angst vor Trennung und Irrtum. Grund für mich, tiefer in den Tempel der Humanität zu fliehen.

Ostern 2005 las ich „Der Gott des Glaubens und der Gott der Philosophen". Ich war verblüfft und begeistert. Bislang war ich Ratzinger in Vorurteilen begegnet. Aber da formulierte jemand komplexe Zusammenhänge in einer ungemein lebendigen Sprache – und griff dabei gleichzeitig weit über den Zeitgeist hinaus, ohne den erhobenen Zeigefinger zu bemühen. „Wenn es der christlichen Botschaft wesentlich ist, nicht esoterische Geheimlehre für einen eng beschränkten Zirkel von Eingeweihten, sondern Botschaft Gottes an alle zu sein, dann ist ihm damit auch die Dolmetschung nach außen wesentlich, in die allgemeine Sprache der menschlichen Vernunft hinein". Ich ging buchstäblich geistig in die Knie. Mir geschah zum ersten Mal, dass ich gedanklich Abbitte leistete für meine Vorurteile. Da standen die ganzen atheistischen und deistischen Traktate mit einem Satz wie Papiertiger da. Mein ganzes Gedankengebäude, mit dem ich mich ahnungsvoll belog, bekam tiefe Risse. Aber das Ich wäre nicht das Ich, wenn es nicht gleichzeitig den Versuch startete, das soeben baufällig gewordene Gedankengebäude zu sanieren, um sich bloß keinen Irrtum einzugestehen.

## Der 32. Grad

Deutlicher hier als sonstwo: Die Freimaurerei lehnt den Absolutheitsanspruch Christi vollkommen ab. Der 32. Grad ist der letzte im Hochgradsystem des Schottischen Ritus, in den man befördert wird. In den 33. wird man berufen. Im 32. Grad erreicht der freimaurerische Synkretismus seinen Höhepunkt. Die Arbeit selbst ist, wie fast alle Ritusarbeiten, eher dröge. Der Inhalt nicht. Bei Lichte betrachtet, wird alles gesagt. Nur dem Maurer, über Jahre bis in diesen Grad vorgedrungen, geht es wie den Gefesselten in Platons Höhlengleichnis. Kein Wunder. Dem Maurer wird nicht das Licht gegeben, er wird hinters Licht geführt. Die Schwäche der synkretistischen Systeme, von der Freimaurerei bis zur Stiftung Weltethos, liegt im beliebigen Nebeneinanderstellen von Religionsstiftern und Gründern von Philosophenschulen. Im 32. Grad werden dem Kandidaten folgende Bilder vorgeführt: Da ist Konfuzius, der Weise, der China seine sittliche Kultur gab. Er wird als erster bezeichnet, der aussprach: "Was du nicht willst, das man dir tu, das füg auch keinem andern zu."

Daneben ist Zarathustra, Lehrer der Perser, der jede Abgötterei verwarf, um den allwissenden Herrn, Ahura Mazda, anzubeten, denn: Vergebens kämpfen die Mächte der Dunkelheit gegen die Mächte des Lichtes. Mit dem Anbruch des großen Tages, so wird kolportiert, werde das Werk Ahura Mazdas durch alle guten Gedanken, guten Worte und guten Taten befördert.

Da ist Buddha, der sich selbst das Nirwana eröffnete, um den Menschen aufzuzeigen, welcher Weg zum Vernichten des Schmerzes führt. Dieser Weg ist Einfachheit und Altruismus. „Mein Gesetz ist eine Gnade für alle."

Dann erscheint Moses, der aus dem Wasser gerettet wurde, der Gott im brennenden Dornbusch begegnete, dem Gott, dessen wahren Namen weder Abraham noch Jakob kannten. Moses, der die Kinder Israels ins Gelobte Land geleitete und ihnen am Sinai die Zehn Gebote mitgeteilt hat.

Genannt wird Sokrates, der Philosoph der Griechen, der lehrte, Gott sei einer und die Seele der Menschen unsterblich, und sagte: „Wenn du Richter über andere sein willst, lerne zuerst, den ewigen Gesetzen zu gehorchen."

Hermes Trismegistos, Mondgott und Herr der Wissenschaften im alten Ägypten. Glücklich derjenige, der bei seinem Eintritt in die Unterwelt zu seinem Herzen – getreu der alten Formel aus dem Buch der Toten – sagen kann: „O mein Herz, belaste mich nicht vor dem Gotte des Urteils", sagt der dreimal Mächtige.

Platon, der lehrte, sich selbst zu erkennen. Platon, der die Welt der reinen Ideen und die ewigen Realitäten entdeckte. Platon, der sagte: Unsere Sinne können die Schatten der Wirklichkeit aufnehmen. Diese bestehen in der geistigen und stofflichen Welt. An der äußersten Grenze des Begreifbaren hat die Idee des Guten ihren Platz, lautet die Lehre.

Mitten unter ihnen, auf ein Lichtbild gebannt, Jesus von Nazareth, der, wie das Ritual sagt, sein Leben für das Heil der Menschen gab. Der gekommen ist, um das Gesetz zu erfüllen, nicht um es abzuschaffen, der lehrte, dass der Mensch direkt in Beziehung mit dem Vater im Himmel stehen kann. Denen, die mich nach dem Weg zum Königreich der Himmel fragten, habe ich erklärt: Sucht zuerst die Gerechtigkeit, und das Übrige wird euch im Überfluss gegeben werden.

Auch Mohammeds Lehre ist präsent: Allah umfasst Gerechtigkeit, Wohlwollen, Großmut. Niemand kann ein wahrer Gläubiger heißen, der nicht für seinen Bruder wünscht, was er für sich selbst wünscht.

Ein fröhlicher ritueller Zitatenbrei. Indianische Gottheiten sind im Moment in der Liste nicht vertreten, ebensowenig sumerische oder afrikanische. Enki, Apollon oder Manitu sind für die Eine-Welt-Religion zu nebensächlich. Das Volk kennt sie doch kaum. Dennoch möchte sich der 32.-Grad-Bruder am liebsten bei seinem Nächsten unterhaken und, während man sich gegenseitig schrecklich lieb hat, das Pantheon der masonischen Götter noch einmal Revue passieren lassen, um sich selbst als Kollege des Weltalls zu fühlen. Doch Halt, da folgt noch wer! Ganz am Schluss tritt aus dem Wurmloch der Maurerphantasie der „Meister von Morgen". Über jenen heißt es: Die Juden erwarten den Messias, die Muselmanen den Mahdi, die Christen das zweite Kommen

Christi, die Parsiden Gaoshyant, die Buddhisten den Maitreya, den folgenden Buddha, die Hindus den Avatar von Vishnu, der sich von Zeitalter zu Zeitalter inkarniert zum Seligpreis der Guten und zur Vernichtung der Schlechten. Am Schluss wird darauf verwiesen, der „Meister von Morgen" trage alle diese Namen und noch viele andere mehr, „denn die hermetische Kette ist nie abgebrochen. Ihr habt die Übereinstimmungen bemerkt, die zwischen den Lehren der Religionsstifter und den Philosophen existieren." Auf dieser Grundlage sollen neue heilige Schriften entstehen, um „mit Kraft den Stempel auf das Aufstreben der Menschheit zu drücken". Wer ist dieser ominöse „Meister von Morgen"? Es heißt, er trage alle Namen, von Konfuzius über Buddha – auch den Namen Jesu. Lässt sich der Antichrist deutlicher beschreiben? Nein, ich hörte nie einen Bruder danach fragen. Mich selbst inbegriffen. War es nicht einfach wunderbar, dass alles in einem ist? Das glaubt man als Freimaurer, erst da ist man ganz in seinem Element. Ich nicht minder, trotz aller Christus- und Mariengebete. Man bleibt in diesem freimaurerischen Polytheismus gefangen. So war es denn auch bei mir zu Hause: ein kleiner Altar mit dem lehrenden Buddha und eine Isis-Figur vor der Menorah. Auf dem Boden ein dicker, fröhlicher Ganesha vor drei großen geschnitzten afrikanischen Gottheiten, die finster auf eine Nachbildung der Venus von Wilmersdorf herabblickten. Ganymed an der Wand neben einer Tektraktys. Eine Rota neben dem Auge des Osiris. Darüber ein Kruzifix und eine Immerwährende Hilfe. Wie das alles zusammenpasste? Genauso wie die Götterdias, die alle im 32. Grad zum „Meister von Morgen" übereinandergelegt werden.

Wenn Freimaurer sich Kinder der Aufklärung nennen, berufen sie sich gern auf die Errungenschaften der Französischen Revolution. Voltaire, einer der einflussreichsten Denker der französischen Aufklärung, hat bereits im 18. Jahrhundert die Parole zur Ausrottung der Kirche ausgerufen. Als Propagandaminister freimaurerischer Weltanschauung predigte er radikale Gottesverneinung unter dem Deckmantel von Toleranz und Humanität. Betrachten wir diese Vernunftreligion genauer: Das Gesetz wird zur Religion des Staates. Das Volk soll das Gesetz nicht nur befolgen, sondern es anbeten. Freiheit, Gleichheit und Brüderlichkeit sollen Vater, Sohn und Heiligen Geist ersetzen. Um diese Vernunftreligion durchzusetzen, gab der aus der Schweiz stammende Jakobiner und Freimaurer Jean-Paul Marat die Parole aus: „Lasst hinter euch nichts als Blut und Leichen!" Auch Logenbruder Robespierre trachtete danach, das Christentum durch einen Kult der Vernunft zu ersetzen. Wie so oft in der Neuzeit erleben wir einen Rückgriff auf die griechischen Mysterienkulte. In diesem Fall auf Göttin Metis, die Zeus verschlang. Bei den pompösen Feierlichkeiten zu ihren Ehren wurde die Pariser Kathedrale Notre-Dame zum Bordell entweiht, die Göttin selbst von einer Schauspielerin und Prostituierten verkörpert. Zufall? Nein, die Vernunft war für die französische Aufklärung eine Hure, die dem totalitären Staat zu Diensten sein sollte – eine Entsprechung sehen wir in allen nachfolgenden Terrorregimes. Das Ausmaß revolutionärer Menschenverachtung offenbarte der jakobinische Völkermord an der katholischen Bevölkerung. Revolutionsgeneral François-Joseph Westermann, in brüderlicher Zuneigung Revoluzzer Danton verbunden, rühmte sich: „Ich habe die Kinder unter den Hufen meiner Pferde zertreten und die Frauen niedergemetzelt."

Bekanntlich frisst die Revolution ihre Kinder. In diesem Fall schickte Bruder Robespierre Bruder Danton unter die Guillotine. In Georg Büchners Drama „Dantons Tod" fragt eben jener Danton: „Was ist das, was in uns und aus uns heraus mordet und stiehlt, lügt und hurt?" Ob er vor seinem letzten Gang Reue zeigte, ist nicht überliefert. Durch die Guillotine, die rechtzeitig zur Revolution vom Arzt Joseph-Ignace Guillotin erfundene und nach ihm benannte Mordmaschine, wurde erstmalig industrieller Massenmord betrieben. Das erklärte Ziel des Freimaurers Guillotin bestand darin, Hinrichtungen zu „humanisieren", was er durch die Aussage: „Die Guillotine ist eine Maschine, die den Kopf im Handumdrehen entfernt und das Opfer nichts anderes spüren lässt als ein Gefühl erfrischender Kühle", zu unterstreichen gedachte.

Welcher Art diese beherrscht kühle Vernunft war, offenbarte sich auch bei Dantons Bundesgenossen Pierre Gaspard Chaumette. Er ließ aus rohem Vandalismus eine Menge Kunstwerke in den Kirchen zerschlagen, Priester vergewaltigen und abschlachten, deren Köpfe die Soldaten der Revolution dann aufgespießt auf Bajonetten unter dem Geschrei der Menge durch die Straßen trugen. Ein grausames Spiel, von russischen Revolutionären 1917 Zug um Zug wiederholt. Die Französische Revolution, ihr Kampf gegen Gott und Gebote und ihre banalisierende Nützlichkeitsmoral bezeugt den Zivilisationsbruch der abendländischen Geschichte. Ihr Ergebnis zeigt sich in jenem unhinterfragten Glauben an die unbegrenzten Möglichkeiten des Menschen, an dem die Gesellschaften der Postmoderne absterben werden. Was dem Geistesleben unserer mit Vorurteilen beladenen Gesellschaft notorisch verweigert wird, ist eine Aufklärung über die Aufklärung. Damit auch eine Aufklärung über die Freimaurerei, die immerhin in großer Kontinuität von Voltaire über Garibaldi bis heute ihren entschiedenen Antiklerikalismus verteidigt und der Pseudoreligion der Vernunft das Wort redet, die heute den Gott des Fortschritts mit all seinen Nebengottheiten, Wissenschaft, Hightech, Mammon verherrlicht.

## WELTJUGENDTAG IN KÖLN

Nach all den Querelen gab es einen Hoffnungsschimmer am Horizont der Kölner Freimaurerei. Roger rief mich auf

Handy an, er könne das Großlogentreffen 2007 nach Köln holen. Eine phantastische Sache für die Kölner Freimaurer, insbesondere für die angeschlagene Loge „Zum Ewigen Dom". Auf dem außerordentlichen Großlogentag in Altenburg stimmten die dort vertretenen Logenmeister diesem Vorschlag zu. Ich brachte die gute Nachricht mit nach Köln. Meine Brüder reagierten anfangs nicht sehr enthusiastisch, doch es gelang, ihre Begeisterung zu wecken. Als Ausrichter einer Großlogenveranstaltung steht die Loge im Fokus des Interesses. Die Freimaurer aus ganz Deutschland blicken auf sie. Zu einem ersten vorbreitenden Gespräch trafen wir uns nach der Mitgliederversammlung. Es galt Freiwillige zu finden. Eine erste Liste mailte ich anderntags zur Kanzlei. Die Sekretärin, mit der ich fortan zu tun haben sollte, erstaunte die große Anzahl der Helfer, normalerweise käme man mit einem Team von zehn Leuten zurecht.

„Im Rheinland gehen die Uhren anders", antwortete ich, „erst recht in Köln. Man muss immer einen Ersatzspieler bereithalten, falls jemand unverhofft ausscheidet – und falls das ganze Team plötzlich schlappmacht, sollte man Ersatzspieler aus anderen Städten haben. Deshalb arbeiten wir mit mehreren Logen zusammen, sogar mit einer aus Düsseldorf, was für den Kölner an sich schon etwas Besonderes ist."

„Weiß die Großloge, was auf sie zukommt?" fragte sie.

„Ich fürchte, nein."

Doch das war noch Zukunftsmusik. Ein anderes Ereignis beschäftigte die Köpfe, der Weltjugendtag in Köln. Einige Brüder hatten kontrovers darüber diskutiert, ob man nicht eine Gegenveranstaltung machen sollte.

Ich antwortete: „Wer soll das organisieren?"

„Wir könnten uns an der ‚Aktion Religionsfreie Zone' der Giordano-Bruno-Stiftung anschließen. Sie bietet als Protest gegen den Weltjugendtag und die katholische Kirche Veranstaltungen wie eine Kirchenaustritts-Party auf den Arealen des Weltjugendtages an."

„Drei Dinge sprechen vehement dagegen", antwortete ich, „Erstens, als Loge äußern wir uns öffentlich weder zu religiösen, noch zu politischen Fragen. Zweitens, ich persönlich werde mich als Meister vom Stuhl gegen jede Form des Protestes stellen, weil ich den Weltjugendtag ausdrücklich gutheiße. Drittens, wie sollen wir Präsenz zeigen? Wenn ich bedenke, dass zu unseren Tempelarbeiten bestenfalls zehn Brüder kommen, sollten wir vor allem eins nicht, zeigen, wie viele wir sind."

„Du bist ein verdammter Katholik", scholl es mir aus dem Mund eines Bruders entgegen.

Wenigstens war die Diskussion damit beendet.

An mir selber hatte ich bemerkt, die christliche Religion taugte nicht nur für Alte und Kranke. Junge Leute bekannten sich unbefangen zu Gott. In Zeiten der Unübersichtlichkeit und des Zerfalls vertrauter Ordnungen wächst die Sehnsucht nach Positionen, an denen man sich orientieren kann. Wie genau die kirchlichen Wertvorstellungen im eigenen Leben zu befolgen seien, darüber erlaubte ich mir meine Privatmeinung, schließlich hielt ich an der Freimaurerei fest. Doch eins wurde mir im Nachdenken über die katholische Religion deutlich, sie wirkte wie ein Magnet auf suchende Menschen. Vielleicht war an Wolfgangs Aussage, ‚Christus ist immer unterwegs in dieser Welt, um die zu finden, die ihn suchen', mehr dran, als ich wahrhaben wollte.

Wir hatten am 19. August eine Logenveranstaltung, während draußen die Jugend der Welt Gott feierte. Ich war schon vormittags losgefahren, um von der Atmosphäre etwas mitzubekommen. Im Bahnhof Plakatträger, die Jugendgruppen sammelten, Jungen und Mädchen mit strahlenden Gesichtern, „Welcome at home". Ein großgewachsener, englischsprechender junger Mann sprach mich an, ob ich nicht wüsste, wo man noch eine Übernachtungsmöglichkeit fände. Zuerst wollte ich ihn abschütteln. Dann sah ich die Hoffnung in seinem Gesicht. Ich telefonierte mit einem Bekannten vom WDR, einen Bruder hätte ich nicht anrufen wollen. Nach dessen „Okay" gab ich dem Jungen eine Adresse (er hat sich später mit einer freundlichen Karte aus Neuseeland bedankt). Eine Gruppe christlicher Pfadfinder strömte, mit Rucksäcken bepackt, aus der Bahnhofsbuchhandlung. Sie trugen Wimpel und Schirmmützen und lachten, als hätten sie gerade „Asterix als Legionär" gelesen. Alles ergoss sich in purer Freude. Selbst das Wetter. Warmer Sommerwind wehte über den Bahnhofsvorplatz, auf dem sich unzählige junge Menschen tummelten. Im Schatten des Doms spielte eine Band Gospelsongs. Die Leute tanzten dazu, manche ausgelassen, andere in stiller Einkehr, Hände gefaltet wie zum Gebet. Man hatte das Gefühl, unwillkürlich in den Sog dieser Begeisterung hineingezogen zu werden: Die Entdeckung der Lebensfreude, die Heiterkeit der Schöpfung. Sie senkte sich aus dem Lauten in die Stille des Herzens. Merkwürdig genug, dieser Tumult des Frohsinns machte keine angst, nicht wie an Karnevaltagen oder zu anderen Paraden, wo alles in neurotischem Lärmen aufwallt. Hier regierte nicht der Juckreiz der Welt, kein Weglaufen vor sich selbst, sondern Ankunft der Herzlichkeit. Alles schien im Glauben an das Gute aufzugehen. Selbst den Neidköpfen am Dom, jenen in Stein gehauenen Gestalten, stand die Sonne ins Gesicht geschrieben, der Löwe mit Sonnenkopf, Ungeheuer und Spötter, das ganze Panoptikum der Schöpfung für das uns unsere aufgeklärte Unwissenheit langsam blind machte. Auf dem Heinrich-Böll-Platz spielte eine Truppe von Pantomimen. Was? Irgendeine biblische Szene. Kain und Abel? Der Auszug aus Ägypten? Was wusste ich? Die immer schnelleren Atemzüge des Fortschritts hatten den Sinn hinter diesen Bildern entschärft, bis nichts weiter blieb als eine Legende. Ein weißgeschminktes Mädchen sprach mich an, lachte, tanzte um mich herum, wollte den älteren Mann im schwarzen Anzug mit in einen Kreis einbeziehen. „Ich kann nicht tanzen", wehrte ich ab. Da wusste ich, sie hatte im Gegensatz zu mir den Sinn hinter den Bildern verstanden. Als sie merkte, dass ich erstarrte wie eine Quadrillefigur, tanzte sie von mir fort, ohne mich der Lächerlichkeit preisgegeben zu haben, wofür ich ihr dankbar war. Sie hatte mich, wahrscheinlich unwissentlich, etwas gelehrt, ich spürte, dass ich die Dinge nicht immer wieder neu denken musste, sondern lernen musste, „mit dem Herzen zu sehen" (Saint-Exupéry). Mehr noch, viel mehr noch, ich musste den Nächsten mit der Seele suchen, um die Freude der Nächstenliebe zu erfahren, die unverrückbar zum Glauben gehört und seine ewige Gegenwart ausmacht.

„Nehmen Sie, Hochwürden!" Ein kahlgeschorener Junge drückte mir ein Flugblatt in die Hand: „Ist ganz Köln papstbesoffen?" fragte ein Bündnis aus humanistischen und atheistischen Organisationen, um zum Besuch von Gegenveranstaltungen aufzurufen. Unter dem Motto „Heidenspaß statt Höllenqual" wollten die Organisatoren eine „Enttaufungszeremonie" feiern. Freimaurer vom Schlag eines Pike oder Carducci hätten ihre Freude gehabt. Ich warf es zum Altpapier.

Auf der Freitreppe, die zum Rheinufer führte, waren keine Stufen mehr zu sehen, nur Menschen. Ein Guitarerro spielte gegen den Stamm einer Platane gelehnt Flamenco. Etwas weiter bekam ein Mundharmonikaartist den Blues. Eine Farbige in bunten Gewändern sang dazu: „Jesus loves you". Ein hoher Gesang, von eigener Majestät getragen. Einige Schritte weiter prallte Disco-Musik von den Wänden der Hohenzollernbrücke ab. Überall Musik. Die jugendliche Menge zog in einem ungeordneten Strom durch die Stadt, konnte man meinen. Sie strömten in alle Richtungen, formierten sich zu Ketten, die wieder auseinanderfielen, bildeten neue Ketten, erfreut vom Gesang ihrer hohen Stimmen, zogen in Gaststätten und Eisdielen und wieder heraus. Die Rheinlokale, überall quollen sie über – und doch, keine Unbeherrschtheit, keine Aggressivität. Alles getragen von einer befreienden Hoffnung. Wer daheimblieb, wusste nicht, was er verpasste. Wer jetzt zu Hause irgendein Buch las, hatte noch nicht verstanden: „Grau, Freund, ist alle Theorie". Über all diesen Köpfen die schützende Hand Jesu, „der in uns den Glauben mehre, der in uns die Hoffnung stärke", er hatte die Liebe in uns entzündet. Nichts wird die Bilder aus den Köpfen derer vertreiben, die hier waren, die Freude gespürt haben; nichts wird die Erinnerung jemals auslöschen an den Frieden und Glück dieser Tage. Hier war eine Generation am Werk, die, anders als ihre Alt-68er-Großeltern, nicht einem beliebigen Hedonismus frönten, sondern über den Eros hinaus die Philía und Agape suchten. Eine Generation, die früher oder später wieder die Kirchen bevölkern würde, in der Gewissheit, das Echte gefunden zu haben. Wieder spürte ich, mein Platz konnte nicht für immer in der Freimaurerei sein. In mein Tagebuch sollte ich nachts nach meiner Heimkehr schreiben: „Was ich als Zaungast hautnah miterlebte, war eine mitreißende Veranstaltung. Das Lachen, Singen, das friedliche Miteinander aller Nationen zog auch mich in seinen Bann. Nie zuvor fühlte ich, dass gelebter Glaube derart unbeschwert daherkommen konnte. Plötzlich war sie aufgehoben, die Frage: „Was hat er mir zu sagen, der alte Herr?"

Die Brüder meiner Loge warteten schon auf mich. Nicht einmal wenige waren gekommen. Ein Älterer berichtete stolz, er erwäge eine Klage gegen die Organisatoren des Weltjugendtages, wegen der Kosten für das Sicherheitspersonal, die von der Allgemeinheit getragen würden.

„Warum immer dieser alte Geifer?" fragte ich. „Der schäumte schon von den Ketzerlippen Voltaires. Was zeigt sich darin außer der Unfähigkeit, Freude zu teilen?"

Ein paar Wochen später tauchten dunkle Wolken auf. Neue Probleme in der Loge. Gravierendere als je zuvor. Thema: Geld. Ich sah mich zweifach in die Pflicht genommen. Einmal, weil ich unter allen Umständen das Auseinanderbrechen der Loge verhindern wollte, zum anderen, weil das Großlogentreffen 2007 auf dem Plan stand.

## DIE DROHENDE PLEITE

Niemand hatte ihn für einen Blender gehalten. Zu unschuldig wirkte sein Mondgesicht, auf dem immer ein Lächeln lag. Dick und gemütlich wirkte er. Die Halbglatze und sein Vollbart verliehen seinem Aussehen zusätzlich Schwerfälligkeit. Als Wachhabender hatte er im Ritual nur wenige Sätze. Was auffiel war, dass er selbst die einfachsten Passagen nicht auswendig konnte und sich selbst beim Vorlesen ständig verhaspelte, wobei seine Stimme bei jedem Versprechen leiser wurde. Außerdem konnte er nie seinem Gegenüber in die Augen sehen. Sein Blick schweifte ab, wobei seine Augen zuerst nach oben, dann von einer Seite zur anderen wanderten. Nie blieb er lange im Gespräch mit einem anderen. Er schüttelte Hände, schnell, beim Weggehen leicht nach vorne gebeugt, als ob er sich abducken wollte. Eine gewisse Unsicherheit ließ sich nicht leugnen. Eigentlich behielt man nichts Besonderes von ihm, höchstens, dass er schweißige Hände hatte und den Geruch eines herben Parfums verströmte, der sich übertrug, wenn man ihm die Hand gab. Wir hielten es für Bescheidenheit, dass er nie über sich sprach, überhaupt wenig Aufhebens von seiner Person machte, und wenn er sich zu einem Thema zu Wort meldete, sonderte er in hessischem Akzent und leiser Sprache ein paar Nebensächlichkeiten ab, die jeder sofort wieder vergaß. Er wirkte derart unauffällig, dass er fast dadurch auffiel. Er kam aus der IT-Branche und hatte bei einer Firma, die Pleite ging, den hochtrabenden Titel „Key-Account Director Asia and Europe" geführt. Genauer ließ er sich nie darüber aus. In einer Gesellschaft, die Erlauchte General Großinspektoren führt, kann im echten Leben kein Titel zu ausschweifend sein. Als er den Schatzmeisterposten übernahm, begann er zeitgleich eine berufliche Weiterbildung. Kein Hindernis, die Ausführung des Amtes bedurfte nicht der Ortsansässigkeit. Später bekam er einen Job nahe Frankfurt. Die Rede war von einem größeren Projekt, das er federführend betreue, was ihm nur wenig Freizeit erlaube. So erklärte er den Verzug von Geldzahlungen. Doch die Klagen von Brüdern, er überweise abgerechnete Kosten erst spät, häuften sich nach Ablauf des ersten Jahres meiner Kölner Stuhlmeisterzeit. Glücklich, Christophers Intrigen überstanden zu haben, stellte ich mich auf ein ruhiges Amtsjahr ein, dem ich kein weiteres mehr folgen lassen wollte. Ende August bekam ich von der Großloge Post, die 2. Mahnung. Wie sich später herausstellte, hatte unser Schatzmeister die Briefe, die ans Logenhaus adressiert waren, unterschlagen. Noch im guten Glauben, seine berufliche Überbelastung habe zu Missverständnissen geführt, schrieb ich ihm, er möge die Überweisungen umgehend tätigen. Inzwischen lagen weitere Mahnungen vor. Er antwortete prompt: „Ich gebe Dir die Daten durch, wann ich der Großloge die Gelder angewiesen habe. Bei der Bauhütte haben wir nichts mehr offen, das hatte ich Dir ja schon mündlich mitgeteilt. Von unserem Notar habe ich keine Rechnung vorliegen, hat er die direkt an Dich abgeschickt? Wenn ja, dann schick mir diese bitte zu, dann geht Überweisung sofort raus."

Nein, der Notar hatte mir keine Rechnung geschickt. Am 5. Oktober erreichte mich eine weitere Mail: „Hallo, die Überweisungen sind raus, aber erst am Dienstag gebucht worden. Warum auch immer. Für den Sekretär habe ich einen Dauerauftrag eingerichtet, für die vielen Briefsendungen. Grüße. PS: Sylt ist klasse, Sonne pur bei 18 Grad."

Nachdem am Wochenende noch immer kein Geld eingegangen war, ließ ich mir einen Termin bei der Sparkasse Köln/Bonn geben, um mir das Logenkonto genauer anzusehen. Die beiden anderen Brüder des Logenvorstandes stimmten mir zu. Also setzte ich mich Dienstag, 11. Oktober, in den Zug. Der Rosenkranz, den ich seit der Erkrankung meiner Mutter immer bei mir trug, glitt durch meine Finger. Erst als ich den Neumarkt in Köln erreichte, steckte ich ihn in meine Jacketttasche. Der Sachbearbeiter war ein ungemein entgegenkommender junger Mann. Nachdem ich mich ausgewiesen hatte und meine Kontovollmacht geklärt war, zeigte er mir auf dem Bildschirm die Abbuchungen der letzten Tage. Daraus ging unzweideutig hervor, dass unser Schatzmeister Urlaub auf Kosten der Loge machte. Schlimmer noch, er hatte seit Anfang des Jahres so viele Abbuchungen vorgenommen, dass unser Logenkonto im Minus steckte. Wie war das möglich? Der Beamtenrat hatte ihm am Anfang seiner Schatzmeistertätigkeit auf seinen Vorschlag hin eine Kreditkarte bewilligt. Auch ich war so naiv gewesen zuzustimmen. Fazit, Vertrauen ist gut, Kontrolle ist billiger. Der Sparkassenmann sagte: „Sie wissen, dass Sie als Vereinsvorstand mit ihrem Privatvermögen haften."

Das war wie ein Schlag in die Magengegend. Wenigstens lagen die Fakten auf dem Tisch. Ich beriet mich umgehend mit meinen Vorstandskollegen und schickte dem Sylter Urlauber umgehend eine Mail: „Es scheint bei Deiner Kontenführung zu nicht nachvollziehbaren Überweisungen, Geldabholungen und Buchungen gekommen zu sein. Um weitere Schäden von der Loge abzuwenden, fordern wir Dich im Namen des Logenvorstandes auf: Alle Unterlagen für eine sofortige Buchprüfung bereitzustellen und für diese bereitzustehen. Das Amt des Schatzmeisters bis zur Aufklärung der Angelegenheit unverzüglich ruhenzulassen. Sämtliche Kontenvollmachten wurden Dir auf Vorstandsbeschluss zunächst entzogen. Insbesondere machen wir darauf aufmerksam, dass Dir ab sofort jeglicher Zugriff auf sämtliche Konten und/oder anderes Vermögen unserer Loge untersagt ist. Ebenfalls behalten wir uns weitere Schritte vor, bitten Dich aber zunächst, den Sachverhalt umgehend aufzuklären."

Ein Gauner wäre ein schlechter Gauner, wäre er nicht auch ein Schlawiner. Noch am Abend des gleichen Tages erhielt ich aus Sylt Antwort: „Lieber Bruder Burkhardt, wie mir die Sparkasse heute telefonisch mitteilte, habe ich keinen Zugriff mehr auf unser Logenkonto. Ich wollte dem Sekretär Porto anweisen und konnte den Vorgang nicht ausführen. Auf Anfrage bat mich die Sparkasse, meinen Vorstand, also Dich, zu fragen, was los ist. Bitte gib mir hier Rückmeldung. Die Firma, für die ich arbeite steht kurz vor dem Aus, da der Geschäftsführer einige Fehlentscheidungen getroffen hat. Wir kämpfen derzeit um jeden Auftrag. Mit brüderlichen Grüßen."

Vereine werden immer wieder den Fehler machen, zu viel Vertrauensvorschuss zu geben. Ich werde nie die Frage der Staatsanwältin vergessen, als wir Anzeige erstatteten: „Sind Sie sicher, dass er sich nicht von Anfang an mit dem Vorsatz, Geld zu unterschlagen, in die Loge eingeschlichen hat? So weit ich weiß, sind Sie ein idealistischer Verein, da kommt ein Gauner schnell auf den Gedanken, viel Vertrauen vorzufinden."

Was nun anstand, war der reinste Spießrutenlauf. In den ersten Tagen telefonierte ich zum Teil auf drei Telefonen, auf Handy und den beiden Festnetzanschlüssen. Jeder wollte Neuigkeiten, viele mussten beruhigt oder vom Austritt abgehalten werden. Ich fuhr nach Köln, um Einzelgespräche zu führen. Ein Bruder, selbst Finanzfachmann, einer der besten auf seinem Gebiet, zuvor aufgrund der Intrigen meines Amtsvorgängers ausgetreten, kam in die Loge zurück. Ein Glücksfall. Er wurde kommissarisch zum Schatzmeister ernannt und leistete eine unglaubliche Arbeit, um den Ruin abzuwenden. Was ich auf psychologischem Gebiet zu leisten hatte, leistete er auf dem finanziellen Sektor. Die Großloge sprang ein und gewährte Kredit. Bei der kurzfristig einberufenen Mitgliederversammlung wurde hart diskutiert. Es ist immer so, dass diejenigen am lautesten Kritik üben, die ansonsten ihre Hände in den Schoß legen, bis mir der Kragen platzte. Ich hämmerte auf den Tisch und brüllte: „Wenn es nicht sachlich zugeht, könnt ihr euren Mist alleine machen." Ruhe, Betroffenheit. Ich war zu weit gegangen, hatte mich provozieren lassen. Als ich spätnachts nach Hause kam, stellte ich mich vor den geöffneten Kühlschrank, um mich zu wärmen. Ein Positives hatte die Finanzaffäre. In der Loge machte sich ein Wir-Gefühl breit. Keiner wollte die Loge untergehen sehen. Was mir wirklich Hoffnung gab, war etwas anderes: die Gebete, die ich mit Wolfgang sprach. Er kommentierte meine Klagen nicht, auch nicht mein psychisches Tief, sagte nur: „Wenn du willst, können wir beten."

„Meinst du, da hilft nur noch beten? Und wofür?"

„Für Gerechtigkeit. Wenn du kannst, auch für den Bruder, der die Unterschlagungen begangen hat. Er braucht Gottes Hilfe."

Vielleicht hätte ich von diesen Gebeten zu jener Zeit meinen Brüdern berichten sollen.

## Die Abrechnung

Erneuter Krankenhausaufenthalt meiner Mutter. Wieder mit wenig hoffnungsvoller Prognose. Tief betrübt kam ich nach Hause, schaltete den Computer ein, entzündete eine Marienkerze. „Heilige Maria, ich bitte dich, das Wunder der Heilung an meiner Mutter zu wiederholen." Ich bettelte, bis sich mein Gebet in ein Dankgebet wandelte. Erstmalig ging mir auf, wie sehr dankbar ich sein durfte – und wie wenig ich es eigentlich war. Ich sah in das Licht der ruhig brennenden Kerze und ließ den Dank fließen. Weit nach Mitternacht rief ich meine E-Mails ab, unter anderem eine Nachricht der Kassenprüfer: „Rüge für den Meister vom Stuhl aufgrund hoher Telefonkosten". Per Einzelverbindungsnachweis rechnete ich die Gespräche ab, die ich für die Loge führte. Tatsächlich beliefen sich meine Telefonkosten monatlich auf mehr als 200 Euro. „Empfohlen wird die Anschaffung einer Flatrate". Recht hatten sie. Aber ich führte die Gespräche doch nur, um die Loge am Leben zu erhalten. Das machte mich zornig. „Was habt ihr verstanden?" Während die Perlen des Rosenkranzes durch meine Finger glitten, formulierte ich die Frage neu: Was hatte ich eigentlich verstanden?

Warum es immer Grenzsituationen sind, die zum Glauben zurückführen, weiß ich nicht, ich erkenne nur ihre Notwendigkeit. Als das Kerzenlicht vor mir verschwamm, zu zwei, drei, zu vielen glimmenden Flammen, wurde mir erst wieder deutlich, dass ich meine Angst zu dem bringen darf, der an seiner Todesangst nicht gescheitert ist, weil er sich voll Vertrauen an den Vater wandte. Viel deutlicher als beim letztmaligen Krankenhausaufenthalt meiner Mutter spürte ich dieses Vertrauen, Gott um die Kraft zu bitten, meine Angst auszuhalten. Als Freimaurer fällt man auf sich selbst zurück, als Christ fällt man in die Hand Gottes. Erneut hatte ich angefangen zu begreifen, doch immer noch nicht deutlich genug. Als ich mit den Ärzten sprach, erwähnte ich meine Erfahrung als Freimaurer, nicht die im Gebet. Ich war wie eine Schildkröte, langsam im Vorankommen, schutzsuchend in sich selbst.

Viel Zeit zum Nachdenken blieb nicht. Bei der Vorbereitung zum Kölner Großlogentreffen gab es eine Idee, die später von Verschwörungstheoretikern ausgeschlachtet wurde zum Beweis für die geheimnisvolle Vernetzung der Mächtigen. In diesem Fall bin ich dabei gewesen, und es war nicht so, dass sich geheime Obere verbündeten, um Hans Küng den Kulturpreis der Deutschen Freimaurer anzutragen. Küng bekam in Köln den Lew-Kopelew-Preis verliehen. Nach der Veranstaltung sprach ihn ein Großlogenmitglied an. Der damals noch amtierende WDR-Intendant Fritz Pleitgen, der dabeistand, sagte, den Preis könne man ruhig annehmen, er habe ihn auch. Ein paar Wochen später trudelte Küngs schriftliches Einverständnis in der Berliner Kanzlei ein. Ob er sich zwischenzeitlich mit „höheren Mächten" in Verbindung gesetzt hatte? Vielleicht. Die große Weltverschwörung stand nicht Pate. Sogar einige Mitglieder des Großlogenrates waren mit der Preisvergabe nicht einverstanden, obwohl man sich von der Sache viel Publicity versprach.

Wer im Verschwörungsdenken gefangen ist, sucht immer Ansatzpunkte und findet immer Bestätigung. Bestätigen lässt sich hingegen, dass eine sogenannte Elite-Loge existiert. Zutritt zur „Stresemann" findet nur, wer ein Amt in der Großloge bekleidet oder in der Öffentlichkeit etwas darstellt. In der Schaffung dieser Promi-Loge zeigt sich der idealistische Schwund und die Unfähigkeit, die in Sonntagsreden hochgehaltenen Maurerideale im Alltag umzusetzen. Freiheit, Gleichheit, Brüderlichkeit waren schon zur Zeit der Französischen Revolution Gummibegriffe. Orwell schildert später ein solch abstruses Gerechtigkeitsverständnis in seiner Kommunismus-Parabel „Die Farm der Tiere", in der alle Tiere gleich, nur einige wenige gleicher sind. Zwar brachte der Otto-Normalbruder sein Missfallen über die „Promi-Loge" hinter vorgehaltener Hand zum Ausdruck, nennenswerte Proteste gegen die Berliner Geheimniskrämerei gab es nicht. Doch er würde sich verdutzt die Augen reiben, wenn er wüsste, wie sehr er seinem großen unbekannten Bruder in den freimaurerischen Grundkenntnissen überlegen ist. Zum Promi-Bonus gehört, dass freimaurerische Weiterbildung als vernachlässigenswerte Kleinigkeit gehandhabt wird. Selbst der Jahresbeitrag in dem erlauchten Kreis liegt weit unter dem, was der Normalbruder in einer Provinzloge bezahlt. Verschwörungstheoretiker aufgepasst! Eine offizielle Mitgliederliste existiert nicht in diesem erlauchten Kreis. Damit ist man sogar noch verschwörerischer als die P2, und auch die P2 war ursprünglich eine normale Loge. Jeder gedeckte Verein kann tatsächlich eines Tages zur Geheimloge mutieren – das meine ich ohne jede Ironie. Natürlich ist Geschäftsmaurerei offiziell verpönt. Doch wenn ein Mensch taub und blind ist, weil er sich Ohren und Augen zuhält, wenn er stumm bleibt, weil seine Hand den Mund bedeckt? Die Freimaurerei wird immer etwas an sich haben, das nicht ganz koscher ist. Was mich damals weitaus mehr interessierte: In Köln hatte sich ein Nachfolger für mich gefunden. Gut so, war ich doch mit meinem Amt als Atelierpräsident im 4. Grad und der Vorbereitung des Großlogentreffens voll ausgelastet. Zudem standen Wahlen auf dem Großlogentag in Hannover an. Ich war für das Amt des Großredners vorgeschlagen. Zu verdanken hatte ich das einem Bruder, der selbst bei der Großloge eine herausragende Rolle spielte.

## An Wahlen war ich mittlerweile gewöhnt ...

... insofern war die Wahl in Hannover nichts Besonderes. Die Nervosität, die sich einschleicht, hängt nur mit der Angst zusammen, abgelehnt zu werden. Eitelkeit ist die Mutter der Suche nach Anerkennung. Entsprechend unerfüllt bleibt der Wunsch danach. Vor der Wahl zum Großredner sagte ich: „Während des Großlogentages wurde fast ausschließlich über Satzungsangelegenheiten gesprochen. Unser eigentliches Anliegen, das Freimaurertum, behandeln wir nur nebenbei." Das wurde mit Applaus quittiert. Ich wurde ohne Gegenstimme gewählt, bedankte mich artig. Wieder eine Wahl, wieder ein Amt. Danach konnte alles weiterhin seinen gewohnten bürokratischen Gang gehen.

In den folgenden Wochen erhielt ich per Mail oder telefonisch mehrere Anfragen. Folge des Aufstiegs in die Großloge. Durch das Tragen eines breiten blauen Bandes mit aufgenähten deutschen Farben und einem am Ende baumelnden Buch aus Messing hebt man sich ab, ob man will oder nicht. Großlogenbeamte werden hofiert. Die Loge will nicht schlecht aussehen.

Nachdem die Brüder im Tempel Platz genommen haben, wird der Großlogenbeamte gesondert durch den Zeremonienmeister in den Tempel eingeführt. Zum Schluss wird immer der Höchstrangige eingeführt, sofern anwesend, der Großmeister. Betritt er den Raum, schlagen in der Reihenfolge Stuhlmeister, 1. und 2. Aufseher nacheinander mit ihren Hämmern auf. Ein Tack-tack-tack, wie das Klackern eines ungeölten Dieselmotors. Die Schläge sollen verdeutlichen, dass die Loge arbeitet. Was das Einführungsprocedere anbelangt, tauchen absurde Fragen auf. Als mich ein Distriktsmeister fragte, wer von uns als letzter eingeführt würde, konnte ich nur mit den Schultern zucken: „Wahrscheinlich ich als Großlogenbeamter."

„Aber ich überbringe die Grüße des Großmeisters."

„Dann vielleicht du."

„Ich glaube auch, ich", meinte er. „Das geht ja nicht gegen dich."

Ich wurde doch zum Schluss eingeführt, weil der Zeremonienmeister darauf bestand. Blieb im Westen vor den Säulen stehen. Der Hammerschlag des Meisters, die Brüder traten in Ordnung. Ich trat ebenfalls ins Zeichen, grüßte und bedankte mich für den brüderlichen Empfang. „Folge mir bitte, mein Bruder." Der Zeremonienmeister wies mir den Ehrenplatz im Osten neben dem Meister vom Stuhl an. Der Großlogenbeamte ist nach Ansicht der meisten Brüder ein hohes Tier, hat vielleicht sogar eine gewisse Ähnlichkeit mit einem „ästhetischen Wiesel" (Morgenstern). Deshalb steht er unter Beobachtung. Schlägt der Bruder im Osten die Beine übereinander? Guckt er ernst oder heiter? Sitzt die Krawatte schief oder der Vergleich beim Festvortrag? Jede falsche Betonung, eine zu lange Pause oder Schuppen auf dem Jackett konnten gnadenlos gegen ihn verwendet werden. Meinen ersten Auftritt als Großredner hatte ich bei einer Tempelarbeit der Siegener Loge „Zur Oberbergischen Treue". Die erste weitere Reise führte mich zur 150-Jahr-Feier der Loge „Ruprecht zu den fünf Rosen" nach Heidelberg. Mein erster öffentlicher Auftritt als Großredner. Lampenfieber? Natürlich. Der Meister vom Stuhl begrüßte mich respektvoll, ich stand auf und nickte kurz. Nach der Musik, etwas Klassisches, gespielt von Musikanten, die bei „Jugend musiziert" gewonnen hatten, ging ich ans Rednerpult, nicht zu schnell, um nicht hektisch zu wirken, nicht zu langsam, um nicht greisenhaft daherzukommen. Man spielt eine Rolle. Im Theater gibt es den Begriff der „Rampensau". Gemeint sind Typen, die Menschen allein aufgrund ihrer Präsenz in ihren Bann ziehen. Sie brauchen keine akademische Schauspielausbildung, keine feinsinnigen Sprachübungen. Willi Millowitsch gehörte dazu, ebenso Karl Valentin. Auch bei Rednern gibt es diese Spezies, die römischen Rhetoren Cicero oder Quintilian werden dazu gehört haben. Kennedy oder Brandt. Aktuell Barack Obama. Fraglos gehört auch für ein Naturtalent Training dazu. Nicht jede Geste, jeder Überraschungseffekt sitzen von Anfang an. Doch das beschreibt nicht die Aura dieser Menschen. Vielleicht liegt ihr Geheimnis darin, dass sie ganz einfach Publikum brauchen, um Spaß zu haben. Ich zählte nicht dazu. Schon Stunden bevor ich ans Rednerpult trat, fühlte ich mich wie ein Pennäler, der für seine letzte mündliche Prüfung nicht gelernt hat, und dachte mir Ausreden aus: plötzlicher Verlust der Stimme, unerträgliche Magenschmerzen. Mein Pflichtgefühl siegte regelmäßig. „Sehr geehrte Damen und Herren, die Heidelberger Loge ist etwas Besonderes ..." Berühmtestes Mitglied in Heidelberg war Johann Kaspar Bluntschli. Großes Aufsehen erregte 1865 ein Brief von ihm, als offenes Rundschreiben seiner Loge an Papst Pius IX. verfasst, eine Antwort auf dessen Verdammung des Freimaurerbundes: „Die spiritualistische Gottesidee der Juden, Christen und Mohammedaner erklärt die Natur nicht und ist mit einer vorurteilsfreien Naturbetrachtung nicht zu vereinigen. Sie mag den moralischen Bedürfnissen der Menschen genügen, sie befriedigt die geistigen Forderungen nicht. Man kann daran glauben, man kann nicht so denken."

Ich setzte noch einen drauf und entnahm aus Rolf Appels Schrift „Freimaurerei – eine Universalreligion" eine Passage, wo er Ernst Horneffer zitiert: „Die dogmatischen Religionen sind zusammengebrochen. Ihre Schwäche war das Dogma. Die Freimaurerei als die beste Universalreligion muss die bisherigen Konfessionen ersetzen." 84 Jahre später kommt Bruder Appel zur Schlussfolgerung: „Das war für das Jahr 1911 eine geradezu prophetische Aussage", und jubiliert zum Schluss, dass die Freimaurer in der Lage seien, „in unserer entseelenden technischen Wirklichkeit den nach Lebenssinn suchenden Männern eine religiöse Basis zu bieten". Will die Maurerei wohl nicht trotz aller Dementis nicht etwa ... Doch. Sie will „die Menschen in Gegenwart und Zukunft religiös befriedigen." Klingt ganz schön draufgängerisch, kühn folgert Appel weiter: „Das Abendland braucht kein Christentum mehr ..." Na, wer sagt's denn. Ich griff solche Zitate auf, variierte sie und peppte sie mit Bonmots auf wie: „Wir versuchen das Unmögliche, wir versuchen, menschlich zu sein."

Vor jedem Vortrag mit anschließender Diskussion wusste ich, dass es zwei oder drei gab, die sich besonders gut in der Materie auskannten. Unter ihnen einer, der zu einem ausschweifenden Co-Referat ansetzte, bis irgend jemand das Wort ergriff – zur Not der Referent selbst – und das Mitteilungsbedürfnis unterband.

Auf der Rückfahrt von Heidelberg las ich ein Traktat, das Joseph mir zugesteckt hatte: „Herr, sende uns deinen Geist, rufe uns aus den Gräbern heraus, in denen wir gefangen sind." Wie tot sind wir im Leben? Der freimaurerische Tod ist jedenfalls eine aussichtslose Angelegenheit. Im Gegensatz zum Lebenskult Christentum ist Freimaurerei ein Totenkult, der „Ewige Osten" ein Hort der Kälte.

Vor der Urne, bekränzt mit weißen Rosen, das Bild des Toten aus besseren Tagen. Jahrelang war er Kölns Oberbürgermeister gewesen und Präsident des Landtags von Nordrhein-Westfalen. Dass John van Nes Ziegler eine freimaurerische Beerdigung bekam, wurde logenintern als willkommene Darstellung in der Öffentlichkeit angesehen. In der Tat handelte es sich um ein Medienereignis. Der WDR machte Aufnahmen, viel Presse war vertreten. Nach einer offiziellen Trauerfeier im Alten Rathaus zog der Leichenzug gen Melaten. Der alte Friedhof, benannt nach den *Maladen,* den Pestkranken, die im Mittelalter dort fernab der Stadt verscharrt wurden, gilt heute als letzte Ruhestätte für bessere Leute. Millowitsch ruht hier, Ostermann, Konsalik.

In der Totenhalle aufgeregtes Treiben. Der Beerdigungsunternehmer hatte alles sorgsam organisiert. Zuerst sprach NRW-Landtagspräsidentin Regine Dinther, danach Kölns OB Schramma, ihm folgte ein Vertreter der Familie. Dann das freimaurerische Begräbnisritual. Zu einer Trauermusik zogen die beiden Aufseher und ich ein, jeder eine Kerze in der Hand. Ich trug zusätzlich mein Großlogenbijou, darum hatte mich ein älterer Bruder gebeten. Die rituelle Rahmenhandlung ist dürftig. Der „Große Baumeister" wird angerufen. Vom Weg des Maurers in den „Ewigen Osten" ist die Rede. Kernpunkt der Zeremonie: der Nekrolog. Noch bis in der Nacht hatte ich daran gefeilt. Keine Würdigung durfte vergessen werden, das hätten mir die Brüder verübelt: „Die deutsche Freimaurerei trauert um eine herausragende Persönlichkeit. Bruder John van Nes Ziegler wurde am 2. April 1949 in die Freimaurerloge ‚Zum Ewigen Dom' aufgenommen und diente in verschiedenen Ämtern. Von 1958 bis 1960 war er ihr Meister vom Stuhl. Aufgrund seiner besonderen Verdienste wurde ihm die Goldene Ehrennadel seiner Loge verliehen. Etliche hochgradige freimaurerische

Auszeichnungen folgten, unter anderem das nur selten ver-
liehene Goldene Verdienstzeichen ‚Pro Merito‘ (...) Wenn
in einer Pressemitteilung zu lesen ist, ‚er ging mit Freund
und Gegner nie verletzend um‘, bezeugt das eine zutiefst
freimaurerische Grundhaltung. Wenn es weiter heißt: ‚Big
Johns Definition vom Kölschen Klüngel lautet: Kölscher
Klüngel ist eine amtliche Sache, privat zu erledigen‘, ist aus
freimaurerischer Sicht nichts hinzuzufügen: der Mensch ist
Maßstab aller Dinge.“

Zum Grab. Ein Bruder trug die Urne. Die anderen Trau-
ergäste folgten in geordnetem Zug, voran die Brüder Freimaurer. Die Urne wurde in die Erde versenkt, während ich
sagte, „Wir trauern um den Bruder, der uns in den ‚Ewigen
Osten‘ vorausgegangen ist.“ Danach stellten wir Brüder uns
im Kreis um das Grab, einer die Hand des anderen fassend,
die Witwe mit eingeschlossen. „Wir trennen die Kette der
Hände, die Kette der Herzen bleibt bestehen.“

Dieser „Ewige Osten“ bezeugt im wesentlichen die Be-
grenztheit auf das Irdische. Nur weil die „Völker aus dem
Osten das Licht empfangen“ (Ritualtext), bedeutet das im
Maurerdenken, dass dorthin der Tote eingeht. Diese Weltsicht deckt sich mit der antiker Mysterienbünde. Im ägyptischen Ra-Kult fuhr der Sonnengott mit einer Sonnenbarke
über den Himmelsbogen und durchquerte nachts die Wasser der Unterwelt. Entsprechungen finden wir in griechisch-
römischen, nordischen und indianischen Mythologien.
Hieraus erschließt sich der Gedanke an Reinkarnation.
Doch eine Philosophie des ewigen Rades wie im Buddhis-
mus und Hinduismus oder der Gnosis kennt die Maurerei
nicht. Ihr Dogma des „Ewigen Ostens“ entbehrt jeder näheren Beschreibung, was Freimaurer irrigerweise mit Dog-
menlosigkeit verwechseln. Ihr Bekenntnis gilt einer reinen
Humanitätsreligion wie die Idee des Weltethos. Hier wie da
bleibt die Frage nach den letzten Dingen ungeklärt. Ein Leben ohne Hoffnung auf Erlösung. Der verborgene Gott der

Freimaurer ist als teilnahmsloser Baumeister Herrscher des Dunkels, des Nichts, eine zutiefst antichristliche Erscheinung. Nicht zu reden vom absurden Gott der französischen Maurerei. Letztlich bleibt der Tod hier nur eine Frage der Biologie, der menschliche Geist nur ein Zufallsprodukt der Evolution. Freimaurer leben ohne Hoffnung auf Erlösung. Alles Göttliche wird in den Bereich der Phantasie verwiesen – oder, in falscher Toleranzduselei gesagt, „bleibt jedem selbst überlassen". Christlicher Glaube lebt etwas völlig anderes, will nicht einen Menschen herausheben, der sein verengtes Ich bis über den Tod hinaus verteidigt. Christlicher Glaube lebt in das gottgewollte Geschehen hinein und ist immer auch gelebte Spiritualität aus dem Geist Gottes heraus. Gnade und Hoffnung zugleich, durchwaltet von der grenzenlosen Liebe Gottes, die Lebenden und Toten Heimat gibt und sie nicht dem dimensionslosen Nichts überlässt. Darüber war ich mir im klaren, hielt aber immer noch beide Positionen für vereinbar und stellte mich ganz in den Dienst der Freimaurer, wie all die anderen Ehrenamtlichen. Es gibt Großlogenbeamte, die in einem Jahr an 30 Wochenenden für die Maurerei unterwegs sind. Wochentage, an denen sie „mauern", addieren sich hinzu. Ein schleichendes Gift wirkt, wenn man sich von Pflichterfüllung und Idealismus gleichermaßen getrieben sieht.

## Lichteinbringung in Hoya

Ein freundlicher Bruder holte mich vom Bahnhof ab. Ansonsten das Übliche, einchecken im Hotel, frischmachen, zu Hause anrufen, Ankunft vermelden. Nacken massieren. Treffen um 19.00 Uhr. Die alte Kirche war zum Kulturzentrum umfunktioniert worden. Das Publikum stand noch draußen. Der Meister vom Stuhl, ein erfrischend unkonventioneller Mann, begrüßte mich herzlich. Pianist und Sänger stimmten sich ein. Ich legte zwei Bücher neben das

Rednerpult. Vor der Eröffnung setzte ich mich abseits, so, dass ich keinen allzu langen Weg hatte. Ich redete auf mich ein: „Ich bin ruhig und entspannt". Dann die Ansage. Ich war gemeint. Jackett zuknöpfen, schreiten, Publikum fixieren, nur nicht räuspern, das wirkt unprofessionell. Hier war es nicht so leicht wie in Heidelberg (Bluntschli), Frankfurt (Goethe), Hamburg (erste Loge auf deutschem Boden, „Absalom") oder in Bonn (Beethoven, obwohl kein Freimaurer), einen Bezug zur Loge herzustellen. Glücklicherweise hatte ich vom Stuhlmeister einen Hinweis bekommen: Heinrich Albert Oppermann. Nicht gerade jemand, den man heute Bestsellerautor nennt; stand nicht einmal in jedem Literaturlexikon. „Was nicht viel heißen will, denn wenn ich Ihnen einen der berühmtesten Bestsellerautoren nach dem Ersten Weltkrieg nenne, Fedor von Zobeltitz – oder den Nobelpreisträger von 1968, den wunderbaren japanischen Schriftsteller Yasunari Kawabata, man wird ihn mehrheitlich genausowenig kennen wie jenen Heinrich Albert Oppermann", begann ich. „Von Oppermann aber weiß der geneigte Leser, dass er nicht nur seine politischen Aktivitäten im schönen Hoya weiter verfolgte (...) Hier unterhielt er eine mehr schlecht als recht gehende Kanzlei und gab mehrere Bücher heraus. Unter anderem den überaus umfangreichen Roman ‚Hundert Jahre'. Nun könnte man meinen, meine Behauptung, dieses wohlbeleibte Werk zu kennen, wäre schlichtweg geflunkert, weil man in der Regel zwar Gabriel García Marquez fabelhaften Roman ‚Hundert Jahre Einsamkeit' kennt, nicht aber Oppermanns ‚Hundert Jahre'. Allerdings darf ich mit John Lennon sagen: ‚Für mich hieß es dabei gewesen, hatt' ich doch das Buch gelesen'." Ich nahm das Buch, das ich zuvor neben dem Pult deponiert hatte, und blätterte zum Beweis darin. „Oppermann, selbst Freimaurer, erwähnt an mehreren Stellen die Freimaurerei." Die zitierte ich. Nun galt es, kunstvoll den Bogen zu schlagen zur aktuellen Situation. Das gelang über mehrere Absätze, der Aufzählung freimaurerischer Tugenden, dem Toleranzideal und der Idee an sich, die älter sei als die Menschheit (man fällt da immer zurück auf Lessing, jeder Referent macht das). „In einer Welt", sagte ich, „die zu einem globalen Dorf zusammengewachsen ist, kann es nur allgemein verbindliche Menschenrechte und Menschenpflichten, kann es nur eine verbindende, gerechte Weltordnung, nur eine alle verbindende Ethik geben." Der Großredner ist schließlich eine Art Propagandist in Sachen Freimaurerei. Man redet in der Erwartung eigener Größe. „Wir Freimaurer versuchen unbeirrt das Menschenmöglichste, wir versuchen, menschlich zu sein. Der einzige Maßstab unseres Handelns orientiert sich dabei an den Menschenrechten und den Menschenpflichten. Ich habe viel über die freimaurerischen Werte gesprochen, eins habe ich mir für den Schluss aufbewahrt: Der höchste freimaurerische Wert ist der Mensch."

Nach der Veranstaltung übliches Lob, manchmal überschwenglich. So auch hier. „Vielen Dank, klar kann ich dir die Rede zumailen."

Mein Nacken machte sich wieder bemerkbar. Ich ging nicht mehr mit in das Refugium, wo eine kleine Party vorbereitet war. Reden über die glorreiche Vergangenheit oder Räsonieren über rosige Zukunftsaussichten lag mir nicht. Mit zunehmendem Alkoholgenuss wurden solche Partys ohnehin unerträglich. Witze mit langem Bart kursierten. Witze, die ich schon als Student unerträglich fand: „Kennst du schon den, kommt eine Frau zum Arzt ..." Einmal habe ich zurückgeschossen: „Kommt ein Freimaurer zum Arzt, sagt der Freimaurer: ,Herr Doktor, ich habe Herzrasen'. Antwortet der Arzt: ,Unmöglich, Sie haben ein Herz aus Stein.' Sagt der Freimaurer: ,Natürlich, bin Freimaurer'." Darüber konnte niemand lachen, einige schauten betreten zu Boden oder nippten an ihren Gläsern. Ich will nicht sagen, dass ich damit an die Komik Karl Valentins auch nur annähernd heranreichte. Dennoch fand ich diesen Nicht-Witz urkomisch.

Im Hotelzimmer die üblichen Entspannungsübungen. Ich muss dabei eingenickt sein. Erst gegen zehn war ich wieder wach. Meine Tagesabschiedszigarette rauchte ich vor der Tür. Das Glas der Eingangstür reflektierte die Scheinwerfer der vorbeifahrenden Autos. Nach dieser letzten Zigarette steckte ich noch eine zweite an, weil ich mich nicht von dem Tag loseisen konnte. Als ich feucht-fröhliche Stimmen aus der Nebenstraße hörte, nahm ich hektisch ein paar Züge und hastete aufs Zimmer. Sacht fiel die Tür hinter mir ins Schloss. Im Nachttisch fand ich eine Bibel. Gedankenverloren blätterte ich herum, bis meine Augen eine Stelle festhielten: „Kommt zum Herrn, dem lebendigen Stein, der von den Menschen verworfen, aber von Gott auserwählt und geehrt worden ist! Lasst euch als lebendige Steine zu einem geistigen Haus aufbauen, zu einer heiligen Priesterschaft, um durch Jesus Christus geistige Opfer darzubringen, die Gott gefallen!"

Wie sehr im Gegensatz stand dazu die Forderung im Maurerritual:

Erster Aufseher: Wir bauen den Tempel der Humanität.
Meister vom Stuhl: Bruder zweiter Aufseher, welche Bausteine brauchen wir dazu?
Zweiter Aufseher: Die Steine, derer wir bedürfen, sind die Menschen.
Meister vom Stuhl: Was ist notwendig, um sie fest miteinander zu verbinden?
Zweiter Aufseher: Menschenliebe, Toleranz und Brüderlichkeit sind der Mörtel des Tempelbaues.

Am anderen Morgen wachte ich mit dem Gedanken auf, den Zweck meines Daseins verstanden zu haben. Nicht, indem wir uns selbst einen Gott erschaffen, können wir uns verändern, sondern nur durch immer tieferen Glauben. Wir sollen Christus nachfolgen über das Kreuz hinaus. Je vollkommener ich in Gott aufgehe, desto vollkommener werde ich.

Ich werde an ihm nur zur Gänze teilhaben, wenn ich eines Tages mit ihm verschmelze. Im Grunde ist er mein eigenes Ich. Das ist der wahre Sinn der Rede von Johannes dem Täufer. An der freimaurerischen Lehre ist alles falsch, weil sie den Menschen ohne göttlichen Beistand vervollkommnen will, als müsste man nur an sich arbeiten. Umgekehrt ist es, man muss mit und für Gott arbeiten. Wieder wurde ein Stück Sandbank weggespült, auf der ich meine freimaurerische Festung errichtet hatte.

Halb zehn, letzter beim Frühstück. Nur Richard noch. Die anderen waren schon zur alten Hoyaer Kirche aufgebrochen. Normalerweise einer der ersten, die den Tisch verließen. Er wuselte, knüpfte Kontakte, horchte in die Bruderschaft hinein. Eine Ausnahme als Zugeordneter Großmeister, weil er sich im Hintergrund hielt. Mehrmals im Monat fuhr er ins Großlogenbüro nach Berlin. Immer über alles informiert, liefen bei ihm die Fäden zusammen. Auf den ersten Blick wirkte er treuherzig. Irrtum: Er verstand sich exzellent auf Hinterzimmerpolitik, Spötter nannten ihn den Talleyrand der Freimaurerei. Wir telefonierten mehrmals in der Woche miteinander. Alles, was ich in Köln zu managen hatte, wurde zwischen uns und dem Berliner Büro besprochen. An diesem Morgen besprachen wir einige Details für das Großlogentreffen. Mit der Zeit entwickelten wir einen Galgenhumor, der half, manch schwierige Situation besser zu überstehen. Immer wieder entfuhr ihm ein Kommentar, der sich im Laufe der Zeit zum geflügelten Wort entwickelte: „Köln. Ich sage nur Köln." Ich war zu spät aufgestanden, wir mussten uns vertagen. Die Pinguine warteten schon im maurerischen Wichs vor der alten Kirche. Mehr als 150, aus ganz Deutschland angereist. Dass der Großmeister die freimaurerische Tempelweihe in einer ehemaligen Kirche vollzog, war mehr als ein symbolischer Akt. Man merkte deutlich das Bestreben, einen anderen Geist einziehen zu lassen. Da nahmen die Brüder kein Blatt vor den Mund. Auch der

Großmeister nicht. Freimaurerische Tempel werden geweiht durch Rotwein, Salz, Reis, Öl. Symbole für Wachstum und Frieden in der Loge – ob der Rotwein für Blut steht? Daran scheiden sich die Geister. Wie sagte August Horneffer (Bruder des vorhin erwähnten Ernst) in seinem Opus „Symbolik der Mysterienbünde": „Alle kultische Arbeit ist eigentlich Magie ..." Schwarze, graue, weiße? Gottesdienst jedenfalls nicht. Der Freimaurer hat den Glauben verloren und merkt es nicht einmal.

## KÖLN, ICH SAGE NUR KÖLN

Die Vorbereitungen für das Großlogentreffen zogen sich zäh dahin. Zudem musste ich nochmals als Meister vom Stuhl einspringen. Mein designierter Nachfolger zog im letzten Moment seine Kandidatur zurück. Die Gruppe um ihn trennte sich daraufhin von der Loge. Neuerlich galt es innere Spannungen auszugleichen. Doch die Vorbereitungen schweißten die Loge zusammen. Für mich brachten die ersten Monate des Jahres 2007 ein tägliches Telefonat mit der Großlogenkanzlei mit sich. Die Sekretärinnen der Kanzlei verfügten über die Planungserfahrung unzähliger Großlogen-Events. Schwierig vor allem der Spagat zwischen Großloge und Loge. Ab Januar 2007 gab es regelmäßig Mitarbeitertreffen. Inzwischen hatte sich eine Gruppe hilfsbereiter „Schwestern" zusammengefunden, die lautlos abarbeitete, was abzuarbeiten war. Dennoch, eine Mentalität des „Wir da unten, ihr da oben" machte sich aufgrund einiger Anweisungen breit. Irgendeiner war immer unzufrieden.

Etliche Angebote wurden eingeholt und wieder verworfen. Vertragvorschläge ließen auf sich warten oder waren zu dürftig. So ging es zwischen Richard, der Sekretärin der Großkanzlei und mir per Telefon und E-Mail munter hin und her. Egal, ob ein Gastronomiebetrieb plötzlich sein Angebot änderte, ein Busunternehmer von der Bildfläche verschwand, die Angaben eines Hotels nicht mit der Realität übereinstimmten, unserem geflügelten Wort wuchsen weitere Flügel: „Köln, ich sage nur Köln."

„Nach der Aussage der Mitarbeiterin haben wir pro Nacht maximal 100–150 Zimmer und nicht die besprochenen 200 Zimmer." – „Köln, ich sage nur Köln."

„Die Schankwirtschaft hat einen zweiten Vertrag geschickt, warum? Abgesehen davon ist wieder die falsche Auftrittszeit angegeben – und Preise sind auch nicht angegeben." – „Köln, ich sage nur Köln."

„Die Hotelmanagerin sagte mir, dass es am Freitag für den vertraglich vereinbarten Preis Fingerfood in höherer Qualität geben soll, dafür die Getränke extra bezahlt werden müssen. Was ist Stand der Dinge? Wir benötigen diese Infos für das Anmeldeformular und den Programmablauf." – „Köln, ich sage nur Köln."

Nach der Preisverleihung sollten die höheren von den minderen Brüder getrennt werden, was sich so anhörte: „Die Ehrengäste werden im Raum ‚Jan von Werth' mit Panoramaausblick auf Köln, das ‚Fußvolk' im ‚Saal Belvédère' essen. Wir müssen nur bei der Trennung der Teilnehmer aufpassen, dass jeder in den richtigen Raum kommt." – Diesmal war ich am Zug: „Großloge, ich sage nur Großloge."

Immerhin, das Programm ließ sich gut an. Über den Freimaurerisch-Kölschen Beziehungsklüngel war „Ne Bergische Jung" für den „Rheinischen Abend" verpflichtet worden. Diakon Willibert Pauels gehört zu den Top-Acts des katholischsprechenden Kölner Karnevals. Neben der Preisverleihung an Hans Küng wurde ein weiteres Glanzlicht gesetzt. Dass es nicht zu einer Begegnung der beiden Katholiken kam, lag an der masonischen Chefetage, die befand, der „Rheinische Abend" sei dem Theologieprofessor nicht zuzumuten. Deshalb beschloss man, ein Essen mit ausgewählten Brüdern fernab des Fußvolks auszurichten. Die vornehme Aufgabe der Organisation fiel mir zu.

Am Essen sollte es nicht liegen, und die Auserwählten durften sich im Glanz des berühmten Mannes sonnen – und womöglich noch ihren Enkeln davon erzählen, wie sehr die Winkelwaage zu ihren Gunsten angelegt wurde. Im übrigen war Richard, was die Preisverleihung anging, ganz pragmatisch. Er hielt Küngs Ansichten für einen längst überholten Ansatz und fügte in seinem Agnostiker-Sarkasmus hinzu, wer jeden Preis abgreift, den er kriegen kann, weiß nicht, was ihm im Ewigen Osten blüht. Eine ganz andere Frage stand an: Welche Gäste wünscht sich der Preisträger bei der Preisverleihung? Ergebnis: „Die Einladungsliste ist Herrn Küng ziemlich egal. Wenn hohe katholische Würdenträger kämen, wäre es ihm ein Fest. Damit ist wohl kaum zu rechnen; dennoch sollten wir sie allesamt einladen", schrieb ein Bruder.

Man durfte gespannt sein. Dann, Ende April, ein herber Schlag. Der Laudator sagte ab. Fritz Pleitgen hatte durch sein Büro den Termin schon Anfang des Jahres canceln lassen. Wo war die Absage verlorengegangen? Preisträger und Laudator standen auf den Einladungen – und die waren schon verschickt. Richard tobte am anderen Ende der Leitung: „Köln, ich sage nur Köln!"

Die hektische Betriebsamkeit nahm panische Züge an. Die Gedanken der Beteiligten schnurrten in affenartiger Geschwindigkeit. Nur keinen Fehler, keine Blamage aus Mangel an Geistesgegenwart. Natürlich ließ sich kein namhafter Laudator aus dem Ärmel schütteln. Diejenigen, die gehandelt wurden, vom ehemaligen SWR-Intendanten Voß bis zu Kurt Biedenkopf, waren sicher nicht als Ersatzspieler zu bekommen. „Ehe Ihr über Externe diskutiert, möchte ich anregen, auch über interne Ersatzlösungen nachzudenken. Schließlich muss ‚Freimaurerei' rüberkommen, und da wäre es gut, wenn es jemand von uns machte", schrieb der Großmeister.

Damit es nicht langweilig wurde, zwischendurch ein kleines E-Mail-Scharmützel von zwei Vorständlern: „Ich habe mich bis jetzt sehr höflich zurückgehalten, kann das aber gerne ändern – ich muss nur aufhören, die Beruhigung-stabletten zu nehmen, die ich einwerfe, seitdem ich das Protokoll gelesen habe."

„Also ich muss Dir sagen, Du verblüffst mich immer wieder aufs neue. Ich gestehe Dir ja zu, dass Du den genauen Wortlaut unseres Telefongesprächs schon wieder vergessen hast, aber die Tatsachen müssten Dir eigentlich im Gedächtnis geblieben sein. Mir persönlich ist es völlig rätselhaft, was Du momentan spielst. Zuerst diese Attacken, die ich noch einigermaßen nachvollziehen, aber nicht billigen kann. Mit freimaurerischer Auffassung hat dies wenig zu tun. Dann die Drohung, Du würdest zurücktreten (behaupte jetzt nur nicht, Du hättest das auch nicht gesagt)."

„Also frage ich mich immer noch, wie ich reagieren soll. Da mich auch der Großmeister, den ich angeblich vertrete, nicht konsultiert, fühle ich mich gemobbt. Zuvor müsste man aber mit Prof. Küng sprechen."

„Ich hoffe, dass diese Sätze nicht bedeuten, dass wir gegeneinanderstehen. Oder drohst du damit, Küng zurückzuziehen? Ich kann mir nicht vorstellen, dass das gutgehen würde."

Sobald es um Macht geht, kommt es darauf an, die richtige Waffe auszuwählen, Florett oder Degen. Wichtig nur, nicht zu unterliegen. So ist Politik. Jeder für sich, und der Große Baumeister gegen alle. Ich mochte morgens schon gar nicht mehr aufstehen. Wenigstens dem Straßenarbeiter mit der Dampframme war das gleich. Er tat seinen Job und übernahm unentgeltlich den meines Weckers. Die Spannung wurde allein dadurch aufrechterhalten, daß sich niemand blamieren wollte. Darauf baute das ganze System Freimaurerei. Im Arbeitszimmer blinkte schon der Anrufbeantworter. Die Kanzlei bat um Rückruf, acht Uhr zehn. Zweite Bitte um Rückruf, halb zehn! Ich meldete mich gegen zehn.

„Der Großmeister spielt mit dem Gedanken, selbst die Laudatio zu halten."

Nach längerer Mail-Diskussion verständigten wir uns darauf, von Pleitgen ein Grußwort zu verlesen. Es kam anders. Samstag, 5. Mai, konnte ich um halb neun Entwarnung geben: „Liebe Brüder, anbei eine Mail von Fritz Pleitgen, der nun doch die Laudatio halten wird. Ich habe Professor Küng darüber informiert, der sehr erfreut reagierte. Was das Honorar für den Redenschreiber anbelangt, kann ich natürlich nicht so einfach grünes Licht geben, deshalb an Euch die Bitte, mir mitzuteilen, welche Antwort ich Herrn Pleitgen schnellstmöglich geben kann." Anhang: „Sehr geehrter Herr Gorissen, danke für die Mail! Grußbotschaft finde ich nicht gut – weder für Sie noch für Küng noch für mich. Das sieht nach Gnadenakt aus. Um aus der Kalamität herauszukommen, bin ich bereit, mir einen ‚Gewaltakt' anzutun. Ich würde meine Drehreise unterbrechen. Herr Harbecke würde die Laudatio schreiben. Dazu hätte ich jetzt absolut keine Zeit. Könnten Sie für Harbeckes Leistung ein Honorar zahlen? Falls Sie einverstanden sind, schicken Sie mir bitte eine SMS oder an diese Email-Adresse. Da Herr Harbecke nur in den nächsten drei Tagen Zeit hat, bitte ich um eine schnelle Antwort. Mit freundlichen Grüßen Ihr Fritz Pleitgen".

Ein Kriegsschauplatz weniger.

# TEIL V

# GROSSLOGENTAGEBUCH

## MACH ZU!

15. Mai. Bereits am Morgen Hektik. Der Pianist rief an: auf welchem Flügel er spielen würde?

„Hast du das nicht in deinem Vertrag mit der Großloge geklärt?"

Was nutzten solche Fragen? Der Pianist verlangte nach Klärung. Nach einem Telefonat mit der Hotelmanagerin wusste ich Bescheid. Es handelte sich um ein Fabrikat, auf das der Pianist sich zu spielen weigerte. Also organisierte ich kurzerhand einen Steinway-Flügel. Zwei andere Brüder riefen an, um in buchstäblich letzter Sekunde ein Zimmer zu buchen. Die Anmeldefrist war seit drei Wochen verstrichen, und so verwies ich sie an die Kanzlei. Danach schaltete ich den Klingelton auf stumm. Trotzdem blieb zum Essen keine Zeit. Die Kanzleisekretärin erwischte mich auf Handy. „Stehen morgen nachmittag die Getränke für den Großlogenvorstand bereit?"

„Wie verabredet, Rotwein und Weißwein, trocken und halbtrocken. Mineralwasser, Säfte und Cola. Leichtes Gebäck ebenfalls."

„Für die Distriktsmeister?"

„Alles geregelt. Gestern nachmittag sind auch die Getränke für die ‚normalen' Brüder angeliefert worden. "

„Das muss uns jetzt nicht interessieren. Hat das Hotel die Tischkarten für den Festabend am Freitag vorbereitet?"

„Müsste ich nachfragen."

„Fragen Sie nach."

Einige Minuten und ein Telefonat später war auch diese Sache geklärt.

„Jetzt können wir nur noch alles auf uns zukommen lassen", sagte die Kanzleisekretärin. Optimistisch klang sie nicht.

Gegen 16.00 Uhr holte mich ein junger Bruder mit seinem Wagen ab. Bevor wir abfuhren, ging ich meine private Checkliste durch. Drei Anzüge, fünf Hemden, Krawatten, Unterwäsche, Nachtwäsche. Viel wichtiger: die Unterlagen von der Großloge. Nichts vergessen? Medikamente. Ein Migräneanfall wäre eine Katastrophe. „Sie werden wenig schlafen. An Ruhe ist nicht zu denken", hatte mich die Kanzleisekretärin gewarnt. Unbewusst begann ich mit den Zähnen zu knirschen. Der Gedanke bekam pochende Hufe. Vor einer Woche hatte ich noch die Tage gezählt, jetzt war ich bei Sekunden angelangt.

„Was ist mit dir?" fragte Sven.

Ich achtete mehr auf den Verkehr als auf seine Fragen. Svens Fahrstil war, vorsichtig ausgedrückt, sportlich: Stoßstange an Stoßstange, Lichthupe. Fluchen. „Stau auf der A 61 Richtung Koblenz", sagte eine Radiostimme. Zu spät, keine Abfahrt mehr möglich. Die ganze Fahrt hatte ich schon das Gefühl eines drohenden Unheils. Frustriert beugte sich Sven über das Lenkrad und spähte mit angestrengten Augen auf die roten Bremslichter. Vor uns rann der Verkehr zähflüssig über den Seitenstreifen, vorbei an den Trümmern ineinandergekeilter PKWs. Verstreute Blechtrümmer, Glas, ein Rad, eine Tür. In rhythmischen Abständen angeleuchtet von den Blinklichtern der Polizei und Rettungswagen. Zwei Sanitäter in orangeroten Jacken liefen wild gestikulierend auf den Notarztwagen zu. Letzte Hilfe?

Nach der Straßensperre jagten die Autos auf die beiden leeren Spuren. Kurz vor der Ausfahrt überholte Sven noch einen Transporter im Tiefflug. In der Kurve stützte ich beide

Arme gegen das Armaturenbrett. Er lachte und tippte mit den Fingern aufs Lenkrad. „Umsonst ist nur der Tod." Auch seine Aussagen ließen es an Rasanz nicht vermissen. Auf der Luxemburgerstraße ein weiterer Stau. Nervös griff ich zum Handy und bat den Logensekretär, die Infoblätter auszuteilen, unsere Ankunft könne sich nur noch um wenige Tage verzögern. Auf Sekretäre ist in solchen Situationen meistens Verlass. Eine halbe Stunde später als geplant stoppte Sven vor dem Logenhaus. Aktentasche greifen, den Großlogentagebuchordner. Im Treppenhaus nahm ich zwei Stufen für eine. Die Schwestern und Brüder warteten ungeduldig. Wir gingen gleich in medias res. Die Stimmung war angespannt, wie selten in Köln erlebt. Ute Kessels, Leaderin der „Schwestern", wusste Gutes zu berichten. Sie war für das Schwesternprogramm verantwortlich. Kein Problem. Frauen waren die uneitleren Organisatoren. Der erste Aufschrei ertönte nach dem Austeilen der Namensschildchen. Sein Name sei falsch geschrieben, beschwerte sich ein junger Bruder.

„Vergiss es", entgegnete ich schroff, „Peanuts."

„Meiner auch", bemerkte ein anderer.

Ich war auf hundert. „Ich sage doch, Peanuts."

„Vielleicht kann man bei der Großloge nicht schreiben", bemerkte ein bärtiger Bruder, ein Hüne von Mann, der noch im Sommer kanadische Holzfällerjacken trug. Das Gelächter rettete die Situation. Es war, als löse sich die ganze freimaurerische Bruderschaft in der Albernheit falsch geschriebener Namen auf.

„Aber wir sind doch alle Brüder", verteidigte ein Älterer mit sauertöpfischer Miene die Großloge. Das klang wie ein Running-Gag aus einer Standup Comedy. Manche zitterten vor Glück.

Es wurde Zeit, die heitere Runde abzubrechen. Der Rest ließ sich in Einzelgesprächen klären. Nachdem die meisten schon eine gute Nacht gewünscht hatten, kam ein Helfer zu mir, um mir „auf Maurerwort" anzuvertrauen, ein hochrangiger Kölner Bruder einer andern Loge sei interessiert daran, mir ein Bein zu stellen, vor allem im Hinblick auf mein Großlogenamt. „Ein Multifunktionsträger, der sich bei der Organisation des Großlogentages als Niete erweist, wäre als Großredner nicht haltbar", sagte er bedeutungsschwer. Gut gebrüllt, Löwe.

## Der grüne Rosenkranz

Dorint-Kongress-Hotel. Zufahrt nur für Gäste. „Da wären wir", sagte Sven.

Gedankenverloren stieg ich aus, griff was ich tragen konnte. Aus dem Foyer mit gedämpftem Licht trat dienstfertig der Concierge und hielt mit die Tür auf. Um die Kristallkandelaber surrten einige Fliegen. Die Luft stand. Offenbar stimmte etwas mit der Klimaanlage nicht. Jedenfalls kam es mir so vor. Das Mädchen an der Rezeption im traurig-blauen Jackenkleid (Uniform des Hotels) erhob sich. Das Emblem auf der Brusttasche wies sie aus, als hätte es einer Bestätigung bedurft. Sie lächelte müde. Dabei hatte ihr Dienst gerade erst angefangen. Ich stand schwer atmend vor ihr, „Mit der Hotelmanagerin ist alles abgestimmt", sagte ich, als bedürfe mein Einchecken einer besonderen Legitimation. Das war meiner Konzentration auf die bevorstehenden Tage geschuldet. Ohne Regung schob sie mir das Anmeldeformular zu. Nachdem ich meinen Ausweis vorgelegt hatte, nahm sie einen Brief aus dem Fach neben dem Schlüsselbrett. „Für Sie. Ist gestern Morgen mit der Post angekommen."

Nur keine neue Katastrophenmeldung! Der Name des Absenders beruhigte mich: Wolfgang. Ich steckte das ungeöffnete Kuvert ins Jackett. Inzwischen hatte Sven seinen Wagen im Parkhaus abgestellt und schleppte das restliche Gepäck heran. Seine Hilfe ersparte mir den Zugriff des herbeieilenden Concierge. Beim Auszug aus Ägypten durfte es kaum umständlicher zugegangen sein. Unverständlicherweise sackte der Aufzug nicht gleich in den Keller, sondern fuhr uns in Sekundenschnelle nach oben. Sven stopfte meine Koffer und mich ins Zimmer und fragte, ob er sonst noch etwas tun könne, was ich ihm zur Freude verneinte. Er kannte einige nette Lokale in Köln. Nachdem er sich ins Nachtleben verabschiedet hatte, klingelte mein Handy. Richard wollte wissen, ob ich zur Beruhigung nicht doch das Trinken angefangen hätte. Unser Gespräch mündete im Abarbeiten einer Mängelliste. Sein immerwährender Stoßseufzer durfte nicht fehlen: „Köln, ich sage nur Köln. Gute Nacht. "

Ich setzte die dreistufige Glas-Etagere mit den hausgemachten Pralinés auf die Fensterbank und stellte ein kleines Kruzifix und eine Miniaturausgabe der Immerwährenden Hilfe auf das Ebenholztischchen. Mit meinem grünen Rosenkranz in der Hand ging ich auf und ab. Die Perlen reihten sich unregelmäßig, weil sich etliche Kettenglieder gelöst hatten und meine schwach ausgeprägte Handwerkskunst mir nur erlaubte, sie durch dünne Drähte zusammenzuflicken. Meiner Mutter hatte ich einen bernsteinfarbenen Rosenkranz geschenkt; der schwarze meiner Großmutter hing in meinem Arbeitszimmer. Ich sehe vor mir, wie sie ihn betete, mit gesenktem Kopf und hoher Stimme, Augenlider geschlossen. Manchmal liefen Tränen über ihre Wangen. „Jesus, den du, o Jungfrau, im Tempel aufgeopfert hast" – die Freudenreichen Geheimnisse betete sie am liebsten. Noch eine andere Geschichte verband ich damit. Als ich vor einigen Jahren eine Woche im Dominikanerkloster in Köln auf der Lindenstraße verbrachte, ließ Pater Michael, seinerzeit Prior, von einem handwerklich begabten Mönch das fehlende Kruzifix ersetzen und weihte ihn. Damals stand mein Eintritt in die Freimaurerei kurz bevor. Pater Michael riet mir dringend davon ab. Eine Warnung, an die ich mich erst jetzt wieder erinnerte. Gebete hielt Richard für eine Art Gemütskrankheit, auch daran musste ich denken, während ich den grünen Rosenkranz zurück in meine Tasche schob.

Konnte sich ein ehemaliger Theologiestudent anders äußern? Mit den Abgefallenen ist es wie mit den Konvertiten, sie müssen sich beweisen. Was bei den Konvertiten ins Positive umschlägt, driftet bei ihnen ins Negative. Mich hätte es nicht gewundert, wenn Richard sogar eine ganz andere Richtung favorisierte, sein Autokennzeichen endete mit der Nummer 666. Nur keine Hexenjagd jetzt.

Das Zimmer war groß, Doppelzimmer, 130,00 Euro, Vorzugspreis, von der Großloge ausgehandelt. Die Großloge übernahm meine Kosten. Suiten standen nur Großmeistern und Ehrengästen kostenfrei zur Verfügung. Ich fühlte ein Ziehen in den Schläfen und begann sie zu massieren. Um mich abzulenken, entfaltete ich Wolfgangs Brief: „Danke für die Einladung. Ich komme nicht. Unabhängig davon, dass mich Freimaurerveranstaltungen nicht interessieren, Küngs Weltethosidee verleugnet die Einzigartigkeit Jesu als Sohn des lebendigen Gottes, der sich am Kreuz von Golgatha für die Menschheit geopfert hat. Wir sehen, wie weit die Vernebelungstaktik schon gediehen ist, vielleicht sogar, ohne dass ihre Vorbeter wissen was sie tun. Paulus sagt: ‚Mich wundert, dass ihr so schnell übergehet von dem, der euch durch Christi Gnade berufen hat, zu einem anderen Evangelium, so es doch kein anderes gibt; nur sind etliche da, die euch verwirren und das Evangelium Christi verdrehen wollen' (Gal 1,6–1,7). Die neue Weltordnung beinhaltet nichts anderes als die Gleichschaltung aller Religionen. Alles, was nicht dem Mainstream entspricht, wird ausradiert. Für Leute, die unbeirrt an Jesus Christus glauben, wird es Null Toleranz geben. Das ist die eine Sache, die andere: Bereits im März 1995 forderte Küng auf dem deutschen Anästhesiekongress in Hamburg, unheilbar Kranke sollten, wenn sie es wünschten, aktiv getötet werden dürfen, sei es vom Arzt oder von einem Seelsorger (welche Art Seelsorger soll das bitte sein?). Auch im Kollektiv könne der Gnadentod herbeigeführt werden. Den Satz ‚Herr, dein Wille geschehe' betet so jemand wahrscheinlich als Knittelvers einer antiken Religion dahin. Küng gehört sicherlich zu den von den 1968er Jahren am meisten angegriffenen Köpfen. Doch sein Vorschlag zur Einführung der Euthanasie weckt böse Erinnerungen an das dunkelste Kapitel deutscher Geschichte. Überall wo Mord an Menschen geschieht, werden die geringsten Rechte heimatlos. Was für eine hässliche Neue Weltordnung malen uns die falschen Propheten der Neuzeit in den Staub unserer Betonwüsten. Doch Gott bringt sich immer wieder in Erinnerung. Kein aufrechter Mensch kann ihn überhören." Diese kleinen, geschwungenen Buchstaben voller Explosionskraft, und sie waren an mich gerichtet: „Frage zum Schluss, weshalb tust du dir das alles an?"

Warum? Der Pfahl steckte in meinem Fleische. Mein Blick wanderte hilflos mit den nächtlichen Lichterketten mit, die sich bis zum Rhein zogen, ich spürte, wie sich alles zu schmerzhafter Erkenntnis zusammendrängte. Ich brauchte eine Zigarette. Ich rauchte sie rasch im Foyer. Müdigkeit überfiel mich. Vermutlich wirkte die Kopfschmerztablette. Mein Eintrag ins Tagebuch, nur Stichwörter. Was kam morgen auf mich zu? Mit dieser Frage fiel ich in den Schlaf.


## ERSTER TAG

Mein Wecker ging um sieben. Der Countdown lief. Halb neun Treffen mit dem engeren Helferkreis. Alle trugen ihr Schildchen am Revers, trotz falsch geschriebener Namen. Gegen elf gesellten sich Ute Kessels und zwei andere „Schwestern" hinzu. Die Damen erledigten ohne großes Aufhebens ihren Job. Beim Mittagessen pirschte erneut der besorgte Bruder heran: „Es gibt Leute, die wollen dich scheitern sehen."

Für brüderliche Warnungen dieser Art blieb keine Zeit. Kaum hatte er sich beleidigt abgewandt, Richard auf Handy. Er rief aus dem Auto an, hinter ihm die Dammer Berge, und steuerte auf Dortmund zu. „Habt ihr eigentlich für die Vorstandssitzung Wein gebunkert?"

„Hat mich die Sekretärin schon gestern gefragt. Wenn das die einzige Sorge der Freimaurerei ist, muss es uns verdammt gut gehen", konterte ich.

Richard kicherte. „Du weißt doch, uns bleibt nur, mit den Göttern unsere Sorgen zu ersäufen."

„Wer bringt die Urkunde für Küng mit?"

„Weißt doch, die gute Seele der Großloge vergisst nichts."

„Höchstens sich selbst, wenn sie mit Intrigen beschäftigt ist", antwortete ich.

Ein trockenes Lachen entsprang seiner Kehle, weshalb er nur noch keuchen konnte: „Muss auflegen. Hinten steht Polizei."

In der Empfangshalle wurden die ersten Stände aufgebaut. Verkäufer, die alle möglichen Freimaurerutensilien anpriesen. Bücher, von den wenigsten gelesen, wichtiger: Krawatten, Anstecker oder Trinkgläser mit Winkelmaß und Zirkel, mit denen man sich in der Öffentlichkeit als Zugehöriger eines Geheimbundes outen konnte. Ich ging mit der Hotelmanagerin die Liste der Verkäufer durch. Offenbar hatten sich zwei unangemeldete Händler häuslich niedergelassen. Die Fluchtwege waren nicht mehr gesichert. Ein zäher Kampf mit den masonischen Devotionalienhändlern begann. Angestrengt betrachtete ich die papierenen Gesichter, die um jeden Zentimeter feilschten. Während ich auf sie einredete, stellte sich ein hoher Pfeifton in meinem rechten Ohr ein. Infolge der Vertaubung konnte ich für einige Minuten dem Bruder nicht zuhören. Er redete sich in Rage und deutete meinen verzogenen Mund als ironisches Lächeln. Gut so. Er verkleinerte freiwillig seinen Stand. Manche Siege waren der unerschütterlichen Wahrheit des Zufalls zu verdanken.

Ab drei tagten Großlogenvorstand und Distriktsmeister im Logenhaus, vier Kilometer vom Hotel entfernt. Sven brachte mich dorthin. Gemeinsam inspizierten wir die

Räumlichkeiten. Die ehrenamtlichen Helfer hatten alles akkurat hergerichtet. Im Bankettsaal Stehtische mit Blumengebinden, die von den „Schwestern" angefertigt worden waren. Im Foyer weitere Stehtische, im leergeräumten Tempel Sitzgelegenheiten für fußkranke Brüder. Unten am Eingang die Helfer, die von jedem zehn Euro kassieren sollten. Ihre Anzüge saßen, ihre Krawatten und ihr Lächeln. Die Tische waren wie eine Blockade aufgebaut, die nur der passierte, der seinen Obolus entrichtet hatte. Richard kam aus dem Keller, in dem der Großlogenvorstand tagte – jener Keller, in dem ich zehn Jahre zuvor zum Freimaurer gemacht worden war.

„Alles in Ordnung?" fragte ich.

Sein Daumen hob sich.

„Genug Wein?"

„Für uns reicht es. Auch wenn's nicht die edelsten Tropfen sind."

Das war ernst gemeint, auch wenn die Brüder Wächter es als Ironie deuteten. Mit Sven, meinem treuen Begleiter, ging ich die Getränkeliste durch, Preisliste abchecken. Garderobenmarken vorhanden? Getränkemarken ebenfalls. Hier ließ sich nichts mehr tun außer warten. Sven und ich fuhren zum Hotel zurück. Die ersten Gäste trafen ein. Einige moserten über den schwierigen Anfahrtsweg.

„Die Beschreibung ist für jeden gebildeten Mitteleuropäer zu verstehen", verteidigte ich die Großloge. Mein Tinnitus meldete sich wieder. Ich stellte mir vor, Tinnitus sei ein römischer Zenturio, der eine pfeifende Kohorte zu befehligen hatte, die von einem Ohr zum anderen zog und dabei ihren Pfiff verlor. Rechts hörte ich nur noch ein weißes Rauschen. Humor half nicht immer. Es ging auf 18.10 Uhr zu. In der Empfangshalle eine Ansammlung von Brüdern in Begleitung ihrer Frauen, festtagschic. Abfahrt der Busse laut Plan 18.00.

„Wo bleiben die Shuttle-Busse?" fragten mich zwei Ungeduldige.

Ich versuchte seit fünf Minuten den Busunternehmer zu erreichen. Fehlanzeige. Die junge Frau des Kölner Tourismuszentrums bekam meine Nervosität zu spüren. Sie gab mir die Telefonnummer des Busunternehmens, die ich schon einige Male vergeblich angewählt hatte.

„Sollen wir hier Wurzeln schlagen?" fragte ein Bruder.

Der Druck auf meinen Ohren nahm zu. Inzwischen hatte ich die Handynummer des Busunternehmers. „Der Teilnehmer ist zur Zeit nicht zu erreichen."

Einige Brüder organisierten ein Taxi. Sie würden sich später bei der Großloge beschweren. Mit einer halbstündigen Verspätung trudelten die ersten Busse ein. Stau wegen eines Unfalls. Nord-Süd-Fahrt teilweise gesperrt. Ab da verlief alles reibungslos. Im Logenhaus ging ich von Tisch zu Tisch, um die Gäste zu begrüßen. Die anderen Kölner Stuhlmeister hatten sich ebenfalls eingefunden, um ihrerseits den Grüßaugust zu spielen. Spät, erst gegen neun mischte sich der Großlogenvorstand unters Volk. Es gab Reibereien. Also nichts besonderes. Doch, ein Bruder machte Meldung. Was war vorgefallen? Einer der hohen Herren hatte sich beschwert, zu wenig Weingläser hätten auf dem Tisch gestanden, einige mussten stillos aus Biergläsern ihren Wein trinken. Der Bruder berichtete mir, er habe die Schultern gezuckt und gesagt, wenn schon nicht die passenden Gläser in ausreichender Anzahl vorhanden gewesen seien, hoffe er, die Großloge habe wenigstens alle Tassen im Schrank. Darauf hatte sich der hochrangige Würdenträger auf dem Absatz umgedreht und mit Folgen gedroht. Worauf ihm der angefeindete Bruder nachrief: „Gerne". Mir gegenüber äußerte er, dieses „Gerne" werde hoffentlich nicht in einem Ehrengerichtsverfahren gegen ihn verwendet. Durchaus wisse er zu schätzen, dass Großlogenvertreter schwer an der Bürde ihres Amtes trügen, jeder habe eben auf seine Art zur freimaurerischen Anarchie beizutragen. Nach der Vorstandssitzung schlichen Richard und Roger wie Katzen umeinander. Ihnen merkte man das Gefühl an, das sich nicht so ohne weiteres in Worten ausdrücken ließ, dieses formlose Etwas aus Lähmung und Wut. Selbst ein Außenstehender konnte das spüren. Unausgesprochen blieb es die brüderlich geballte Faust in der Tasche. An der allgemeinen Stimmung änderte das nichts. Gegen zehn schwitzten die meisten vor Gemütlichkeit. Gegen elf fingen einige an zu singen. Man war unter sich. Gegen zwölf löste sich der angeheiterte Rest auf. Um eins Tagebuchnotate. Danach fiel ich ins Bett, nicht ohne Kopfschmerztablette. Meine Gebet fiel kurz aus. Mir kam Wolfgangs Frage in den Sinn: Weshalb tat ich mir das an? Wahrscheinlich hat sich jeder diese Frage gestellt, der so ein Großlogen-Event organisiert hat. Zweimal in der Nacht wurde ich wach. Der Pfeifton kam nicht von einem abstürzenden Flugzeug, sondern befand sich in meinem Ohr. Ich hielt mir die Nase zu und atmete ein, um Überdruck zu erzeugen. Soll helfen.

## Zweiter Tag

Als ich um halb sieben wach wurde, stellte ich den Wecker ab. Die halbe Stunde Schlaf konnte mir gestohlen bleiben. Das Frühstück fiel aus. Zu viele Fragen von allen Seiten prasselten auf mich ein. Halb zehn Großlogenratssitzung. Übliches Geplänkel. Mein Ohr blieb zugeklappt. Was hatte ich hier zu suchen? Meine Aufgabe war nur, meinen Tätigkeitsbericht als Großredner abzuspulen. Es gab Brüder, die nutzten diese Bühne zur Selbstdarstellung, indem sie berichteten, wie vorzüglich ihre Ausführungen angekommen wären, und dass der Applaus der Brüder ihnen zugeflogen sei. Nach meinem Kurzbericht klappte mein Ohr wieder zu. Hellhörig wurde ich erst wieder, als es um die Nachmittagsveranstaltung ging. Ein neuer Großkanzler war zu wählen. Wahlen stellten eine Herausforderung für jeden Organisator dar. In Hannover hatte ich miterlebt, zu welchen Verwerfungen es dabei kommen konnte: Die Anzahl der Stimmberechtigten wich von der Anzahl der Anwesenden ab. Nach einigen Diskussionen mussten die Brüder den Saal verlassen, um im „Hammelsprungverfahren" gezählt zu werden. Kaum fanden die Wahlen statt, stellte sich heraus, dass zu viele Brüder Stimmkarten hatten. Die Auszählung dauerte entsetzlich lange. Obwohl in Köln nur zwei Wahlen stattfanden, hatte ich gleich sechs Brüder zum Einsammeln der Stimmen benannt und fünf Stimmenzähler. Ich entschuldigte mich. Sven hatte mir eine SMS geschrieben, einige Helfer warteten mit Fragen auf. Ich eilte zu ihnen.

„Wo sind die Wahlurnen?"

„Wir besorgen uns Vasen vom Hotel", entschied ich und rief kurzerhand die Hotelmanagerin an.

Wie so oft in diesen Tagen, griff ich in meiner Jackettasche nach meinem grünen Rosenkranz und schickte ein Stoßgebet gen Himmel. Für mehr war keine Zeit. Ute Kessels erklärte, die Busplätze für die Stadtrundfahrt reichten nicht aus, da noch einige „Schwestern" hinzugekommen seien. Sie machte eine kleine, nickende Kinnbewegung: „Dann fahren eben zwei von uns nicht mit."

Manche Probleme lösten sich durch Mitdenken. Andere nicht. Die Mikros auf dem Podium funktionierten nicht. „Alles amateurhaft organisiert", gab mir der betroffene Bruder zu verstehen. Schließlich müsse man hören, was er zu sagen habe. Blut schoss mir in den Kopf. Nun blieb auch mir nur die brüderlich geballte Faust in der Tasche. Eine halbe Stunde später hatten die Techniker das Problem behoben. Gestärkt durch den Soundcheck holte ich um zwölf die Großlogensekretärinnen vom Bahnhof ab. „Hatten Sie eine angenehme Fahrt?" Die ersten zufriedenen Gesichter heute. Ein Lichtblick unter Kölns harter Sonne, die sich an diesem Tag allerdings unter einer dichten Wolkendecke versteckt hielt. Zum Mittagessen bekam ich zwei Happen Fingerfood. Ich musste die helfenden Brüder einsammeln.

Zuerst fanden die Wahlen statt. Komplikationslos. Ich klopfte den Helfern auf die Schultern, während die neugewählten Großkopferten dem Wahlvolk dankten. So konnte die Podiumsdiskussion eine halbe Stunde später als geplant beginnen. Thema: „Der Freimaurerische Bildungsweg – Vom Vorurteil zum Urteil, vom Urteil zur Übernahme von Verantwortung". Im Publikum standen vier Brüder mit transportablen Mikrophonen, um die Fragesteller schnell zu erreichen. Auf der Bühne das übliche Procedere. Vorstellung der Diskutanten, kurze Einführungsreferate. Die humanistische Gesinnungsakrobatik gefiel mir nicht. Da wurde dem Menschen ein bisschen Seligkeit eingetrichtert, und dann tappte er wie ein Narr am Hofe des Weltgeistes herum und suchte vergebens einen Ausgang. Die ganze Königliche Kunst erwies sich bei näherer Betrachtung als nihilistisches Gesums aus Vorurteilen. Wäre es wenigstens so, wie Sartre sagte, dass der Mensch auf die Welt geworfen ist, dass wir Verantwortung tragen für das, was wir sind, was wir tun. Doch in der Freimaurerei führte die „selbstverschuldete Unmündigkeit" (Kant) am glatten Abhang des Relativismus hinunter in die Hölle des Narzissmus. Wie immer gab es eine laue Diskussion über Vorurteile (von denen selbstverständlich nur alle Maurer befreit waren, allein schon aus Gründen jahrelanger Indoktrination). Diskutieren in Freimaurerkreisen hieß Abknabbern gedanklich vorgekauter Gegenargumente, so dass der Gewinn jeder Diskussion in der gegenseitigen Bestätigung bestand. Damit war dem Genüge getan, was man im humanitätsbeduselten Kopf für Toleranz hielt. Ein Gedanke an die Gottessohnschaft Jesu wäre allerdings zu revolutionär gewesen um Akzeptanz zu finden. Das hätte ein Abschiednehmen von der Unfehlbarkeit maurerischen Denkens bedeutet.

„Wo bleiben die Zeremonienmeisterstäbe?" fragte der Großzeremonienmeister.

Sechs an der Zahl wurden benötigt, vier waren vorhanden.

„Notfalls nehmen wir zwei aus unserer Loge", antwortete ich.

Der Großzeremonienmeister verneinte energisch: „Die passen nicht zu den anderen. Wirkt optisch unästhetisch. Ihr müsst irgendwoher andere besorgen."

„Ihr" hieß in letzter Instanz ich. Das Versäumnis notierte ich auf meiner Checkliste. Weiter. Ein Bruder an der Rezeption: „Gibt es heute abend Sammeltaxen für die Brüder und Schwestern, die nicht gut zu Fuß sind?"

Ich bestellte sie. Weitere Fragen? Am Stand der Großloge: „Es haben noch nicht alle Brüder ihren Kostenbeitrag entrichtet. Weisen Sie vielleicht heute Abend im Sion noch einmal darauf hin", bemerkte die Kanzleisekretärin.

Passiert. Notiert. Die Zeit überschlug sich, siebzehn Uhr dreißig. Der Preisträger musste vom Bahnhof abgeholt werden. Ein junger Bruder erledigte das. „Woher erkennt er mich? Soll ich ein Schild hochhalten: ‚Ich bin Freimaurer'?"

„Du erkennst ihn."

„Vielleicht hat er sich mittlerweile verändert."

„Manche Menschen verändern sich nicht."

Der junge Bruder hatte Erfolg. Auf dem Rückweg rief er mich an, ich bräuchte mir keine Sorgen zu machen, der Zug habe Verspätung gehabt. Ich rauchte draußen meine Zigarette zu Ende, wusch mir in der Toilette die Hände mit Rosenseife und benetzte Zunge und Gaumen mit Mundspray, um den Nikotinteufel zu vertreiben. Mit festen Schritten, einen Trolley im Gepäck, betrat der kommende Preisträger das Dorint-Kongress-Hotel.

„Herzlich willkommen", sagte ich.

Professor Küng fasste mich mit hochgezogenen Brauen ins Auge. „Freut mich hierzusein."

Kein Zeichen von Erschöpfung in seinem Gesicht nach der langen Zugfahrt mit Verspätung. Ein schweizerisches Gesicht, kernig und undurchdringlich. Er hielt Distanz, das machte man auf diesem Level. Die Mediengrößen des WDR oder anderer Sender verhielten sich nicht anders. Wie sonst hält man sich Bittsteller und lästige Fragen vom Leib?

„Hatten Sie eine angenehme Reise?"

„Danke."

„Die Präsidenten-Suite befindet sich im oberen Stockwerk, am Ende des Gangs."

Der soeben an der Rezeption übergebene Schlüssel erschien in seinen Fingern. Voller Ungeduld bewegte er ihn hin und her, wie eine Glocke. „Welche Etage?"

„Ich begleite Sie. Darf ich Ihnen Ihr Gepäck abnehmen?"

„Danke, es geht schon." Die Wolke von Unnahbarkeit, die ihn umgab, riss für einen Moment auf und gab ein Lächeln frei.

Im Aufzug hatte unser Small-Talk schon ein Ende gefunden. Das war uns beiden recht. Vor dem Zimmer wünschte ich ihm einen angenehmen Aufenthalt. Hinter ihm fiel die Tür ins Schloss. Soeben hatte ich einem prominenten Papst-Gegner die Hand geschüttelt. Kein besonderer Händedruck, angenehm, nicht zu zupackend, nicht zu weich. Ich stand und spürte dem Händedruck nach. Innen wurde telefoniert, was, ging mich nichts an. Mich erreichte ohnehin ein Anruf auf Handy. Der Großzeremonienmeister erinnerte an die fehlenden Zeremonienmeisterstäbe. Ich eilte mit dem Lift ins Parterre.

Kurz nach achtzehn Uhr brachen die ersten Richtung Brauhaus „Sion" auf. Ich auch. Draußen konnte ich endlich durchatmen. Die Menschen in der Fußgängerzone wussten nichts von den Wichtigkeiten eines Freimaurertreffens. „Lessing steht da vor C & A in seinem Narrenkleid und spielt auf der Harmonika ein Lied von Sigmund Freud", Textzeile aus meinem Lied, vorgetragen im Programm „Flut – eine Ringparabel". Er unterbrach sein Quetschkommodenspiel. Vielleicht weil ich ihn zu lange angestarrt hatte? Manche Bilder – wie die oft zitierte und berühmte Mona Lisa – sind so wahr, dass das lebende Wesen, das darauf abgebildet ist, wie ein Phantasiegebilde erscheint, das nur existierte, um gemalt zu werden. Offenbar galt das auch für Sprachbilder. Wenn ich den Mann kennenlernen wollte, musste ich ihn ansprechen. Er reagierte schneller, kam auf mich zu, begann sein Leben zu erzählen. „Ich habe leider keine Zeit", entschuldigte ich mich. „Wer hat Zeit?" Er zeigte auf meine Krawatte. „Die Kreise sind nicht alle geschlossen."

Nie zuvor hatte ich dieses Muster bewusst betrachtet.

„Sie müssen die Kreise schließen." Es war, als trage er dieses Gesicht schon Jahrhunderte, unabhängig von allen Zeitläufen. „Vorsicht! Wenn man einen Kreis schließt, muss man aus ihm heraustreten, sonst schließt man sich selber ein." Er spielte weiter, und ich blieb allein mit seiner sibyllenhaften Mitteilung.

Im Sion saßen erwartungsvolle Freimaurer. Der Saal war zum Bersten voll. Einige deuteten auf die Uhr. Typisch maurerische Ungeduld. In Ermangelung eines anderen Conférenciers begrüßte ich Honoratioren und Gäste. Ein Köbes nach dem anderen fuhr Kölschstangen auf und stieß ein kehliges „Vorsicht" aus, sobald sich ihm ein Hindernis entgegenstellte. Ich rauchte draußen meine x-te Zigarette. Die Attraktion des Abends, Willibert Pauels, der Bergische Jung, ließ auf sich warten. Das hatte er mit der Bahn gemeinsam. Aber er kam. In einem Nebenraum zog er sich rasch um, trug Schminke auf, zog seine weißen Handschuhe an, Ausweis närrischer Unschuld. Eingeübte Gesten, aufgesetztes Lachen. Professionell begann der „hillije Jeck" mit fulminanten Witzkaskaden, erzählte himmlisch-irdische Geschichten über die Leichtigkeit des Seins. Nichts, was den Leuten nicht gefiel. Kein großes Kabarett, das sollte es nicht sein. Es war Kölsch bis in die Knochen. Hier war das Volk, hier durfte es sein. Zur tieferen Erkenntnis jedoch dies: „Bis zum 15. Jahrhundert gab es in der Ostermesse das Osterlachen. Man lachte den Tod aus. Deshalb erzählten die Priester von der Kanzel einen Witz. Geistliche", vermutete der Diaclown, „waren die ersten Büttenredner."

Hätte da ein anderer Katholik, der morgen seinen Auftritt haben sollte, nicht ein bisserl mitgelächelt, ein klein wenig innerlich gejuchzt? Vielleicht, doch er saß zur gleichen Zeit in der obersten Etage des Dorint-Kongress-Hotels, mit Ausblick auf das abendlich illuminierte Köln. Ob sie gelacht haben an jenem Abend, die auserwählten Brüder, die Hans Küng beim Essen von Hummer-Jakobsmuschelgratin oder gegrilltem Bachsaiblingsfilet zuschauen durften, besser gesagt, Mitesser sein durften? Ob sie einen gepflegten philosophischen Smalltalk führten und den dazu passenden Wein hoben? Es bleibt das freimaurerische Geheimnis der Verzehrgenossen am Tisch des Herrn.

„Wie kann ein Diakon in der Bütt Witze über die Kirche machen?" philosophierte der fromme Willibert munter ein paar Kilometer entfernt und zu ebener Erde. „Alle Ideologen, auch die in der Kirche, können über sich selbst und die Sache, die sie vertreten, nicht lachen. Dabei ist das Lachen wichtig, weil der Mensch sich im Augenblick des Lachens erlöst fühlt." Kardinal Meisner betonte er, müsse er in Schutz nehmen, der werde ganz zu Unrecht von manchen kritisiert, der Kardinal wisse, der Karneval habe seine Wurzeln in der Kirche. Am Ende seines Vortrags sprach der Diaclown über die Vergänglichkeit. Leise wurde es, wo gerade noch kehliges Lachen gluckste. Da war es dann doch noch Kunst. Der kalauernde Profi belauerte das Publikum, spielte mit den Pointen, bis er die Leute hatte, sie ergriff. „Im Garten des Lebens ist Humor der beste Dung. Das sagt euch der Bergische Jung." Der Saal tobte, johlte, pfiff.

Ich hatte die Ansage gemacht, ich musste die Absage machen. Ich ging auf seine weißen Handschuhe ein: „Wie Micky Maus und die Freimaurer". Ich weiß nicht mehr, was er darauf entgegnete, witziger als meine Bemerkung war es allemal. Ich rauchte draußen, als mir ein Düsseldorfer Stuhlmeister über den Weg lief. „Zeremonienmeisterstäbe", fiel mir ein. „Wir brauchen noch zwei für die morgige Festarbeit."

„Kein Problem."

Abends im Hotel saßen einige Brüder in der Bar. Mich entschuldigte meine Migräne. Über Nacken und Stirn zogen sich die Schmerzen wie eine Kapuze. Im Bad benetzte ich mein fieberndes Gesicht unter dem laufenden Wasser. Für Tabletten war es in diesem Stadium zu spät, trotzdem nahm ich zwei. Entspannungsübungen konnten noch helfen. Zuerst Autogenes Training. Dabei ließ ich das OM vibrieren. Danach eurythmische Übungen, indem ich Arme und Beine zu einem I, A, O geformt hielt, so wie mein Eurythmie-Lehrer es mich gelehrt hatte. Bei diesen Übungen betete ich seit einiger Zeit litaneiartig das Ave Maria. Mir kam es mit einem Mal verdächtig vor, dass ich bei meinem synkretistischen Meditationscocktail verschiedene Götter aufrief. Zum ersten Mal kam mir in furchtbarer Klarheit der Gedanke, ich müsste dem Ganzen ein Ende bereiten.

## DRITTER TAG

Köln sah aus wie in freudige Erwartung getaucht. Licht tanzte über die Dächer bis hin zum Dom. Alles versprach einen angenehmen Tag. Mein Aufwachen war es nicht. Der Tinnitus hatte sich so sehr verschlimmert, dass ich meinen Hausarzt in Viersen anrief. Ferndiagnose: Ruhe. Na schön, ich wollte mich dazu zwingen. Damit war's allerdings schon vorbei, als ich den Festsaal inspizierte. Die „Reserviert"-Schilder fehlten. Die Einladungen, von der Großloge an die Kölner Promi-Kaste versandt, fanden wenig Beachtung. Kölns Oberbürgermeister, noch zum Begräbnis seines Amtsvorgängers van Nes Ziegler erschienen, schickte seine 2. Stellvertreterin. Selbst die B- und C-Promis aus Medien, Politik und Wirtschaft fehlten. Gekommen wären sie vielleicht, hätte man Ihnen die Einladungen persönlich überreicht. Die zwei oder drei Brüder, die es hätten tun können, taten es nicht – aus gekränkter Eitelkeit, divenhaftem Kleinmut, machtpolitischem Kalkül, warum auch immer. Das änderte nichts an der Tatsache: die ersten Ränge waren nicht, wie besprochen, gekennzeichnet. Gegen halb zehn erreichte ich den jungen Bruder, der dafür verantwortlich zeichnete, am Telefon. Da sei wohl etwas falsch kommuniziert worden, ließ er verlautbaren. Seine Stimme klang verschlafen. Es gibt durchaus Schlafmützen unter den Freimaurern – oder soll man sagen Schläfer? Letzte Rettung in diesem Fall mal wieder die Hotelmanagerin. Sie schrieb und kopierte Zettel, die ich auslegte. Da schlug es zehn. Die Klavierstimmer waren noch an dem in letzter Minute georderten Flügel zugange, als Pianist und Opernsänger eintraten. Das Einsingen begann. Langsam stieg das Fieber. Zum Glück hatten wir in unserer Loge einen kompetenten Mann in Sicherheitsfragen. Von der Großloge war dieses Thema großzügig unter den Tisch gekehrt worden. Anders gesagt, man überließ es mir, irgendwelche Sicherheitsvorkehrungen zu treffen. Nur kosten durften sie nichts. Was würde geschehen, wenn irgendein Unbefugter in verbrecherischer Absicht eine solche Veranstaltung betritt? Ich hatte die Polizei schriftlich benachrichtigt, und unser Sicherheitsbeauftragter hatte ein paar Brüder aufgetan, an die sich aufgrund ihrer körperlichen Präsenz keiner so leicht vorbeischmuggeln würde.

Als der Großlogenvorstand noch mit Professor Küng beim Frühstück saß, trafen die ersten Gäste ein. Auch der verspätete Bruder, mit verquollenem Gesicht und den längst überflüssig gewordenen Schildern. „Altpapier", beschied ich. Darüber war er beleidigt. Nicht das einzige Beleidigtsein, das ich an diesem Tag auslöste. Die Kanten vor den Türen machten sich breit, so kamen die Besucher nur Schritt für Schritt in den Festsaal, der sich nicht ganz füllte, vor allem die ersten Reihen blieben spärlich besetzt. Man bat die Herrschaften auf den hinteren Rängen, sich nach vorne zu setzen, damit der Saal voller wirkte. Doch die wenigen Promis und Großlogenvertreter standen vorne für sich, beobachtet vom

Volk. Man sah ihnen an, dass sie sich unablässig ihrer Publikumswirksamkeit bewusst waren. Ihre Wichtigkeit umgab sie wie eine Blase. Das änderte nichts daran, dass sie verbale Purzelbäume schlugen, als der Preisträger in Begleitung des Großmeisters den Saal betrat. Diejenigen, die noch saßen, erhoben sich für den Schweizer Professor. Er schlug keine Hand aus. Shakehands und Smalltalk, das war überall so, auch bei der „diskreten Gesellschaft".

„Wo bleibt Pleitgen?" zischte Richard mir zu.

Er nervte damit, ich soll dessen Handynummer anwählen. Als hätte ich es nicht längst versucht, aber es meldete sich nur die Stimme der Mailbox. Laudator Pleitgen kam spät vom Dreh und war die Ruhe selbst. Zumindest äußerlich. Ich begleitete ihn zum Platz, dabei wusste er den Weg allein.

Richard raunte mir zu: „Ist eigentlich jemand vom Fernsehen da?"

Das Erste hatte 2004, als Fritz Pleitgen den „Kulturpreis der Deutschen Freimaurer" erhielt, einen kurzen Trailer in der Tagesschau gesendet. Doch inzwischen war Pleitgen out of system.

„Keiner von irgendeinem Sender", antwortete ich.

„Das werden wir Roger vorrechnen", jubilierte Richard leise.

So lagen Brüderlichkeit und Scheitern in der Maurerei dicht beieinander.

„Kölner Reporter anwesend?" insistierte Richard.

„Meines Wissens nicht."

„Köln, ich sage nur Köln." Er grinste.

Mich bat einer der Helfer nach draußen. „Unerhört, uns nicht hereinzulassen", meckerten zwei Brüder, die ihre Eintrittskarten vergessen hatten. Bei den Kanten vor der Tür blitzten sie ab. Auch ich blieb hart. Darauf ziehen sie mich unbrüderlichen Verhaltens. Ich platzte fast vor Wut und ließ mich auf ein verbales Scharmützel ein. Wozu ließ ich sie nicht einfach eintreten? Eine Waffe versteckten sie unter ihren schwarzen Anzügen bestimmt nicht. Zum zweiten Mal hatte ich zu Unrecht jemanden beleidigt. Sie zogen schimpfend von dannen. Drinnen hatte die Veranstaltung begonnen. Ich hörte den gut geölten Tenor, der eine Arie schmetterte, den artigen Applaus. Mehr nicht. Mein Kopf war heiß, Grippe, dachte ich im ersten Moment. Als ich den Puls fühlte, wusste ich, mit meinem Kreislauf stimmt etwas nicht. Frische Luft half nicht. Innere Unruhe machte sich breit. Ich winkte einen Arzt aus meiner Loge nach draußen und schilderte ihm meine Malaise.

„Vielleicht bist du unterzuckert", meinte er.

Wir setzten uns an die Bar, er bestellte eine Cola, in die er zusätzlich einige Zuckerwürfel füllte. Es gab durchaus das liebevolle Miteinander in der Freimaurerei, Begegnungen von denen man sagen konnte, hier geschah Dienst am Nächsten. Es wäre Unrecht, das zu verschweigen. Vor allem jenen hilfsbereiten Brüdern gegenüber, die ihre Opferbereitschaft und Nächstenliebe der falschen Organisation zur Verfügung stellten.

## Preisverleihung an Professor Küng

Die Definition „Weltethos" geht zurück auf Küngs Programmschrift „Projekt Weltethos" von 1990. Er entwickelt darin die seit der Aufklärung immer wieder laut gedachte Idee, alle Religionen zusammenzuschmelzen. Als Fanal der Einheit steht die Goldene Regel „Tu anderen nicht, was du nicht willst, das man dir tu". In Küngs Glaubenskosmos existiert Gott nur am Rande, als Denkfigur der Gnosis. In seinem Glaubensbekenntnis geht es ausschließlich um Humanität. Logisch, dass er die Gottessohnschaft Jesu zugunsten einer Beliebigkeitsfloskel verkauft. Damit entspricht Nichtmaurer Küng in vorauseilendem Gehorsam dem freimaurerischen Welteinheitsbild, das zwar mit christlicher Wahrheit nichts zu tun hat, dafür die Entchristlichung zugunsten einer Neuen Weltreligion vorantreibt. In ihr soll der „Meister von Morgen" aus dem 32. Grad des Schottischen Hochgradsystems als Superstar aufscheinen, der alle Weltreligionen vertilgt wie Saturn seine Kinder.

Bei der Preisverleihung begrüßte der Großmeister „den freien, kühnen Denker und Theologen Hans Küng, den wir heute ehren (...) Mit Ihrer Geisteshaltung und Ihrem tatkräftigen Engagement für das Gute, für das Menschen- und Kulturen-Verbindende, sprechen Sie uns aus unserer maurerischen Seele. Sie sind Vordenker einer Ökumene, die im Wortsinn meint: ‚Die ganze bewohnte Welt'. Bei uns heißt das: ‚Alle Menschen werden Brüder' (...) Wir möchten Ihnen für diesen Beitrag als ‚Geschwister im Geiste' sehr herzlich danken."

Damit nicht genug der Blumen. Fritz Pleitgen, selbst Inhaber des freimaurerischen Kulturpreises, hob an mit der von seinem Ex-Mitarbeiter Harbecke verfassten Laudatio: „Selbst Gott kann nur annähernd schätzen, wie viele Laudationes es auf Professor Hans Küng inzwischen gibt." Nur keine falsche Zurückhaltung, jeder Atemzug Selbsterhöhung führt auf den Gipfel, wo die Nobelpreise wachsen. Doch kann ein Geistlicher, ein Global-Player in Sachen humanistischer Religion, sich an säkularen Niedrigkeiten wie dem Nobelpreis messen lassen? Muss der Weltgeist, wenn er regieren will, nicht mehr tun, als wie ein vergeistigtes Ski-Haserl durch alle Theorien wedeln? „Statt dessen ist er ein sinnenfroher, körpergestählter und kampfeslustiger Flaneur im Reich des Geistes (...) ohne Haltungsschäden, ohne konfessionelle Verbiegungen, ein Mensch in erkämpfter Freiheit und subversiver Tapferkeit gegenüber den fossilen Strukturen und Denkblockaden in seiner Kirche und überhaupt in unserer Gesellschaft." Da klingen die Rufe nach aufklärerischen Religionsbüchern geradezu wie Händels Feuerwerksmusik auf der Zither gespielt: „Wann hatten wir das zuletzt: theologische Fachbücher, die niemanden in Dunkel- oder Einzelhaft nehmen, die statt dessen eine Leselust erzeugen, nicht nur in der Glaubenskongregation des Vatikan, sondern beim ganz normalen Publikum, bei jedem Menschen, der mit offenen Augen durch seine Zeit und seine Welt gehen will." Nun muss wohl jeder seinen Weg gehen, ein Hans-guck-in-die-Luft mit Sonnenbrille wie ein Ex-Intendant ohne Programm: „Warum erzähle ich das alles?" Ja, warum? „Ganz einfach, weil nach meiner Überzeugung dieser Wesenszug des Hans Küng für die Glaubenswächter so wichtig war. Dem Zweifler Küng nahmen sie nicht übel, dass er Zweifel an der ‚Unfehlbarkeit' hatte. Damit hätten sie umgehen können. Das kannten sie schon und hatten ihre Argumente. Was sie ihm übelnahmen und was sie in kalte Rage brachte, war – da bin ich sicher – die Leichtigkeit und die Eleganz, der mitreißende Schwung und die heitere Souveränität, der ‚Braus' und die ‚Feuerzunge' des Geistes, mit der ihnen dieser Küng ins Aschenhäufchen blies. Der nämlich hatte erkannt: Ein Schrecken lauerte in diesem Wort ‚unfehlbar'. Was bei jedem anderen Menschen groteske Anmaßung war, Irrtum von Anfang an und Wahnwitz, lachhafter Anspruch, beim Hohenpriester der Kirche allein sollte es göttlicher Wille sein? Die menschlichste aller Eigenschaften, das Irren nämlich, das dunkle Suchen, der Umweg, das Zögerliche und Schwache, das sollte diesem einen entzogen sein, ihm allein, vom Augenblick seiner Wahl an und für immer?" Die Kunst der Herablassung ist eine Spezialform des diskreten Charmes der Bourgeoisie. Könnte es sein, dass diese immer wieder gern genommene Missinterpretation nicht aus Arroganz geschieht, sondern aus Ignoranz? Überhaupt mutet die Unfehlbarkeitskritik lustig an, bei einer Gesellschaft, die einem totalen Glauben an die Unfehlbarkeit der Wissenschaft verfallen ist. „Damals, 1968, als freche Studenten in Tübingen wie anderswo die Hörsäle stürmten, um die Alma Mater auf Durchzug zu stellen, war einer wie viele andere Professoren not amused. Er zog sich hinter die sicheren Mauern der

Kirche zurück, schrieb viele dicke Bücher voll tiefer Bildung, verfolgte manchen Abweichler mit der humorlosen Strenge des Lehramtes, beeindruckte mit seiner Geisteskraft und wurde Papst. – Ein anderer Professor der gleichen Fakultät stürzte sich ins volle Leben des Geistes, des Forschens, des Kämpfens. Er lebte das ganze Risiko der Neugier, des Zweifels und des sportiven Ringens mit den Feuerköpfen anderer Kulturen und Religionen. Aus ihm wurde – Hans Küng." So war das in den alten Zeiten, als die Feuerteufel unter den 68ern das Zündeln zum Volkssport erheben wollten. Zu Zeiten, als die Worte „Humanismus" und „Toleranz" noch nicht komplett prostituiert waren, da galt noch der sportliche Kampf etwas. Ach, wenn die Laudatoren und Flachdenker nur nicht immer ihr Geschäft mit Ethik vermengen würden. Es kommt soviel philosophisches Bubblegum dabei heraus: „Er konserviert den Ursprung, die atemlose Kraft des jungen Christentums, solange es noch Bewegung war und nicht Bauwerk und Mausoleum. Solange es noch nicht in die Falle der griechischen Philosophie und der römischen Juristerei gegangen war." Solange die Intellektuellen noch nicht vor der Diktatur des Relativismus kapitulierten, um nicht zu sagen: sich noch nicht liebedienerisch als Lohnschreiber für die Neue Weltordnung verdingten, kam der große Ungeist der Verwirrung noch freundlich daher. „Wir ehren einen Konservativen, einen Bewahrer; – aber er bewahrt nicht die Asche, sondern die Flamme. Ich danke ihm. – Ich danke Ihnen."

Soviel zum Lichtbringer. Was konnte noch folgen außer dem Preisträger selbst? „Sehr herzlich danke ich Ihnen, lieber Fritz Pleitgen und verehrter Großmeister Oberheide, für das hohe Lob, das Sie mir zukommen lassen. Da kommt mir unwillkürlich jener schwäbische Pfarrer in den Sinn, der in einer solchen Feierstunde sagte: ,Verzeih Ihnen, Herr, dass Sie so sehr übertreiben; und verzeih mir, Herr, dass ich so sehr Wohlgefallen daran finde' (...) Aber nun werde ich wohl noch Jahre dementieren müssen, ich sei Freimaurer geworden, was nun einmal für manche konservative Katholiken noch immer eine höchst verdächtige Angelegenheit ist und Munition für ihre gelegentlichen Attacken zu sein verspricht. Umgekehrt hatten auch Sie als Freimaurer unter Verschwörungstheorien, Diffamierungskampagnen und direkten Angriffen zu leiden. Und Sie haben noch so viel dementieren können, dass Sie keine Religion und keine Antikirche sein wollen." Nicht sein wollen ... Stimmt. „Der nach einer systematischen ‚antimodernistischen' Kampagne 1917 veröffentlichte Codex Iuris Canonici, das Gesetzbuch der katholischen Kirche, belegt denn auch die Mitgliedschaft in einer freimaurerischen Vereinigung mit der Strafe der Exkommunikation." Nun erwähnt Küng nicht den Zug der Freimaurer vor den Vatikan oder die Satanshymne Carduccis. „Aber im 20. Jahrhundert ist man sich nach den zwei Weltkriegen immer mehr der ‚Dialektik der Aufklärung' bewusst geworden, und man hat die fatale Kehrseite moderner Leitbegriffe wie Vernunft, Fortschritt und Nation erkannt. Und insofern hat sich sowohl in der katholischen Kirche als auch in der Freimaurerei ein Wandel vollzogen. Erfreulich ist deshalb: in den 1960er Jahren hat die katholische Kirche unter dem Impuls von Papst Johannes XXIII. und dem Zweiten Vatikanischen Konzil (Joseph Ratzinger und ich haben als die beiden jüngsten Konzilstheologen daran teilgenommen) die beiden Paradigmenwechsel, den der Reformation und den der Aufklärung, weithin nachgeholt – wenn auch nicht konsequent, vielmehr mit zahlreichen Halbheiten und faulen Kompromissen. Doch immerhin bekennt sich nun auch die katholische Kirche gegen alle früheren päpstlichen Lehräußerungen in aller Form zu Religionsfreiheit und Toleranz, zu den Menschenrechten, zur Ökumene der christlichen Kirchen, zu einer neuen Einstellung zum Judentum, zum Islam und den anderen Weltreligionen, ja zur säkularen Welt überhaupt (...) Die 1983 veröffentlichte nachkonziliare Neufassung des Codex Iuris Canonici erwähnt die Freimaurerei nicht mehr. Damit ist auch die 1917 angedrohte Exkommunikation aufgehoben." Nicht ganz, euer Ehren, der Katholik, der einer Freimaurerloge angehört, lebt im Zustand der schweren Sünde und darf nach wie vor die Sakramente nicht empfangen. Sünde, dass solche relativierenden Aussagen wie von Küng oder Vorgrimler bewusst Gutgläubige in die Irre führen. „Mit vielen anderen in allen christlichen Kirchen teile ich die Überzeugung, dass ein Christ Freimaurer sein kann und ein Freimaurer Christ. Besonders in den USA, in Italien und Österreich sind die Zugehörigkeit zu Kirche und Freimaurertum alltägliche Praxis. Hier und da gehören auch herausragende Vertreter der römisch-katholischen Kirche dem Bund an." Wenn's so wäre, hätten jene Theologen entweder ihren Glauben oder die Freimaurerei nicht verstanden oder sind „betrogene Betrüger", wie die Ringparabel sagt. Und so kam Küng endlich zum Schluss: „Die Hoffnung, sage ich, steht an jedem neuen großen Anfang."

## GEDANKEN ZUR PREISVERLEIHUNG

Lassen wir beiseite, dass die Aufklärung oft mehr ein römisch-griechischer Kampfstil war und pauschal mehr vernebelte als aufklärte. Sehen wir von den antichristlichen Nebelgranaten Voltaires, Rousseaus und Hegel ab, diejenigen, die sich für die Nachkommen der Pauschalaufklärer halten, die Dawkinse und Sloterdijks haben es sich bequem in ihren zynischen Selbstkonzepten gemacht. Küng arbeitet sich weiter an der Aufklärung ab, obwohl längst klar ist, wie wenig Zukunft die Illusion hat, wir seien Meister unseres eigenen Schicksals. Manches klingt bei ihm so wortreich, als hätte da gerade jemand mit Buddha, Konfuzius und Zeus diniert, aber dürfe dem Fußvolk nicht mitteilen, ob es Ouzo als Aperitif gab oder grünen Tee. Am Ende klingt das Aufklärungsgeplapper toll in unseren Ohren, weil es von glänzenden Rhetorikern zurechtgebogen wird. Alles scheint im ersten Moment zu sitzen, die Gestik, das ausgeklügelte Mienenspiel, Wortgehudel, Wortgesudel, alles auf Video zigmal ausprobiert, bis es an unsere Ohren dringt, unsere Augen erreicht, bevor es unsere Gedanken beschlagnahmt. Zu oft haben wir unsere innere Instanz, die da Gewissen heißt, betäubt mit den Werbeslogans der schönen neuen Welt, in der alles sein darf, was sein will – nur Gott nicht. Wir haben die uns dargebotenen Trost-Schablonen akzeptiert wie das Kleingedruckte einer Lebensversicherung. Küngs Gedanken wollen der Welt eine neue Vision geben. Welche? Man könnte den Begriff „Weltethos" durch „Freimaurerei" ersetzen und umgekehrt. Ruft man die Internetseite der „Stiftung Weltethos" auf: die Porträts verschiedener Gottheiten, wie in einem Kaleidoskop aufgezogen. Die Site könnte problemlos der Schottische Ritus als Darstellung seines 32. Grades verwenden. Um es gleich zu sagen, eine Vernetzung zwischen Großloge und Weltethos gibt es nicht. Wenn, würde sie jedenfalls auf einer Ebene stattfinden, zu der selbst Großmeister kaum Zugang hätte. Doch dass man gleichen Geistes ist, lässt sich nicht leugnen. Beiden Ideen gleich ist die Verwässerung der Religionen zugunsten eines künstlichen Konstruktes. Bei der Idee „Weltethos" bleibt wie in der Freimaurerei das Ich letzter Maßstab. Gott wird zum Zweck, der alle Mittel heiligt, wird, schlimmer noch, ein Produkt der materialistischen Thinktanks, die seit Beginn der Neuzeit das Gottesbild verwirren – auch über die Freimaurerei. Zwar gibt es heute kaum mehr atheistische Philosophen vom Rang eines Rousseau oder Marx, dafür um so mehr kleindenkerische Ich-Agenturen, die ihren Banalitätsanspruch mit Preisen dekorieren lassen. Die Philosophie ist beliebig geworden – ebenfalls die Theologie. Häresien sind wohlkalkuliert auf den Werbeeffekt. Die Diktatur des Relativismus greift allenthalben. Manch ein Theologe hat sich aufs politische Feld drängen lassen und spielt hilflos mit auf der Bühne der Eitelkeiten. Und wir? Sind wir uns wirklich sicher, dass uns der alte Herr nichts mehr zu sagen hat, der im Himmel nicht – und der in Rom? Wir haben uns an die verwaschene Soziologie in manchen Predigten gewöhnt, deren Autoren – Priester – offenbar Gottes Wort für zu wenig unterhaltsam halten. Wenn einer mal wagt, auf die Unveräußerlichkeit der Gottessohnschaft Jesu hinzuweisen, horchen wir auf, denn unser Hirn dürstet bis zur Verzweiflung nach Wahrheit. Gott lebt in uns, falls wir ihn in uns leben lassen. Denn der Mensch ist immer noch ein vollkommener Gottesbeweis. Daran ändert das schmeichlerische Geklapper der Zeitgeistdesigner nichts. Gott zeigt sich in Jesus Christus und wird somit zum Weg. „Er tut es nicht lautstark (...) Aber er tut es doch immer wieder. Es kommt natürlich auch darauf an, dass sozusagen der Empfänger auf Sender eingestellt ist. Und mit unserer durchschnittlichen Weise des Lebens und Denkens haben wir zu viele Störsender dazwischen, so dass wir den Ton nicht durchhören können. Wir sind dem auch so entfremdet, dass wir ihn gar nicht als den seinigen erkennen (...) Gerade in Katastrophensituationen kann er plötzlich hereinbrechen, wenn ich wach bin und wenn mir auch jemand hilft das zu dechiffrieren. Er spricht natürlich nicht lautstark, aber er spricht durch Begebnisse unseres Lebens, durch Mitmenschen. Ein bisschen Wachheit gehört dazu und dass man sich nicht völlig mit Beschlag belegen lässt durch alles Vordergründige" (Joseph Ratzinger, „Salz der Erde").

Hätte ich damals auf meine innere Stimme gehört, hätte ich mich in den nächsten Zug gesetzt. Wie oft machte ich mitten auf dem Weg kehrt, verfiel in die Gewohnheiten des alten Menschen. Von der ersten Wiederbegegnung mit Gott bis zur Fähigkeit, mich voll Vertrauen in seine Hand zu begeben, brauchte es Jahre zähen Kampfes. Lange lähmten mich äußere Anfechtungen und innere Zerrissenheit, Zweifel und Bequemlichkeit als ständige Begleiter. Hielt ich doch meine geistige Unfreiheit für Freiheit. Mir fehlte nur Mut, in den ganzen Glauben einzutreten.

## Höhere und mindere Brüder

Mein Handy ging. Organisatorische Schwierigkeiten. Wie erwartet, mokierten sich einige, dass die Brüder zum Imbiss in zwei Gruppen geteilt wurden. Einige der von ihren Essenskarten als mindere Brüder Ausgewiesenen wollten auch nach oben, wo die höheren Brüder ihren Sektempfang abhielten. Noch mehr Zornesröte wäre ihnen ins Gesicht gestiegen, hätten sie gewusst, dass sie, die minderen Brüder, ihre Essenskarten bezahlten, die höheren nicht. „Begegnen wir uns nicht auf der Winkelwaage?" fluchte einer, ein dikker Bajuware mit Bart.

Ich stimmte ihm zu, dass die Winkelwaage der Freimaurerei eine schiefe Ebene sei. An der Situation änderte das nichts. Es war das dritte Mal, dass ich jemanden beleidigt hatte. Diesmal ohne eigene Schuld. Ich pendelte zwischen Parterre und höchster Etage – vom Äußeren unterschieden sich die Brüder nicht. Doch, es gab einen Unterschied. Prominente – oder die Menschen, die sich dafür halten – sind geprägt von Angst. Ihre Arroganz ist nur Zeichen tiefster Unsicherheit. Immer fürchten sie, jemand könnte sie ihres Status berauben, immer müssen sie sich an ihrer eigenen Wichtigkeit betrinken, um sich zu bestätigen. Bei allen Gesellschaften, wo Prominenz zugegen ist, spürt man diese Blase der Angst und den feindlichen Blick in ihren Augen, weil sie in jedem einen Feind sehen.

Das Essen soll gut gewesen sein. Ich bekam wenig davon mit, obschon mich die Großlogensekretärinnen freundlich zum Essen ermahnten. Ich muss kreidebleich ausgesehen haben. Im Parterre herrschte mich einer der Großkopferten an, wo ich denn bleibe, für Herrn Pleitgen müsse ein Essen besorgt werden. Er sei in Eile. Ich war kein Zauberer. Dafür der Hotelkoch. Keine handgestoppte sieben Minuten, und das Menü war servierbereit. Wie es schmeckte? Pleitgen hat es goutiert.

„So nicht. Ich schmeiße hin."

Ich musste schlichten, weil sich einer der helfenden Zeremonienmeister über das besserwisserische Verhalten eines Großlogenbeamten mokierte.

„Dieser kleine Großlogenhansel, der aussieht wie Kermit der Frosch, weiß alles besser."

„Achte nicht auf ihn."

„Zu allem muss er seinen giftgrünen Senf hinzugeben. Ist nicht der Großzeremonienmeister, aber fällt ihm andauernd ins Wort und maßregelt uns."

„Er ist einer der kommenden Leute in der Großloge", bemerkte ich süffisant.

„Dann kann sich die Freimaurerei verabschieden."

Überall lauerte der Schatten des Verfalls und der Auflösung, und wir waren ein Teil davon. Wir konnten große Worte machen und uns abfeiern. Und sonst? Herr Küng hatte seinen Preis bekommen und Herr Pleitgen sein Essen. Die Großlogenvertreter hatten ihre Auftritt, und alle waren's zufrieden. Eine gute halbe Stunde blieb mir im Hotelzimmer für mich. Gleich hatte ich meine Rolle als Großredner zu spielen. Ich nahm den grünen Rosenkranz und betete. Jede Perle ein Hilferuf. Jedes Gebet ein Stück weniger Angst. Die Frage blieb: Was tust du hier? Ich war eine Kippfigur. Jesus verlangt nach Ganzheit: „Ich bin der Weg, die Wahrheit und das Leben."

Der Freimaurertempel war von außen nicht mehr einzusehen, wie noch bei der Preisverleihung. Die Großkopferten aus anderen Ländern wurden eingeführt. Festlich war's, gemütlich war's, so richtig sentimental. Man ließ die Weltbruderkette hochleben. Das alles rauschte an mir vorbei, bis der Großmeister sagte: „Ich bitte den Bruder Großredner, seine Zeichnung aufzulegen."

Da fuhr es mir in die Glieder. Mechanisch stand ich auf, nahm meine vorbereiteten Blätter. „Was hast du vorhin im Hotelzimmer gedacht?" fragte mich eine innere Stimme. „Wie oft hat Petrus den Herren verleugnet?" Mechanisch setzte ich an: „Ehrwürdigster Großmeister, ehrwürdigste Brüder in all Euren Rängen ..." Kippfigur, dachte ich, und sprach über den freimaurerischen Weg, der Umwege und Irrtümer mit einschließe. Kippfigur, dachte ich, als ich propagandistisch schilderte: „Oft fehlt es uns nicht an klarsichtigen Analysen, nur an Mut (...) Jetzt, wo wir beginnen, die Grenzen unserer Macht über Welt und Natur begreifen, ist die Zukunft unserer Illusion eher zweifelhaft (...) Wie stehen wir zu Fragen der Gentechnik, der Sterbehilfe, zum robo sapiens? Was wäre, wenn ein klonierter Mensch an unsere Pforten klopft?" Sag, wie Küng zur Klonierung, Abtreibung und Euthanasie steht. Sag, dass etliche Freimaurer dem Sterbehilfekommando „Dignitas" angehören. Sag, dass zumindest in Frankreich Abtreibungskliniken durch Maurerspenden unterstützt werden. Sag, dass die Freimaurerei keine Verschwörung zum Guten ist. Dass Zank und Streit den Alltag bestimmen, dass das ganze Gerede von Brüderlichkeit nichts anderes ist als Seifenblasen. Führe den ganzen liebedienerischen Sums auf, der nur gemacht ist für die Leute, die da vor dir sitzen mit ihren albernen Orden und ihrem selbstgefälligen Nicken. Sag, dass man die Kreise schließen muss, um nicht sinnlos darauf zu hoffen, in diesem Kreis könnte sich das Besondere ereignen. Was sagte ich? „Nein, wir sind keine Ideologen und meistens auch keine Experten. Müssen wir also ins Blaue hineindiskutieren? Oder reden wir als Freimaurer am liebsten über Freimaurerei, so wie Deutschlehrer über Schulaufsätze und Ärzte über die Gesundheitsreform reden? Um Visionen zu entwickeln, braucht man einen klaren Verstand und einen wachen Geist." Diese Visionen, das wusste ich doch damals schon, waren Illusionen mit sehr begrenzter Haltbarkeit.

Aber ich wagte es nicht zu sagen. Ich sagte artig, was gehört werden wollte.

„Ich danke dem Bruder Großredner für seine Zeichnung." Wieder kam mir Petrus in den Sinn. Feig war ich gewesen, hatte Jesus verleugnet. Wieder einmal. „Du musst dich entscheiden", sagte meine innere Stimme, während der Bruder Bass das Lied von „diesen heiligen Hallen" sang. Längst wusste ich tief innen, dass die Freimaurerwelt nicht mehr lange meine sein würde. Mein Name wurde zum zweiten Mal aufgerufen: „Bruder Großzeremonienmeister, führe unseren Bruder Großredner vor den Altar."

Dann stand ich verloren im Dunkel des Tempels. Die Stimme des Großmeisters wurde offiziell: „Für deine besonderen Verdienste verleihe ich dir das silberne Ehrenzeichen der Großloge." Nun hatte ich auch das Spießerklimbimchen an meinem Halse baumeln. Dafür hatte mein Amtsvorgänger in Köln gekämpft, und ein anderer, ein altgedienter Bruder, hatte fünfzig Jahre darauf gewartet. Ich hatte es und dachte, wofür hat man solche Mühlsteine nur? Eigentlich bezeugte das weniger Käuflichkeit, als Resignation. Noch merkte ich nicht, dass sich ganz von selbst ein Kreis geschlossen hatte. Ich trug das Spießerklimbimchen nur für diese halbe Stunde nach der Verleihung. Bei meinem Austritt habe ich es nicht versilbert, obwohl mir ein Bruder viel Geld dafür bot, sondern sandte es zur Großloge zurück. Nur die seelischen Konvulsionen, die den heimsuchen, der nicht mehr von einer Sache überzeugt ist, erweisen sich als Enthüllung des wahren Seelenkerns.

## DER FESTABEND

Jeder kennt diese Abende, an denen man sich zu Tode langweilt. Etliche kippen sich zu („Auf die Brüderlichkeit" – Jausa!), um sich den Abend schönzutrinken. In diesem Kreis wäre ein Smoking en vogue gewesen. Mir reichte der Nadelstreifenanzug. Ich war in jener grässlichen Stimmung, wo man schon lange Abschied genommen hat, aber den Mut zu einer klaren Entscheidung noch aufschob. Der Festsaal war feierlich ausgestattet. So ließ sich erahnen, weshalb das Kölner Festkomitee an den Karnevalstagen hier residierte. Nur an den Buketts auf den Tischen hatten sie etwas gespart. Das war von der Großloge so vorgegeben. Dass ich, völlig übermüdet, den Conferencier mimte, war der Tatsache geschuldet, dass Roger irgendeinen anderen Termin vorschützte oder tatsächlich wahrnehmen musste. Als erstes wurden die Damen mit Blumensträußen versehen. Sie hatten es sich verdient. Die „Schwestern", allen voran Ute Kessels, die Großlogensekretärinnen, Extra-Applaus. Die Dixieland-Band spielte einen Tusch. Ein Alaaf schien hier nicht angebracht.

Ich sah an Richards gestenreicher Mimik, dass mir etwas entgangen sein musste. Asche auf mein Haupt! Ich hatte vergessen, die Honoratioren und ihre Gattinnen (bitte: Gattin, nicht Frau) zu begrüßen. „Welch ein Faux pas", begann ich, schließlich hatte ich damals in meiner Mönchengladbacher Loge gelernt, dass Honoratioren dreinschauen, als hätten sie auf eine Zitrone gebissen, wenn man ihre Begrüßung versemmelt. Die Herren Honoratioren standen auf und dienerten artig. Die Gattinnen strahlten aus sich heraus. Dann tastete ich mich in meinem Programm weiter und sagte ohne Übergang die Künstler des masonischen Künstlervereins Pegasus an, um derentwillen ich mich mit der Großloge angelegt hatte, weil ich nicht einsah, ihre Honorare herunterzuhandeln, während überaus gutsituierte Brüder ein Essen mit Professor Küng spendiert bekamen.

Der Rezitator begann zu rezitieren. Leider etwas unleidlich und zu sehr im hessischen Akzent getränkt, als hätte Heinz Schenk zu viele Bembel geleert. Für die Altersklasse der Freimaurer eigentlich d'accord, wohl in der Lautstärke zu leise tönend, so dass die Ohrgeräte fiepten, um in anderer Einstellung mehr Getön des Radebrechers zu erhaschen. Als er fertig war, honorierte das geneigte Publikum mit dankbarem Applaus seinen Abgang. Der nächste eroberte die Bühne und wollte sie so schnell nicht wieder verlassen. Er sang. Und noch mal. Ich wollte ihn schon mal absagen, aber er fand sich zu gut. Ich sah Richards Handbewegung. Er machte sie mehrmals, mit beschwörendem Blick. Danach hätte ich ein Freimaurerschwert gebraucht, um den Knödelbarden von der Bühne zu vertreiben. Mit Künstlern verhält es sich so, die Auftritte der Außergewöhnlichen sind immer erheblich zu kurz, die der Guten zu kurz, die der Mittelmäßigen erträglich, die der Zweitklassigen zu lang und Amateure wollen nie von der Bühne. Der Mann sang irgend etwas von Kästner oder Tucholsky, es klang wie „Genug ist nicht genug“. Mir kam Konstantin Weckers Gesang in den Sinn, und ich fühlte mich scheußlich elend. Danach spielte allerdings nur noch die Dixieland-Band, und am Ende tanzten die Freimaurer nebst Gattinnen auf dem Kölner Parkett. Wenigstens musste ich nicht länger auf Conférencier machen und ging an jenen Tisch und diesen. Ein bayerischer Bruder beschwerte sich bitter über die Weinpreise, die höher wären als beim Oktoberfest. War er Alkoholiker oder neidete er mir das silberne Ehrenzeichen? Ein älterer Bruder sagte, ich müsse mehr an mich denken. Ich muss wirklich entsetzlich bleich ausgesehen haben.

Anderntags kam ich erst gegen zehn zum Frühstück – endlich konnte ich ein richtiges Frühstück abgreifen. Wenigstens von dem, das noch nicht weggeputzt war. Croissant mit Käse, Weißbrot mit gekochtem Schinken und Mineralwasser. Ich setzte mich zu Ute Kessels und dankte ihr. Durch ihr ruhiges, souveränes Auftreten war es ihr gelungen, Schwierigkeiten zu überbrücken, ohne um Hilfe rufen zu müssen. Während der ganzen Tage hatte sie mich nur zweimal angesprochen. Nachdem ich mich von ihr verabschiedet hatte, führte mein Weg zum Tisch, an dem noch ein paar Brüder saßen. Einer von ihnen bat mich, ihm meine Adresse zu geben. Da ich keine Visitenkarte dabeihatte, reiche er mir einen Zettel. Ich nahm einen Kugelschreiber aus meinem Jackett. Plötzlich brach der Vorsitzende der Ritualkommission in Gelächter aus: „Wie viele Kulis hast du denn mitgehen lassen?"

Da fiel mir auf, dass wenigstens acht Stück mit Aufdruck „Dorint-Kongress-Hotel" in der Innentasche steckten. Offenbar hatte ich überall dort, wo etwas aufzuschreiben war, in der Hektik einen Kuli eingesteckt. Selbst auf dem Frühstückstisch lag einer, den mir der Vorsitzende reichte: „Falls du noch einen brauchst." Brüllendes Gelächter. Hatte Tucholsky doch Nachfahren?

## Die Predigt in Sankt Cornelius

Beten bedeutet nicht, sich in sich selbst zurückzuziehen. Es bedeutet, sich Gottes Geist zu öffnen, denn er steht für alle offen. Jesus braucht keine Geheimgesellschaft, Jesus ist da – für jeden. Und jedem, der sich ihm öffnet, schenkt er seine Gnade. Das lehrt uns das Johannesevangelium: „Ich bin das Licht, das in die Welt gekommen ist, damit jeder, der an mich glaubt, nicht in der Finsternis bleibt. Wer meine Worte nur hört und sie nicht befolgt, den richte nicht ich; denn ich bin nicht gekommen, um die Welt zu richten, sondern um sie zu retten" (12,46–47). Die Predigt des Pfarrers traf. Gestern saß ich noch im Kreis derer, die sich selbst für stark genug hielten, die Welt zu retten, obwohl sie nicht einmal in ihren Logen über einen nennenswerten Zeitraum Frieden herzustellen vermochten. Mein Abschied von der Freimaurerei hatte begonnen. Ich musste den Kreis schließen. Nur nicht in die bleierne, trauervolle Leere zurückfallen. Ein zäher Kampf setzte ein.

Nach der Messe mit Joseph im Eiscafé. Nachdem auch er mir bestätigte, ich sähe mitgenommen aus, und einer Schilderung der fortlaufenden Ereignisse, sagte er: „Du musst eine Entscheidung treffen."

Da klang sie wieder mit, seine Redewendung, das Schlacht-feld zwischen Gut und Böse seien die Gedanken. Sehr redse-lig war ich an diesem Tag nicht.

„Ich wünsche dir einen ganzen Container voller Segen", sagte er zum Abschied.

An diesem Wochenende versuchte ich, mich mit Medita-tionen zu beruhigen. Montags Arztbesuch. Blutdruck 210 zu 120. Welch schönes Zahlenspiel. Beim Arzt sirrten die Alarmglocken. Das hieß fortan, Beta-Blocker einnehmen. Ich fühlte mich eigentlich nur ausgelaugt. Ein Bruder emp-fahl mir, für ein paar Tage Urlaub zu nehmen. Ich wollte nicht weg. Alles geschah nun in Zeitlupe. Doch die schein-bare äußerliche Langsamkeit entsprach nicht meiner inneren Aufgewühltheit. Noch ein Zeichen geschah. Als ich freitags meine Logenutensilien suchte, fand ich sie nicht. Weder die Bijous vom Schottischen Ritus, noch die von meiner blauen Loge. Ich musste sie in Gedanken mit dem ganzen Material vom Großlogentreffen entsorgt haben. Nirgends fanden sie sich, so sehr ich auch alles absuchte. Ich räumte Schränke und Schreibtisch aus, suchte in der Wohnung meiner Mut-ter, in der Küche, auf dem Speicher. Nichts, das hieß, sie la-gerten jetzt auf irgendeiner Müllkippe. Ich war erschrocken über meine Unachtsamkeit. Zeichen dafür, dass auch der äußere Abschied unbewusst eingeläutet worden war? Viel-leicht. Doch nach wie vor besuchte ich regelmäßig die Lo-genabende und unterstützte meinen Nachfolger als Meister vom Stuhl. Außerdem hatte ich meinen Job als Großredner zu erledigen und im Schottischen Ritus das Amt des Ate-lierpräsidenten bis Ende des Jahres auszuüben. Business as usual. Noch war es ein inneres Ringen. Zu dieser Zeit be-gann ich, Gespräche mit einem Kaplan der Cornelius-Pfarre zu führen. Er kam monatlich zu meiner Mutter, um ihr die Kommunion zu bringen. Das Papst-Buch „Credo für heute" empfahl er mir. Es waren die Gespräche mit ihm, mit Jo-seph, mit Wolfgang, der fast jede Woche zu mir kam, die mir guttaten, fast kann man sagen, sich wie einen schützenden Mantel um mich legten.

Ich führte auch viele Gespräche mit Alfred. Wir erörterten meine Fragen. Wozu? Er blieb durch und durch Freimaurer. Ebenso Richard, er bespöttelte meine – wie er es nannte – Weihwasserphase. Das war nicht verletzend gemeint, sondern einfach nur als Spaß. Die Freimaurerei mit ihrer internationalen Idee sei unschlagbar. Die internationalste Idee sei doch das Christentum, hielt ich dagegen – nicht nur das, auch die universellste.

„Du bist in der Midlife-Crisis. Komm erst mal wieder zu dir. Die Freimaurerei braucht Leute wie dich. Übrigens gibt es auch noch andere Positionen, aber Großredner bleibst du, solange ich etwas zu sagen habe."

Die Kippfigur wankte wieder zur anderen Seite. Warum sollte ich auf die Maurerei verzichten? Küng, Vorgrimler und andere hatten deutlich genug gesagt, sie wäre mit dem Katholizismus vereinbar.

## BLACKOUT

Mitunter lähmte die Vertaubung meine rechte Gesichtshälfte. Es kam mir vor, als hätte sich etwas verschoben. Ich hielt den Mund schief, die Nase, kniff ein Auge zu. Aus Picassos kubistischer Phase gibt es das Bildnis von Juan Gris, es zeigt Picassos Malerkollegen, dessen Augen, Ohren, Nase aus ihrer natürlichen Anordnung verschoben missförmig zusammengesetzt sind. Das schiefe Innenbild hatte sich nach außen gestülpt. Mein rechtes Ohr klappte zu, insbesondere morgens nach dem Aufstehen. Mein Gehörsinn nahm ab, die Nackenverspannungen zu. Statt auf die Kraft des Gebetes vertraute ich vermehrt auf Entspannungsmusik und Autogenes Training. Besserung? Im Gegenteil. Es kam schlimmer: Ende August, als ich noch schnell einen Artikel verfassen musste, spürte ich verstärkt den Druck.

Ich merkte, wie langsam die Buchstaben vor meinen Augen verschwammen. Anzeichen von Übermüdung, dachte ich. Doch als ich mich umdrehen wollte, spürte ich plötzlich einen Schlag, so, als hätte jemand seine Faust gegen meinen Hinterkopf gedonnert. Ich stand auf, taumelte. Alles drehte sich, als hätte ich zuviel Alkohol getrunken, statt Wasser und Cola. Das Drehen wurde schlimmer. Mit vorsichtigen Schritten stakte ich die Treppe hinunter, öffnete die Tür zur Wohnung meiner Mutter.

„Ruf den Krankenwagen", wiederholte ich zweimal. Wieviel Zeit verging, bis ich das Sirenengeheul hörte? Mir kam es endlos vor. Hätten mich die Sanitäter nicht geführt, wären meine Beine weggebrochen, ich ging wie auf Watte. An die Fahrt mit dem Krankenwagen erinnere ich mich nicht, wohl an den hellen Raum in der Notaufnahme. Der diensttuende Arzt fragte mich, wie sich die Gleichgewichtsstörung äußere. Ich fand keine Antwort. Er wiederholte die Ansprache mit lauterer Stimme. „Fühlen Sie sich, als ob Sie Karussell fahren oder auf einem Schiff bei hohem Seegang sind?"

Ich merkte, wie es dunkler wurde, zugleich glaubte ich nach hinten zu kippen. Meine Angst nahm zu. Ich zitterte am ganzen Leib, fror, obwohl mir Schweiß auf der Stirn stand. Mit der Angst verstärkte sich mein starker Brechreiz. Der Arzt hielt mir eine Schale hin. Mein Atmen wurde hektischer, flacher. Mein Herz raste. Ich hatte nicht das Gefühl, mich in meinem eigenen Körper zu befinden. Mein Körper war nur eine Hülle, die ich mir ausgeliehen hatte. In meinem Inneren riss ein Loch auf, aus dem Angst sprudelte. „Atmen Sie ruhig ein und aus." Das Gesicht des Arztes driftete weg. Mir wurde schwarz vor Augen. Dann Licht, klarer und immer klarer. Ich sah darin Gesichter, an denen ich vorbeiging, Menschen, in deren Augen ich mich spiegelte. Ich erkannte meine Brüder, die in den Schatten zurückfielen. Andere Gesichter traten an ihre Stelle, Mönchsgesichter, und ich hörte ihren psalmodierenden Gesang. Es war eine endlose Wanderung durch Licht. Ich sah mein Gesicht als Kind, sah meines Vaters Gesicht, seinen umherirrenden Atheistenblick, im Tode noch tot. Meine Großmutter saß im Licht. Sie betete ihren Rosenkranz. Und ich dankte ihr, weil ich wusste, sie betet für mich. Ich wollte sie um Verzeihung bitten, weil ich doch so lange gebraucht hatte, um Erfüllung zu finden. Ich erstaunte, als ich auf mich selbst zuging, gekleidet in ein weißes Gewand. Hier geschah, wovon die Freimaurer träumten, Raum und Zeit hoben sich auf. Ich sah Maria, die Immerwährende Hilfe, ihren Blick ohne Strenge, nur Liebe. Da wusste ich, es gibt keinen „Ewigen Osten", kein von Menschen erdachtes Gebilde. Ich sah, wie man versuchte, einem Mann die Seele aus dem Leib zu schlagen, was nicht gelang. Also bürdete man ihm ein Kreuz auf. Als ich sein Gesicht sah, fuhr ich zusammen. Jesus trug mein Kreuz. Ein Stich traf mich ins Herz, als ich das Krähen eines Hahns hörte. „Herr, ich wollte dich nicht verleugnen." Wie ein Feuer brannte dieser Satz in mir. Aber ich sagte ihn nicht, sondern ich schwieg, als ich das Kreuz küsste, wie das Kruzifix meines Rosenkranzes. Gott ist Liebe.

Mit diesen Bildern kehrte ich ins Bewusstsein zurück. Sie waren so tief, dass ich sie nie mehr vergessen werde. Als ich an mir herunter sah, hatte ich den Rosenkranz in einer Hand, auf dem Handrücken der anderen eine Kanüle, durch die langsam Flüssigkeit aus dem Tropf rann. Neben mir ein EKG mit seinen leuchtenden Kurven. Kurz nachdem ich die Klingel betätigt hatte, erschien eine Schwester. Eine kleine Frau mit rosigem Gesicht. „Da sind sie ja wieder."

Sie maß Blutdruck und Puls. Kurz darauf kam der Arzt.

Schritt für Schritt kam ich in den nächsten Tagen weiter. Unzählige Untersuchungen standen an, EKGs, Ultraschall, Magnetresonanztomographie des Schädels. Aushäusige Untersuchungen beim Hals-Nasen-Ohren- und Augen-Arzt. Alles ohne Befund. Ich bekam viel Zeit zum Nachdenken. Wolfgang brachte mir ein Buch von Paul Claudel. In den ersten Tagen las er mir vor: „Ich bin aufgetaucht, nun steh ich hier und beginne mit dem Tag, der begann. Mein Vater, Du hast mich vor der Morgenröte gezeugt; in Deiner Gegenwart fange ich an." Soviel war klar: Ich musste neu anfangen, bevor alles verschwand.

## ABSCHIEDSBESUCH

Das Echo auf das Kölner Großlogentreffen verklang, aber das mangelhafte Interesse seitens der Presse an der Preisverleihung an Küng blieb ein Thema. Daran entzündete sich mal wieder ein Konflikt zwischen Richard und Roger. Das interessierte mich nur noch am Rande. Ich hatte eine andere Entscheidung zu treffen. Eine Tatsache, die mich in immer schwierigere innere Kämpfe verwickelte. Noch immer kochte ich meine synkretistische Götterspeise. Sagte morgens ein Mantra auf, „Om sobhawa shuddha sarwa dharma sobhawa shuddho ham", um mir die Leerheit bewusstzumachen, doch füllte diese Leerheit wieder an mit der Anrufung von Himmels-, Welten-, Lichtgöttern oder wahlweise einer Sure. Bis mir deutlich wurde, wie sehr ich mich dadurch immer selber blockierte. „Wie aber soll ich anrufen ihn, meinen Gott und Herrn? Denn zu mir hinein rufe ich ihn ja, wenn ich ihn anrufe. Wie heißt die Stätte, dahin mein Gott komme zu mir, wohin der Gott komme zu mir, der Himmel und Erde gemacht hat? So ist also, Herr mein Gott, etwas in mir, das dich zu fassen vermag?", las ich bei Augustinus. Um leer zu werden, versuchte ich etwas anderes, ich räumte mein Zimmer aus. Nur noch ein Kruzifix, die Kevelaer-Madonna und die Immerwährende Hilfe hingen dort. Nach diesem Befreiungsschlag betete ich viel. Diesmal kein Mantra, sondern viele Litaneien und immer wieder das Jesus-Gebet, das mir Roger empfohlen hatte. Erst Schritt für Schritt gelang es mir, meine Ängste mit ins Gebet zu nehmen, um sie loszulassen.

Kurz nach dem Jahreswechsel rief mich die Frau eines alten Bruders an. Er lag im Sterben, sie fragte mich, ob ich ihn noch einmal sehen wollte. Wir hatten uns nie besonders viel zu sagen gehabt, aber uns gegenseitig respektiert. Ein paar Tage nach ihrem Anruf besuchte ich ihn. Der Arzt verließ gerade das Haus. Für einen Moment fürchtete ich, zu spät zu kommen. Bis mir seine Frau die Tür öffnete, kreisten meine Gedanken um den Tod.

Schatten lagen auf Bruder Haaks Gesicht. Der Arzt habe ihm eine schmerzstillende Spritze gegeben, sagte seine Frau. Still lag er und verströmte einen säuerlichen Geruch, der verriet, dass der heraufdämmernde Tod sich bereits seiner bemächtigt hatte. Hilflos lag er da, weder nackt, noch bekleidet und allen Metalls beraubt. Sein Atem, kam kaum spürbar in kurzen, unruhigen Schüben aus seinem halb geöffneten Mund. Ein Mensch aus Haut und Knochen. Seine Stunden konnte man zählen. Doch was zählt in diesen Momenten schon die Zeit. Als Bruder Haak im Sterben lag, war es, als würde eine Bibliothek niederbrennen. Am Schluss hatte er nur noch ein Buch in seinem Sterbezimmer: ein Gebetbuch. Ein Büchlein, genauer gesagt, in schwarzes Leinen eingebunden, an den Rändern speckig und abgewetzt. Bruder Haak war ein Mann der Aufklärung. Jenseits von Rousseau und Kant hätte ich Nietzsche bei ihm als Begleitlektüre für seinen Abschied vermutet. Ich hatte immer geglaubt, er würde triumphierend mit einem schwarzen Engel die philosophische Hintertreppe in die Vorhölle hinuntersteigen, wo er sich zu seinen Hausgöttern an eine Tafel setzt, um ein Fest der praktischen Vernunft zu feiern. Mit von der Partie Sokrates, dessen Schierlingsbecher sich nie bis auf den letzten Grund leerte, und der unvermeidliche Goethe mit der Mephistopheles-Maske von Gründgens. Während ich versuchte, mich ihm mitzuteilen, drehte er sich auf den Rücken. Seine verglasenden Augen starrten mich aus dem Tod an. Das Großlogentreffen, die Preisverleihung an Küng, die

Spiegelfechtereien in der Loge, all das interessierte ihn nicht mehr. „Lassen wir jene Zeit, daran ist mir in meiner Erinnerung keine Spur zurückgeblieben."

An welchen Bildern hing er, welche nahm er mit? Stille stand zwischen uns. Kurz erhob er sich, um im gleichen Moment entkräftet wieder in seine Matratzengruft zurückzusinken. Sein röchelnder Atem entzwang ihm ein Krächzen. „Wir sind die Saat und die Ernte. Die Frucht ist unser Leben. Und am Ende legen wir Rechenschaft ab."

Er stand schon an der Schwelle, und ich erinnerte mich der Brüder, die ich kurz vor ihrem Tod besuchte. Um zu entdekken, wie vergeblich es ist, auf Dinge zu setzen, die Motten und Rost zerfressen. Ein Tod ohne Hoffnung ist kein schöner Tod, dachte ich. Ich hatte noch keine klare Vorstellung davon, was er wirklich ist. Doch er hatte auch zu mir gesprochen und unmissverständlich mitgeteilt, dass auch mein irdisches Leben begrenzt sei. Unter den Rand der Jalousie schob sich ein dünner Lichtstrahl.

„Gestern war ein Priester hier. Ich habe mich geweigert, mit ihm zu reden", sagte Bruder Haak und prüfte mit streichenden Fingerkuppen die verschrumpelte Haut seiner Arme. „Ich dachte, man kann die letzten Dinge nicht beeinflussen. Wie spät ist es?"

Ich sagte ihm die Uhrzeit.

Seine Lippen kräuselten sich, es war ein matter Abglanz von einem Lächeln. „Gleich wird er wiederkommen. Ich bat Ilse, ihn noch einmal zu rufen." Sein Blick ruhte auf mir, es misslang mir, ihm auszuweichen. „Als ich zwanzig wurde, brauchte ich Gott nicht mehr. Deshalb bin ich aus der Kirche ausgetreten. Ich habe mich mehr als sechzig Jahre geirrt. Ich werde ihm sagen, was mir auf der Seele brennt." Ein kurzer Lichtschein durchzuckte seine ermattenden Augen. „Er wird mich segnen. Vorher werde ich keinen Frieden finden. Es reichen wenige Worte. Manchmal nur eins."

Bei Voltaire wussten dessen Brüder das zu verhindern.

Wortlos kam Haaks Frau herein und zog die Jalousie hoch. Das war ein Zeichen. Licht strömte in das Sterbezimmer. Ich stand auf, um mich zu verabschieden. Der Priester, der in der Diele wartete, war ein junger Mann. Automatisch griff ich nach seiner Hand. Zwei Tage später lag ein schwarz umrandeter Brief in der Post. Ich öffnete ihn nicht. Ich fühlte, wie die Zeit stockte. Sie wurde zu einem Regenbogen, der die Welten verbindet. Das waren meine Erkenntnisse Ostern 2008. Hier schließt sich der Kreis. Als ich am Ostersamstag zur Osternachtfeier aufbrach, war mein Bruch mit der Freimaurerei längst besiegelt. Als ich die SMS erhielt, als Großredner irgendwo aufzuspringen, wusste ich, dass ich nur noch die Aufgaben erledigen würde, die ich fest zugesagt hatte. Als die brennende Osterkerze hereingetragen wurde, spürte ich die Kraft des wahren Lichtes. „Lumen Christi" – „Deo gratias".

# EPILOG

## AUSTRITT

Ich habe Freimaurer getroffen, sehr leise Menschen, die sich nicht mit lautem Geklingel unter die großen Genies einreihen, sondern ihr eigenes Licht unter den Scheffel stellen. Sie warfen ihren ganzen Idealismus in die Logenarbeit und wurden bitter enttäuscht. Ihre ganze Gutmütigkeit wurde in einer Idealistenfalle verbraucht.

Ich habe Freimaurer getroffen, die sich ihren Logenbeitrag vom Mund absparten, Menschen, die sich guten Willens um Ausgleich bemühten, die dem anderen nicht Wolf, sondern Helfer waren. Ich habe mich oft gefragt, warum sie in ihrer Sanftmut das Gute nicht dort suchen, wo es zu finden ist.

Es gibt ein Logengedicht von Rudyard Kipling, dem Autor des „Dschungelbuches", in dem er die Unterschiedlichkeit der einzelnen Charaktere im öffentlichen Leben und deren brüderliche Übereinkunft in der Loge hervorhebt. Reklameverse, gut geschrieben, keine Frage, doch nichts anderes als die altbekannten Lotsen, die auf Irrwege locken. Statt wie Kipling herausarbeiten, dass die vielen Zungen um das richtige Gottesbild streiten und nachher einsam und ohne Erkenntnis auseinandergehen, muss man den Menschen guten Willens sagen, dass es einen Erlösungsweg gibt. Was sage ich? Mea culpa, auch ich habe in dieser Idealistenfalle verharrt, ohne sie mir bewusstzumachen, und kletterte Stufe um Stufe voran. Wofür?

Konnte ich diejenigen enttäuschen, die mir ans Herz gewachsen waren? Es waren zum Teil wirklich gute Männer, denen ich im Lauf dieser elf Jahre begegnet war. Doch alle liefen der falschen Idee nach. Ich wusste, auch sie waren einer Täuschung unterlegen, mehr noch, waren selbst Teil dieser Täuschung. Die Trennungsgedanken bereiteten mir schlaflose Nächte, sogar körperliche Schmerzen. Meinem Nachfolger als Meister vom Stuhl hatte ich bereits Anfang des Jahres angedeutet, ich nähme eine Auszeit. Mit Wolfgang erörterte ich die Frage, was ich aufgebe. Wir beschönigten nichts. Er sagte deutlich: „Überleg dir, was du tust. Die meisten deiner sozialen Kontakte würden verlorengehen. Du verlierst die Anerkennung, die du gefunden hast. Du verlierst eine Zukunft, die du in der Großloge hättest."

„Willst du mich plötzlich vom Gegenteil überzeugen?"

„Ich will nur, dass du dich prüfst. Die Freimaurerei hat einen Großteil deines Lebens bestimmt. Sie war die Konsequenz, zu der dich deine politischen Aktivitäten durch die ganzen Jahre geführt haben – und sie war deine Spielwiese, auf die du dich nach und nach völlig zurückgezogen hast. Du musst wissen, was du verlierst."

„Und was gewinne ich?"

„Du stehst nicht allein da, sondern du wirst in Gott stehen. Jesus ist da." Er zitierte aus der Bibel: „Wenn euch also der Sohn frei macht, dann seid ihr in Wahrheit frei" (Johannes 8,36)

Trotz der inneren Gewissheit schob ich die Entscheidung vor mich hin. Warum fehlte mir der Mut? Ich suchte das Gespräch mit einem Priester, den ein Bekannter mir empfohlen hatte. Am 18. April 2008, ich werde das Datum nicht vergessen, bestätigte er, was mir innerlich längst klar war. Die Mitgliedschaft in der Freimaurerei ist mit dem Christentum nicht vereinbar. Entgegen anderslautender Erklärungen von seiten der Freimaurerei dulden weder die katholische Kirche noch die EKD dies.

Ich musste noch mal hören, dass jeder, der das Gegenteil behauptet, bewusst oder unbewusst die Unwahrheit sagt. Jedes Mitglied einer Freimaurerorganisation lebt in schwerer

Sünde. „Die Beichte kann ich Ihnen erst abnehmen, wenn Sie ausgetreten sind", hatte der Priester gesagt.

Tage intensiven Gebets vergingen, bis sich mein Entschluss festigte. Wie sollte ich ihn übermitteln? Ein zweites Mal könnte mir Alfred nicht helfen, wie damals, bei der Formulierung meines „Deckungsschreibens" für die Kölner Loge „Albertus Magnus". Den Weg durch die dunkle Nacht der Seele geht jeder allein – und ich ging nicht mal mehr ans Telefon. Richard hatte ein paar Mal auf Band gesprochen. Ich hatte nicht zurückgerufen. Am 22. April kurz nach neunzehn Uhr fand ich die Kraft und teilte ihm meinen Rücktritt vom Amt des Großredners mit. Schweigen am anderen Ende der Leitung. Dann kurzes Auflachen. Das war Unsicherheit. „Das ist ein Hammer", sagte er mehrfach. „Hast du kein Interesse weiterzukommen, zum Beispiel in den 33. Grad?" Zum Schluss sagte er: „Wir können trotzdem Freunde bleiben."

Jetzt war es raus. Erleichterung einerseits, andererseits wog mein Herz schwer. Um 22:03 sandte ich eine E-Mail an den Großmeister: „Ich möchte Dir hiermit meinen Rücktritt vom Amt des Großredners mitteilen. Ich habe mir diesen Schritt gründlich überlegt. Ich vollziehe ihn ausschließlich aus persönlichen Gründen. Zudem habe ich mich für einen weiteren Weg im Katholizismus entschieden. Selbstverständlich werde ich die noch offenen Terminabsprachen einhalten. Allerdings wäre ich dankbar, wenn ich von diesen Terminen entbunden werden könnte. Ein Redner, der nicht mehr überzeugt von der Sache ist, wirkt fraglos nicht überzeugend. Da die Großloge zusätzlich über einen Redner der Großloge verfügt, wird sicherlich keine Vakanz entstehen. In meiner Loge ‚Zum Ewigen Dom' werde ich entsprechend decken, mein Großrednerabzeichen der Großloge per Post zukommen lassen. Ich will nicht versäumen, mich für das Vertrauen und die mir entgegengebrachte Brüderlichkeit zu bedanken und bitte nochmals um Verständnis für meinen Schritt."

Der Großmeister mailte zurück: „Deine Nachricht bestürzt mich doch sehr. Was ist passiert? Ich kann Deinen Hinweis bezüglich Katholizismus als kirchenferner Mensch überhaupt nicht nachvollziehen, muss das aber wohl so hinnehmen. Du wirst den Entschluss nicht leichtfertig gefasst haben, denn ich schätze Dich als ernsten und tiefschürfenden Menschen. Ich hoffe sehr, dass Du der Maurerei doch wenigstens ‚nebenbei' erhaltenbleibst. Von den Terminen werde ich Dich entbinden, denn ich denke, das solltest Du nicht mit halbem Herzen und nur aus Pflichtgefühl machen. Ich bin traurig und bleibe Dein Jens ...“

Nach der Ämterniederlegung zwei Tage später mein Austritt. Die „Deckungsschreiben" sandte ich an den Kölner Stuhlmeister und den Vorsitzenden des Kölner Schottischen Ritus. E-Mails und Anrufe folgten. Entsetzen, Fassungslosigkeit, Überredungsversuche. „Wenn die wenigen guten Leute, die wir haben, die anderen alleinlassen ... darf man das?" schrieb einer. „Wer hat dich verletzt?", ein anderer. Lobhudelei war dabei, vielleicht auch, um alles versucht zu haben. Unsicher in meiner Entscheidung war ich in keinem Moment. Es galt, die ganze Radikalität der Aussage zu verstehen: „Deine Antwort sei ja, ja oder nein, nein. Alles andere ist vom Übel". Die gesamte Bergpredigt, die in dieser Ethik steht, ist eine Kostbarkeit ohnegleichen. Man kann nicht zwei Herren dienen, das lernte ich in diesen Tagen. Nach Jahren nahm ich wieder meine Gitarre zur Hand und sang: „Von guten Mächten wundersam geborgen, erwarten wir getrost was kommen mag ..." Die bleierne Zeit, die wir manchmal durchleben, macht das Leben nicht angenehmer, aber gibt Gewissheit, dass Leid oder Schwierigkeiten endlich sind. „Gott ist mit uns am Abend und am Morgen und ganz gewiss an jedem neuen Tag."

Wolfgang und Joseph gratulierten mir zu meinem Schritt. Wenn wir uns trafen, beteten wir. Balsam für meine Seele. Erleichterung trat ein, innere Befreiung.

Einige Tage nach meiner Beichte brach ich erneut nach Kevelaer auf. Ich stand da und schaute, doch es war nicht mehr der frühere Blick. Das, was meine Augen sahen, war mit der Hinwendung zu Gott erworben, mit Glauben. Ich hatte einen Teil meines Leben aufgegeben, um den Glauben leben zu können. Ihn zu erfahren galt es, in seinen Reliquien, seiner Unmittelbarkeit, die sich im Tabernakel zeigt, der äußersten Nähe Gottes. Ruhig kniete ich in der Gnadenkapelle vor dem Bildnis der Madonna von Kevelaer. Wenn du deine Bitten vorträgst, ist es wichtig, sich von Eigennutz und unreinem Willen zu befreien. Fremde Menschen warteten hinter mir, um das gleiche zu tun, vielleicht hatten sie sogar ähnliche Gedanken. Manche Orte haben einen Zauber an sich, durch den wir teilhaben an einer höheren Welt, die im Diesseits nie fasslich sein wird.

Erst spät fuhr ich zurück. Kurz hinter dem Ortsschild hielt ich an. Ich ging ein Stück zu Fuß und blieb irgendwo stehen, um zurückzublicken. Ich fühlte mich innerlich leicht wie seit langem nicht mehr. Niemand war zu sehen, nur ein kahles Feld, dahinter ein Waldstück, kahlgefegt von der frühen Kälte. Ruhig spähte ich in die Ferne. Langsam, als würde ein Schleier weggezogen, sah ich die Abendsonne. Licht in der tiefen Nacht der Seele. Ich spürte, wie es mich erhellte, das innere Licht wurde von einem anderen Licht durchstrahlt. Eine geträumte Vision? Ob ich wollte oder nicht, ich wurde von Freude durchströmt und stand da, bis die Dämmerung über den Bäumen aufstieg und die Autos auf der Straße in langen Lichterketten aus Kevelaer herausfuhren. Die stete Spannung, die mich im Bann hielt, war von mir abgefallen. Vor zwölf Jahren wollte ich wesentlich werden, so, wie es Angelus Silesius in seinem Zweizeiler forderte. Jetzt war ich angekommen. Jetzt konnte ich nach Hause.